AF435657

ISIDRO LAPUENTE ÁLVAREZ

COACHING &
RENDIMIENTO DEPORTIVO

A mis compañeros y colegas de Coaching Deportivo.

A todos los entrenadores, deportistas, alumnos,

y coachees que me han aportado tanto.

A mis amigos y hermanos.

ÍNDICE

1.

EL PROYECTO DE CAMBIO.
COACHING COMPARTIDO

1.1. CONOCIMIENTO COMPARTIDO Y COACHING

El concepto de coaching, como entrenamiento, consiste en explotar y desbloquear el potencial de la persona para maximizar su trabajo. En este sentido, el coaching, consiste sobre todo en ayudar a aprender más que en enseñar. El coaching aplicado a los equipos deportivos, se concibe como una herramienta de formación, motivación y perfeccionamiento de las habilidades grupales tratando de compatibilizar todos los intereses, necesidades, expectativas y motivaciones individuales con los objetivos y necesidades del grupo como organización.

En el ámbito deportivo se dan tanto la necesidad de realizar procesos individuales con deportistas de deportes de equipos y de deportes individuales, como procesos grupales con equipos de deportes colectivos y grupos de deportistas de deportes individuales.

Los cambios generativos o/y regenerativos en el ámbito deportivo que requieren de procesos de coaching establecidos de forma especializada se prestan y solicitan tanto por el alcance de objetivos específicos de tarea o resultado del deporte concreto, como por aplicar estrategias que solucionen dificultades y problemas personales que dificulten o retrasen la adquisición de dichas tareas y objetivos específicos deportivos.

El término inglés "Coach" tiene su origen en dos acepciones: significa "entrenar" literal de "to coach" y también "coche" y "carruaje". Un "coach" es literalmente un vehículo que lleva a una persona o a un grupo de personas de un origen a un destino deseado.

Sus orígenes, concretando en el ámbito deportivo, empiezan a desarrollarse en las universidades de EE.UU. en el ámbito del entrenamiento deportivo de élite, en la década de los años 80. Se comienza con técnicas de ayuda a deportistas para conseguir llegar al límite de sus posibilidades e incluso más allá. De aquí evolucionó al entrenamiento de directivos y personal, incorporando la mayéutica socrática y recogiendo influencias de la psicología, la Programación Neurolingüística (PNL) y, en los últimos años, todo lo que tiene que ver con la inteligencia emocional, liderazgo y las neurociencias.

El coaching es un proceso de ayuda y asesoramiento a una persona o equipo de personas para generar cambio en sus capacidades y rendimiento. Se trata de facilitar, en dicho proceso de cambio iniciado, las herramientas y los aportes necesarios para que el sujeto o grupo de sujetos supere las diversas barreras y limitaciones que tienen de forma inherente todo ser humano en sociedad.

El coaching requiere de la condición previa de la toma de decisión de querer realizar el proceso, de la toma de conciencia de donde se está, así como de un establecimiento mínimo del objetivo deseado o lugar a donde se quiere llegar. El coaching demanda tanto de realizar énfasis en la tarea como de atención en la base de las relaciones interpersonales.

El coaching es más que una herramienta, es una filosofía que ayuda a entender y entendernos, a conocer y conocernos. Nos posibilita el tener claro nuestros retos y objetivos y así comprometernos y motivarnos para conseguirlos de la mejor manera, tanto en la relación con el contenido como en la forma.

La importancia del coaching radica, en gran parte, por la relación de valoración, respeto y confianza total que se da entre el coach (entrenador personal, psicólogo, tutor, mentor) y el sujeto en proceso de cambio o coachee. Sin límites de todo lo que interesa o preocupa en su tiempo y espacio de transformación.

El coaching implica, entonces, valorar las competencias individuales de cada componente del equipo integrándolas en un desarrollo armónico para que la mejor y mayor consecución de objetivos y ejecuciones del equipo. El coach, junto con el entrenador especialista de la disciplina, harán progresar a sus deportistas para que el equipo tenga lo resultados planteados.

Aspectos claves que se emergen de la definición de coaching son:

- Promover el descubrimiento
- Ofrecer ayuda objetiva y no directiva
- Estimular la comunicación

- Persuadir, inspirar más que orientación
- Delegar responsabilidades y tareas
- Transmitir conocimientos y habilidades

El coaching, es entonces, un proceso de mejora en la acción, mediante un acompañamiento, con un compromiso mutuo entre coach y participante, para desarrollar las competencias y solucionar situaciones profesionales del empleado, mejorar la eficacia en los resultados, la motivación y satisfacción personal propia y de los colaboradores y hacer confluir las metas individuales en el proyecto común de la Organización.

El llamado acompañamiento es la solicitud de apoyo y la decisión de afrontar un proceso de transformación personal nace del individuo, o de la organización con el consentimiento de éste. La primera acción en el acompañamiento es, principalmente, a través de la entrevista y la expresión de lo que se quiere para que el participante desarrolle a posteriori las competencias propias. El Coach no resuelve los problemas, sino que impulsa a las personas a resolver los problemas por sí mismas. El objetivo es el desarrollo de las competencias personales, así como el éxito en el desempeño de las nuevas situaciones profesionales. El Coaching está más orientado al futuro que al pasado, a la acción más que al análisis.

La información obtenida del participante, a lo largo del proceso, será tratada confidencialmente de mutuo acuerdo entre participante y coach. El participante decide qué información confidencial se transmite a la empresa, si fuere necesario.

A partir de los objetivos y las competencias estratégicas del equipo, se establecen las competencias personales, técnicas y de liderazgo necesarias para el éxito del deportista o del técnico que va a participar en el coaching.

Objetivos de la entrevista primera: establecer una relación de confianza, no amenazante, marcar la confidencialidad del contenido de las sesiones, definir la situación actual, toma de conciencia, análisis y comprensión del contexto, comprobar si el participante está de acuerdo con los objetivos del coaching, determinados por la dirección y entendidos por el coach, y finalmente, obtener su compromiso para alcanzar la mejora.

En la primera sesión de coaching se realiza el diagnóstico y se establecen unos objetivos básicos primeros: que el participante evalúe los niveles competenciales de entrada y los previsibles al finalizar; que evalúe sus recursos para afrontar con éxito los objetivos propuestos y el procedimiento a seguir; que se establezca un plan de acción específico para el desarrollo de esas competencias y establecer marcos temporales; y, por último, desbloquear y tomar decisiones.

En segunda y sucesivas sesiones de coaching los objetivos versaran sobre la toma de conciencia de las conductas actuales y consecuencias, revisión del plan de acción, formulación de preguntas para descubrir las creencias limitantes, las emociones, así como superar resistencias planificando acciones concretas. La conclusión de estas entrevistas y dinámicas procesual termina con la aportación de herramientas y valoración de mediciones del progreso para asegurarnos de que los cambios son reales y duraderos. Generar si hace falta un nuevo plan de acción.

Una premisa importante es tener en cuenta que el coaching abarca la ética, los valores, los significados, la racionalidad, la toma de decisiones en situación de conflicto, en suma, toda una complejidad de la vida humana que debe referenciarse necesariamente con una mirada a la filosofía.

Desde el coaching, indicar a nuestros coachees, que necesitan sobre todo diálogo más que un diagnóstico. Que es determinante comprender nuestra propia filosofía para ayudarnos a resolver y abordar muchos problemas. Evaluar las ideas que sostenemos para modelar un punto de vista que nos favorezca un cambio de creencias limitantes.

Actuar, por tanto, como un guía para sacar a la superficie las ideas propias y sugerir otras nuevas. Un acto donde emergen y se generan ideas y proyectos compartidos. Un acto donde se ayuda a las personas a comprender con qué clase de problema se enfrentan y, mediante el diálogo, desenmarañar todas las implicaciones. Tratarlo con un enfoque filosófico y vital compatible con su propio sistema de creencias y a la vez generando una nueva sabiduría que contribuya a una vida más exitosa y sana. Así como explorar cuestiones relacionadas con los valores, significado y ética de la vida.

El objeto de la intervención del coach está en el presente con mirada al futuro más que el pasado. Es el diálogo, el intercambio de ideas en sí mismo, lo que resulta facilitador del mejor cambio. Se trata de realizar un viaje tan ligero de equipaje como sea posible, donde lo primero y fundamental es conocerse a sí mismo, poner énfasis en los detalles y ser conscientes de nuestra circunstancia más inmediata.

Como decía Sócrates: "una vida sin reflexión no merece ser vivida". Defiende el filósofo una apreciación constante y esforzada para mejorarse a uno mismo continua e infinitamente. Proyectándose, que diría Heidegger, porque, ya que estamos ahí, lanzados, hay que preparar ese futuro inmediato y mediato. Descubrir la esencia más íntima de nuestro ser. Hacerse la pregunta más básica y metacognitiva de todas: "¿Quién soy yo?".

Un buen coach ha de saber escuchar, empatizar, comprender lo que está diciendo la persona a la que se acompaña en el proceso de cambio. Debe tratar de generar nuevos puntos de vista y de que prevalezcan soluciones y esperanza. El coaching es una manera de llegar a un acuerdo compartido sobre el problema en sí. Es un arte, más que una ciencia y siempre diferente para cada individuo.

1.2. EL MICROENTORNO COMPARTIDO DEL DEPORTISTA DE ALTO RENDIMIENTO

Las condiciones sociales están estrechamente relacionadas con el modelo de sistema deportivo e implican una determinada cultura deportiva, algo básico pues adaptamos y contextualizamos debidamente nuestras referencias de gestión al territorio y condiciones socioculturales. Sistemas complejos multi-interactivos, núcleos de calidad de rendimiento donde las claves son la posibilidad de recursos, la suficiente dedicación al deportista, el apoyo técnico y científico adecuado y la estabilidad afectiva y perspectiva de futuro del deportista.

El rendimiento del deportista viene, entonces, determinado por al ámbito personal, el ámbito deportivo y por el entorno socio-ambiental. En el entorno socio-ambiental en donde pueden generarse entornos favorables por la creación intencionada de núcleos favorables dentro de una sociedad y ambiente de calidad.

El deporte de rendimiento es aquel practicado por deportistas con una vocación fundamentalmente competitiva y de obtención de resultados deportivos. El deportista ve en este tipo de práctica la posibilidad de satisfacer sus necesidades en un ambiente donde la competición y la superación de resultados son el objetivo fundamental y/o el camino que es necesario recorrer para acceder al máximo nivel deportivo (alto rendimiento).

El deporte de rendimiento está ligado a la competición reglamentada. Es el resultado de esta competición, así como la participación en la misma o la especialización las claves que motivan al sujeto en la práctica de este tipo de deporte. Es necesaria, por tanto, una implicación regular para poder hacer frente a los compromisos de la competición.

Por su parte, el contexto social es uno de los aspectos más significativos en la formación eficaz de los deportistas. La excelencia deportiva viene determinada por un amplio abanico multifactorial donde los aspectos psicológicos, comportamentales y sociales son primordiales y cada vez tienen más influencia en el deportista. Este aspecto ha sido uno de los aspectos más resaltados en la capacitación en las ciudades donde se ha realizado el proyecto.

La necesidad de un conocimiento específico sobre el contexto es, pues, determinante para poder aportar un ambiente de excelencia deportiva. La premisa de un entorno de desarrollo del talento es que tenga una visión, propósito e identidad a largo plazo, ya que se ha demostrado que los deportistas adultos de alto rendimiento no siempre fueron los mejores en etapas inferiores y viceversa.

Por esto hay que realizar la Implantación de un programa de formación de Inteligencia Emocional. La solidaridad en las asociaciones deportivas traduce la participación de cada individuo a la conciencia colectiva de grupo. Por ello, las características de los clubes, su funcionamiento y estructura, son datos muy interesantes para entender el entorno deportivo de los deportistas y el grado de influencia que provoca en ellos. Las organizaciones deportivas como entidades culturales y simbólicas producen sus significados a través de su dimensión estructural, su ámbito cognitivo y su red asociativa.

La buena estructura del club puede proporcionar una amplia gama de oportunidades por la variedad de grupos de entrenamiento y aprendizaje en los que haya una diferenciación por las edades y las metas. La forma de estructurar el entrenamiento define un clima motivacional contextual. Estos entornos que enfatizan el proceso de aprendizaje, la participación, el dominio de la tarea y la resolución de problemas tienden a fomentar la aparición de una orientación a la tarea. En los entornos de logro, los objetivos de logro, gobiernan las creencias sobre el logro y guían de forma consecuente nuestro comportamiento.

El triángulo deportivo formado por entrenadores, deportistas y padres es determinante en el inicio y continuidad de la práctica deportiva de los jóvenes deportistas. En muchos casos el acierto del entrenador en su trato con los padres puede ser definitivo para el éxito del programa deportivo. Por ello es fundamental la visión compartida de toda acción de mejora y cambio.

La implicación de los padres es una de las claves del buen desarrollo deportivo de los jóvenes talentos, así como la creación de redes eficaces de apoyo donde la cuestión psicológica tiene gran importancia. Este dato fortalece la importancia del denominado triángulo deportivo principal formado por padres-deportista-entrenador, a la vez que eleva a categoría de apoyos fundamentales a los hermanos y a los amigos (iguales), como entornos de influencia determinantes en el inicio de la práctica deportiva general y del apoyo en la continuidad de su deporte actual. Familia, escuela e iguales, juegan un papel determinante en la socialización del talento deportivo.

Se trata entonces de posibilitar la creación de las condiciones sociodeportivas necesarias en riqueza y capacidad del contexto social para generar igualdad de oportunidades y posibilidades sociales en todos los niveles del entorno deportivo, a través de una gestión excelente que neutralice variables condicionales negativas de estructura familiar.

1.3. EL ENTRENADOR COMO COACH INTEGRAL EN EL DESARROLLO DEL TALENTO DEPORTIVO

El referente del deporte de élite se estructura desde la base y en ese contexto, la tecnificación y el alto rendimiento son determinantes para generar el deporte de calidad. El desarrollo a largo plazo de las habilidades técnicas produce una incorporación mayor del repertorio de capacidades de éxito, como son la motivación, la adherencia al entrenamiento y la capacidad percibida.

En ese sentido la infraestructura y la estructura deportiva (instalaciones, organizaciones potentes, y formación adecuada de técnicos y deportistas) son claves en la consecución del éxito deportivo.

Debemos procurar la capacidad para seleccionar los contextos donde podamos sobresalir y moldear el ambiente para adaptarlo a nuestras necesidades ya que esto es lo que se denomina como inteligencia contextual.

Se requieren ciertas condiciones del ambiente para realizar una formación integral de los jóvenes talentos deportivos (Martindale, Collins, y Daubney, 2005):

- Visión y objetivo a largo plazo.
- Proporcionar un refuerzo coherente.
- Variedad de niveles.
- Metodología sistémica: trabajo con padres, entrenadores, etc.
- Trabajo específico del éxito y el fracaso en etapas de desarrollo.
- Ajustar expectativas, motivaciones, necesidades e intereses.
- Enseñanza específica integrada en cada etapa.
- Potenciar la responsabilidad y autonomía personal.
- Sistemas flexibles de entrenamiento.
- Ajuste de objetivos de resultado y competitivos.
- Valoración individualizada del progreso.

La excelencia deportiva se consigue cuando el deportista llega a alcanzar las mayores cotas de autorregulación, y esto reclama necesariamente la intervención del entrenador, después los propios sujetos incrementarán su nivel de autorregulación y su toma de decisiones para, terminar consiguiendo un elevado autoaprendizaje y gran compromiso con intervenciones cualificadas de los profesionales

El entorno de desarrollo del talento deportivo, está fundamentalmente propiciado por la forma en que el entrenador dispone la situación de entrenamiento. En ese sentido, aportamos resultados de las entrevistas a los entrenadores que son significativas sobre estos aspectos: la filosofía de entrenamiento, los valores del entrenador y su motivación intrínseca en relación a su trabajo, son factores determinantes en la mejor disposición del entorno de entrenamiento deportivo.

1.4. COACHING SISTÉMICO

El Coaching busca virtudes más que aptitudes profesionales. El coach, entonces, detecta barreras que hay que tirar y sueños que pueden convertirse en realidad. El secreto de esta técnica es descubrir el potencial oculto del cliente, que él ni tan siquiera conoce, para hacerlo aflorar.

Es necesario ir directo a la búsqueda de soluciones pues hay poco tiempo y lo que hay que hacer es construir soluciones en vez de perder el tiempo en solucionar problemas. Indagar en los sueños, preocupaciones o dudas que puedan tener. El principal objetivo es diluir barreras que impiden a ese sujeto dar la mejor versión de sí mismo y aumentar la motivación para ganar en gestión y rentabilidad laboral.

El coach no enseña, no da consejos, no ejerce influencias, ni da reprimendas. Se limita a acompañar para buscar el mejor camino para el cliente. Aflorar habilidades que ni él mismo conocía. Conseguir que el otro saque la mejor versión de sí mismo. Conducir a alguien desde el lugar en el que está hacia el que desea estar. Ayudar a marcar metas, objetivos y acciones concretas.

- El coach es un espejo que devuelve observaciones de uno mismo y enfoca aspectos diferentes que nosotros desconocemos.
- El coach ayuda a despertar la conexión con su alma.

El Coaching conecta con nuestros valores y fortalezas para ser quienes realmente queremos ser y conseguir lo que realmente anhelamos. ¿Qué habilidades, entonces, ha de tener un coach?:

- escucha activa de lo que la otra persona dice y no dice
- preguntas poderosas, que lleven a ese individuo a la autoconciencia y la exploración
- capacidad de ayudar al cliente a definir metas, objetivos y acciones concretas

- paciencia para mantener el silencio, pues ahí también ocurren muchas cosas

El coach escucha para descubrir qué quiere el cliente, cuáles son sus sueños y mejores aptitudes para sacar así a la luz lo mejor de sí mismo. El coach no tiene por qué conocer ni ser un experto en la profesión de la persona a la que acompaña en este viaje, es más, cuantos menos conocimientos tengamos sobre su trabajo, más posibilidades hay, en muchos casos, de alcanzar las metas deseadas.

Todo proceso es un continuo de influencia mutua. Cada acción tiene su causa y su efecto y los efectos inciden a su vez en todo el sistema. Unas veces ocurren los efectos deseados, aunque al mismo tiempo eso mismo puede causar consecuencias no deseadas en otra parte del sistema.

Todo sistema es la misma cosa y no se puede dividir. Para poner en marcha soluciones eficaces deben tenerse en cuenta todas las partes del organismo. Causa, efecto, tiempo, espacio. Así, causa y efecto se hacen intemporales en el espacio. El síntoma de un problema no es el problema y, por ello, no hay que resolver pues la consecuencia, sino el origen. Además, las consecuencias de un problema no siempre se producen de forma automática, sino que pueden tardar en aparecer olvidándose, a veces, de dónde proceden.

No se puede obtener todo al mismo tiempo. Hace falta tiempo para efectuar cambios sobre el problema y ese tiempo hay que buscarlo para diseñar el plan de acción. Las soluciones fáciles no son soluciones. Es más fácil acometer cambios en las estructuras que en las actitudes y creencias de la gente, pero son éstas las tenemos que cambiar y las que producen mayores efectos.

Los cambios del pensamiento sistémico son:

1. Pensar en el todo más que en las partes
2. Pensar más en las relaciones que en los objetos
3. Pensar más en las redes que en las jerarquías
4. Pensar más en círculos que en líneas
5. Pensar más en procesos que en estructuras
6. Pensar más en organismos que en mecanismos
7. Pensar más en el conocimiento contextual que en el objetivo
8. Pensar más en descripciones aproximadas que en verdades
9. Pensar más en la cooperación que en el control

Decálogo de Presuposiciones de Coaching integral

1. El Mapa se conforma por el sistema representacional sensorial (VAK)

2. El Mapa NO es el territorio y se mejora por experiencia y formación
3. La persona tiene necesariamente una relación sistémica con su entorno. Sistema complejo de relaciones
4. La forma de comunicación es tan importante como el contenido
5. No es posible la NO comunicarse
6. La calidad de comunicación se mide por el resultado final
7. La responsabilidad de la comunicación es de quien comunica
8. Todo comportamiento tiene una intención positiva
9. Tenemos los recursos necesarios para generar el cambio
10. La conducta puede modelarse, bien de forma integral o de forma segmentada

Relación con el coachee:

- sinceridad y confianza, tanto de pensamiento como de sentimientos
- respeto y aceptación
- empatía y lectura de mapa de la persona (rapport)
- ajuste de expectativas
- inicio con las urgencias y lo demandado

Relación de compromiso. Contrato implícito y explícito. Definir el tiempo de asesoramiento. Saber qué quiere el coachee:

- Metas y objetivos
- Creencias y valores
- Identidad y comportamiento

Esquema básico de una sesión de Coaching:

1. Rapport
2. Metas y objetivos
3. Valores
4. Creencias
5. Preguntas
6. Modelos (representación simplificada de la realidad que busca facilitar la comprensión y el aprendizaje)
7. Recursos
8. Tareas, acuerdos y compromisos

El trabajo del coach consiste en crear y mantener un espacio donde poder mostrar lo mejor del coachee y de uno mismo. El mayor regalo que se puede dar a otro es la calidad de tu atención.

El valor de las preguntas será clave y su calidad determinan la validez de las respuestas.

Es necesario enfocar el poder de la respuesta hacia lo positivo mediante la pregunta adecuada. Si se hacen preguntas formuladas en positivo, se obtienen respuestas más útiles y adecuadas. Así como realizar continuos feedback. Lo útil es preguntarse "qué puedo hacer para cambiar y mejorar mi situación" más que "por qué me ha ocurrido esto a mí", aportando de esta manera un grado mayor de responsabilidad de la persona a sobre su proceso de desarrollo.

Empatía y cualidades para potenciar la relación Coach-Coachee:

- Permitir y procurar flexibilidad de respuesta.
- Es importante generar expectativas de encuentros y situaciones favorables.
- Hay que realizar múltiples enfoques y perspectivas de las situaciones.
- Posibilitar en el coachee alta tolerancia de ideas, opiniones y valores.
- Necesaria la capacidad de asimilación y adaptación ante conflictos personales y situaciones estresantes o de tensión.
- Generar y hacer emerger confianza en sí mismo, autoestima y autocontrol.
- Tener óptima capacidad de lenguaje verbal y no verbal
- Facilidad para establecer contacto visual.
- Dominio amplio de la expresividad del cuerpo
- Dominio de las variaciones del tono, volumen, etc. de la voz.
- Capacidad de síntesis en el diálogo. Ser preciso y exacto en las preguntas. Saber responder con precisión y exactitud.
- Expresarse en positivo y con sentido constructivo.

1.5. EL PROBLEMA DEL TIEMPO EN HEIDEGGER

La contextualización filosófica del problema del tiempo en Heidegger nos viene proporcionada por las lecciones de fenomenología de la conciencia interna del tiempo de Husserl: el carácter intencional de la conciencia del tiempo como forma de la auto-constitución del sentido y, por consiguiente, de toda intencionalidad. El tiempo fenomenológico en calidad de parte inmanente a las vivencias del yo entendido como autoconciencia.

El carácter de síntesis intencional de la conciencia del tiempo ocasiona una dificultad insuperable entre el afecto y la temporalidad: la vivencia sensible material es la iniciadora de la temporalización.

Heidegger altera los niveles de fundamentación en la relación "ser y tiempo", estableciendo una nueva secuencia de originalidad entre ambos: tiempo de éxtasis, tiempo de trascendencia y tiempo intencional. Desde aquí puede entenderse el alcance del problema del tiempo como horizonte de la comprensión existencial del sentido del ser.

Los tres niveles de aproximación a la cuestión de la temporalidad en Ser y tiempo:

- Nivel 1: el problema temporal de la trascendencia del mundo en el que aparece la delimitación del esquema horizontal.
- Nivel 2: la temporalidad de la historicidad.
- Nivel 3: el tiempo del mundo.

La trascendencia consiste en la comprensión del ser y de sí mismo y la raíz de la trascendencia es la imaginación, pues son los esquemas transcendentales del tiempo los que forman el horizonte de la trascendencia. Todo conocimiento ontológico es por ende una determinación transcendental del tiempo, puesto que la transcendencia se temporaliza en el tiempo originario.

La fundamentación de la metafísica se funda en la temporalidad finita modelizada en esquemas horizontales.

Por todo ello, el ser humano se nos presenta como ser en el mundo que existe en constante trascendencia de sí mismo. Es siempre un poder ser y nunca está completo. Ocurre que las posibilidades que el ser-ahí proyecta, siguiendo a Heidegger, corresponden a las posibilidades de su ser como un todo único integral que varía por esas posibilidades según se cumplan o no.

Si el ser-ahí puede se capta a sí mismo como una totalidad precisamente porque es finito y espera su final a través de su propia trascendencia. Posibilidad inevitable e intransferible, ya que si el ser-ahí viviese siempre no sería una totalidad proyectante. Es la muerte lo que permite que el ser-ahí se vea a sí mismo como totalidad que existe proyectando posibilidades. Y en este sentido el ser-ahí es ser-para-la-muerte. Pero esto significa también que la muerte es el límite de esa totalidad que es el ser-ahí, el fin de su ser en el mundo. La muerte no es una posibilidad entre otras del ser-ahí, sino su más peculiar posibilidad, la posibilidad de la más absoluta imposibilidad, la posibilidad tras la cual acecha la nada.

La existencia verdadera del ser-ahí, está, entonces, relacionada con el mundo según el modo de la posibilidad, como estructura que se proyecta constantemente, lo que implica que es o existe en el tiempo, que el tiempo es un constitutivo radical de la existencia humana.

Hay un tiempo cronológico, objetivo, neutro, que puede calcularse y se periodiza y hay un tiempo natural, instantáneo, de necesitar del pasado y del futuro sintetizados en un momento presente en el que acontece lo intemporal generado por la autoconciencia plena que el ser humano tiene de su acontecer histórico en esa situación concreta y presente.

Sobrepasando toda subjetividad, el ser-ahí se origina en ese Ser difuminado que piensa la eternidad a partir del instante y se proyecta, haciendo posible la llegada de lo infinito, que es la verdad esencial a partir de la cual surge la posibilidad emerger más historia acontecida. Porque la historia del ser es un incesante progresar que vincula continuamente inicio y final inacabado, generando un circuito virtuoso de progreso y regreso de necesidad.

1.6. TEORÍA DEL TIEMPO DE WILBER

Para Wilber (1979), el tiempo no existe como algo que esté allá afuera corriendo del pasado al futuro, sino que es una propiedad emergente que depende de la habilidad del observador de preservar información de los eventos experimentados.

Éste autor, sugiere que el espacio y el tiempo son constructos de nuestros sentidos biológicamente limitados. El observador crea el tiempo.

Para los seres humanos, el tiempo se mueve en una única dirección que va desde la anticipación a la experiencia y a la memoria. El tiempo progresa linealmente del pasado hacia el futuro dejando consecuencias tangibles.

Una de las conclusiones que emergen de la teoría de la relatividad de Einstein es que el tiempo es, evidentemente, relativo, es decir, depende de la velocidad a la que se mueve en el espacio un observador, por lo cual se considera que es parte de un compuesto llamado tiempo-espacio. Pero, es la mente la que crea el tiempo. El tiempo no existe independientemente de la percepción.

La eternidad no es la conciencia de un tiempo perpetuo, sino una conciencia que se da por entero sin tiempo. El momento eterno es un momento intemporal, que no sabe de pasado ni de futuro, desconoce el antes y el después, el ayer y el mañana, el nacimiento y la muerte.

Vivir con la conciencia de unidad es vivir en el momento intemporal, pues nada afecta más que la desintegración del tiempo.

Pero, ¿qué es un momento intemporal? ¿Qué instante no tiene duración determinada? ¿Qué momento es fugaz, breve e incluso sin tiempo?

Todos y cada uno de nosotros hemos conocido, vivido y sentido momentos, momentos infinitos, de culminación, que parecían no terminar. Momentos donde pasado y futuro se disolvían en la oscuridad.

El momento presente cuanto más intemporal sea, más eterno lo haremos. Hacer del presente un momento que no sabe de pasado ni de futuro, de antes ni de después, de ayer ni de mañana. Adentrarnos en este momento presente es sumergirnos en la eternidad, atravesar el espejo hacía el infinito que no acaba. Lo que es intemporal es eterno. La vida eterna pertenece a quien vive el presente.

Nos quedamos en el ayer y estamos siempre idealizando el mañana, recuerdos y expectativas fugaces y difuminadas en el espacio y el tiempo. Energía perdida de la realidad. Nos preocupamos siempre por el pasado o por el futuro. Lamentamos muchas de nuestras acciones pasadas y nos estremecen sus consecuencias futuras.

El pasado y el futuro son simplemente los productos artificiales de una zona simbólica que se superpone a lo eterno. Un territorio imaginario que separa la eternidad en antes y después, en pasado y porvenir.

Si bien, el intento de vivir en el presente intemporal exige tiempo. Exige prestar atención al presente y exige un futuro proyectado.

Así tanto la memoria evocada como la expectativa generada en el aquí ahora forman parte de la experiencia presente. Son ya hechos presentes.

Pasado, en cuanto recuerdo y futuro, en cuanto anticipación, son ambos hechos presentes. Su todo temporal existe en el aquí y ahora.

Cuando se ve que el pasado como recuerdo evocado, pensado y despertado, es siempre una experiencia presente. Y, de igual modo, cuando traemos al aquí y ahora el futuro a través de nuestras expectativas lo hacemos experiencia presente. De esta manera, el presente se expande hasta llenar todo el tiempo y así, el "presente pasajero" se agranda transformándose en presente eterno.

Lo que se propone desde esta posición espacio-temporal es no es huir del tiempo sino abrazarle en su totalidad. El pasado en cuanto recuerdo no empuja al presente, y el futuro en cuanto expectativa no tira de él, pues está incluido ya en el presente sentido y pensado. incluye pasado y futuro, y por eso no deja fuera de sí nada que pueda empujar ni tirar. Cuando el pasado se funde con el presente, el ser humano atemporalizado ya, se funde con el presente. Ya no hay lugar fuera de este momento.

Así pues, ver todo recuerdo como experiencia presente es romper los límites de este momento presente, liberarlo de acotaciones ficticias, rescatarlo de la dualidad pasado- futuro. Así ya no habrá nada de tiempo detrás de uno ni delante tampoco. Estaremos insertos en el presente intemporal, en la eternidad.

"Cómo reclamamos un futuro, vivimos cada momento a la espera, insatisfechos; vivimos cada momento de paso. Y precisamente de esa manera, el verdadero presente temporal 'estando', queda reducido al presente fugitivo pasajero que apenas dura un segundo. Esperamos que cada momento continúe en un momento futuro precipitándonos a un futuro imaginado. No queremos este ahora, sino otro, y luego otro y muchos más, mañanas y pasados. Y, de esta manera, paradójicamente, nuestro presente se empobrece y huimos con él al exigir constantemente que termine. Queremos que concluya para que pase al siguiente momento futuro que solo existirá en tanto en cuento no sirva para pasar al siguiente futuro deseado. Nos ponemos fronteras de pasado y futuro cuando vida se limita a recuerdos y expectativas destruyendo la experiencia presente. Nos aferramos a la memoria del pasado y a lo por venir del futuro, para no enfrentarnos al momento que no nos gusta porque exige intemporalidad que no estamos dispuestos a gestionar. Ni sabemos hacerlo".

"La conciencia sin fronteras". Wilber

El ser humano es itinerante, en tanto en cuanto avanza, camina, abre caminos. A más caminos, más recorridos. Ello implica mayor *yo trascendental* y mayor trascendencia por generar en el *sujeto histórico*.

Relacionamos, entonces, las metáforas *Faro*, *Brújula* y *Mapa* con *Futuro*, *Presente* y *Pasado* respectivamente sabiendo que, precisamente, el valor de dichas metáforas es la intemporalidad y, por tanto, que se insertan constantemente en las tres concepciones del tiempo. De esta manera, podemos aportar una mejor conceptualización de nuestro modelo espaciotemporal.

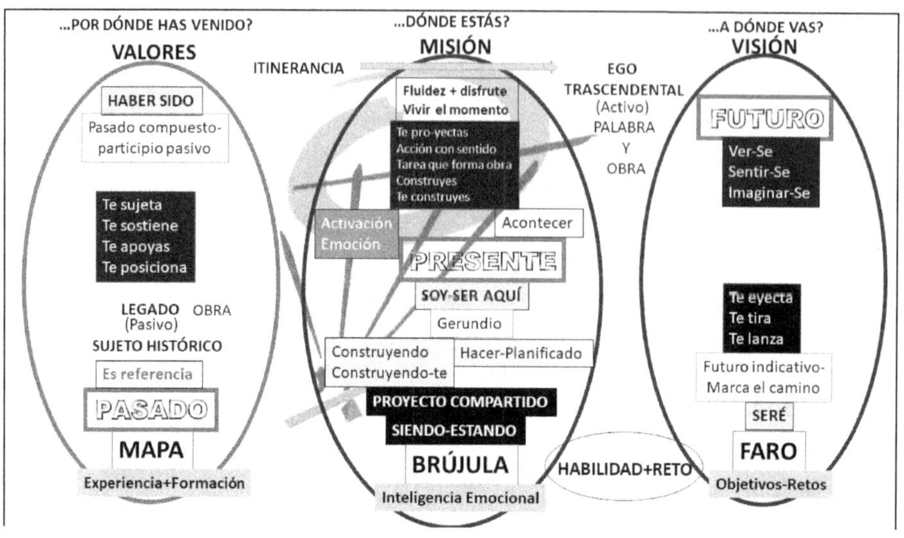

El *Pasado*, es referencia del ser humano, de nuestro acontecer. Tenemos una referencia de lo que somos ahora por lo que hemos sido, por integración de experiencia y formación. Es nuestro mapa. Elaborado desde nuestro nacimiento hasta el día de hoy. Somos ahí sujetos históricos. Ya tenemos legado, cierto legado. O mucho legado. El legado está determinado por nuestra obra, por lo que hemos realizado hasta el día de hoy. Tiene que ver con lo que hemos creado y con lo que hemos transmitido a los demás. Aquí están incluidos los hijos, nuestros proyectos cumplidos, nuestro trabajo visibilizado, la esencia y presencia unificada en ejemplo de vida y acciones.

El pasado, en cuanto a obra realizada, te sostiene, te posiciona, te apoyas en él para avanzar desde el presente. Inspira, pero, por sí sólo, el pasado no es activador ni motivador hacía un mejor futuro, ni siquiera te asegura un buen presente. Pasado es *Haber Sido*. Es saber por dónde has venido. Pero nada más, ni nada menos y, solamente si lo unimos de forma inherente a presente y futuro visualizaremos espacialmente y sentiremos ese tiempo como un todo. Aquí están los valores, ya como principios incorporados a nuestra identidad. Son cimientos fundamentales de nuestra estructura del *Ser-Aquí*, no sólo del *Haber Sido*. Valores que junto con la propia obra como experiencia y formación deben condicionar positivamente el presente para continuar proyectándonos.

Presente que es la gran misión del ser humano. Es desde donde me proyecto y desde donde me construyo. La activación y emoción unida a saber vivir el momento, con fluidez y disfrute, posibilitaran el mejor *hacer planificado*. Desde el presente realizo el *proyecto compartido*, aquí *soy y estoy*. Realizo acciones con sentido proyectado, tareas que forman obra. Suceden cosas y hago que sucedan. Presente es saber dónde estoy. Para ello la brújula, metáfora de inteligencia emocional, debe estar del todo presente, nunca mejor dicho. Acontecemos en este *momento-estado*. Acontecemos por palabra y obra activando nuestro *yo trascendental* con habilidades y retos propuestos que nos *arrojan* al futuro, que diría Heidegger, pero ya con el prefijo *"pro"* delante pues lo hemos preparado. Ya desde aquí, estoy proyectado de la mejor manera. Proyectado al futuro. *Futuro* que queremos, en un proceso efectivo, venga determinado de forma itinerante desde el pasado, desde el mejor pasado, para saber bien a dónde voy. Verme, sentirme e imaginarme en ese gran faro propuesto por mí mismo que me indica el camino de lo que seré. Este *seré* muy visualizado, tanto que lo toco y lo siento con el alma, es lo que me eyecta, lo que me lanza. Tira de mi haciendo del presente más intemporal, si cabe. Haciendo que el futuro pertenezca al presente, que ya ha tomado parte del pasado haciéndose muy amplio espacialmente. Pues de eso se trata, de hacer el presente tan grande y conectado al pasado y futuro que el momento del yo no tenga tiempo alguno, que cada momento sea intemporal y por tanto ETERNO.

1.7. EL COACHING COMPARTIDO

Una premisa importante es tener en cuenta que el coaching compartido abarca la ética, los valores, los significados, la racionalidad, la toma de decisiones en situación de conflicto, en suma, toda una complejidad de la vida humana que debe referenciarse necesariamente con una mirada filosófica.

Actuar, por tanto, como un guía para sacar a la superficie las ideas propias y sugerir otras nuevas. Un acto donde emergen y se generan ideas y proyectos compartidos. Un acto donde se ayuda a las personas a comprender con qué clase de problema se enfrentan y, mediante el diálogo, desenmarañar todas las implicaciones. Tratarlo con un enfoque filosófico y vital compatible con su propio sistema de creencias y a la vez generando una nueva sabiduría que contribuya a una vida más exitosa y sana. Así como explorar cuestiones relacionadas con los valores, significado y ética de la vida.

Sócrates declaró: *"una vida sin reflexión no merece ser vivida"*. Y, con ello, abogaba por una evaluación constante y esforzada para mejorarse uno mismo de forma continua e infinita. Descubrir la esencia más íntima de nuestro ser. Hacerse la pregunta más básica y metacognitiva de todas: *"¿Quién soy yo?" "¿Qué me hace ser yo?"*. Y yo me conoceré más y mejor a mí mismo en función de los demás, en relación con los demás. En realizar un autoconocimiento compartido, liderazgo compartido.

Al fin y al cabo, el objeto del "coaching" es el presente y mirada al futuro, más que al pasado. Es el diálogo, el intercambio de ideas en sí mismo, lo que resulta facilitador del mejor cambio. El coaching compartido es pues, una manera de estudiar y llegar a un acuerdo compartido sobre el problema en sí. Es un arte más que una ciencia y, siempre, es diferente para cada individuo.

Uno de los parámetros más significativos para que un equipo sea de éxito en el alto rendimiento es que esté integrado en un contexto social excelente. Ello condiciona positivamente el que la sociedad perteneciente a ese contexto tenga una autoestima colectiva y sociopsicológica elevada que unida a un microcontexto de excelencia generado por un liderazgo transformador e inspirador generan un proyecto colectivo muy consistente y de calidad. Todo está conectado y ello tiene que ver con la concepción sistémica, con abrir la mirada y el foco. Con generar una autoestima macro y micro de confianza desde la psicología colectiva.

El desarrollo se facilita a través de la interacción con personas que ocupan una variedad de roles y a través de la participación en un repertorio de relaciones que se amplía constantemente y que hace formar una identidad más compleja. Se trata de generar un sistema sociorelacional.

Los sistemas sociorelacionales son sistemas complejos de interacción que actúan como modeladores de las conductas de asimilación y adaptación del sujeto. Lo que cuenta para la conducta y el desarrollo es cómo se percibe el ambiente más que la realidad objetiva. Si queremos cambiar la conducta, debemos cambiar los ambientes.

Para Bronfenbrenner (1987), "el desarrollo de la persona se ve afectado profundamente por hechos que ocurren en entornos en los que la persona ni siquiera está presente". Por ello, nos propone el modelo ecológico como medio para la detección de una variedad amplia de factores que influyen en el desarrollo de las personas. Bronfenbrenner hace hincapié en el análisis de los entornos o contextos en los que se produce el desarrollo del ser humano como determinante del mismo.

Lo sistémico es clave y, también, un proyecto compartido de alto rendimiento. Crear un proyecto compartido desde un liderazgo inspirador y efectivo.

El concepto de proyecto viene semánticamente de la unión de la palabra *yecto* y el prefijo pro. Según el filósofo Heidegger, *yecto* es lo que ocurre, lo que existe ahí afuera. El "*estado de yecto*" es, según el autor, estar "*arrojado al mundo"*. Por lo tanto, pro-*yecto* es estar en favor de ese estado, proyectar es entonces preparar mi existencia.

Si no proyecto, sólo tendré ocurrencias. Realizando una analogía con los recorridos de viajes, viajar es tener ocurrencias y dar la vuelta al mundo es realizar un proyecto compartido de alto rendimiento. Proyecto, pues, es donde hay intención, necesidad, compromiso, compartición, entrega, voluntad. Preparar a un equipo para un campeonato es un gran viaje, un proyecto compartido que requiere el mayor rendimiento.

Faros, brújulas y mapas. Sueños, gestión emocional, experiencia y formación

Faro, brújula y mapa son los tres elementos centrales en nuestro paradigma del Coaching compartido. Son las tres metáforas fundamentales con las que explicar la importancia y necesidad de los objetivos, la gestión emocional y la experiencia-formación que traemos en nuestra mochila de vida.

El faro significa en su mayor grado el sueño, el gran sueño de niños o adolescentes o los diversos sueños que hemos ido adquiriendo con el tiempo. Son los retos grandes o pequeños. Son, entonces y para poder ser realizados con mayor probabilidad, los objetivos más o menos específicos y más o menos realizables. Son los objetivos a largo plazo o de plazo medio o corto. Son, en definitiva, todo lo que nos proponemos en la vida y queremos que sea conseguido.

La brújula, por su parte, es la gran metáfora de la gestión emocional, de la gestión emocional intrapersonal, la nuestra, la que tenemos que realizar con nosotros mismos, y también, es la gestión emocional interpersonal, la que tenemos que realizar hacía los demás, la gestión de las emociones en cuanto a que tenemos cierto, o bastante, liderazgo con otros. Es una necesidad de brújula compartida y responsable pues significa el primer elemento y condición para que se dé una relación de confianza y de compromiso mutuo.

La brújula nos indica nuestro norte y el norte de nuestro equipo de trabajo. La brújula derivará más tarde en lo que hemos denominado la roseta de los vientos del coaching compartido. Una brújula que está formada por los factores de inteligencia emocional que son el autoconocimiento, la automotivación y el autocontrol en cuanto a la inteligencia intrapersonal, y la empatía y habilidades sociales en cuanto a la inteligencia interpersonal.

Éstos factores se subdividen a su ven en variables significativas que son acciones y dinámicas concretas de actuación del ser humano en proceso de maduración emocional. Dicha necesidad de maduración emocional se requerirá, bien por cuestión evolutiva y de desarrollo o bien por necesidades de cambios de ciclo de vida derivados de la salida de una crisis o de la entrada en una nueva realidad sociodeportiva. En muchos casos y, si se une a obligaciones de distanciamiento social, con toda seguridad será unión de salida de crisis y de entrada en nuevas realidades.

Por su parte, el mapa es la gran metáfora de nuestro bagaje vital, de lo que hemos realizado desde nuestro nacimiento hasta el día de hoy en cuanto a experiencia de vida y formación-aprendizaje. El mapa es la lectura que hacemos de la realidad, la interpretación que realizamos de ella, de nuestra entorno inmediato y mediato, precisamente, desde esa visión que nos va a proporcionar la unión de experiencia y formación.

Desde la programación neurolingüística, se aporta la analogía también del mapa, en cuanto a su relación con el territorio. Nuestro mapa (mental) nunca es el territorio donde nos encontramos. Nuestro mapa representa una parte de ese territorio tanto en cantidad con en concreción de detalles. Nuestro mapa, además, es distinto al mapa del resto de las personas que nos rodean, y por ello, entre otras cosas, deberemos tener la mayor empatía y asertividad para interaccionar de la mejor manera. Nuestro mapa es nuestro entendimiento de la realidad y no hay que pretender imponerlo, sino facilitar su explicación enseñándolo y mostrando con empatía y afecto nuestros recorridos. En el caso de sujetos en desarrollo con menor líneas en el mapa que nosotros, más aun, hay que esforzarse en ayudarles a que generar líneas en su mapa, con acercamiento, saber estar, y eficacia desde el respeto y el amor.

La vinculación efectiva de mapa, faro y brújula propician una mayor posibilidad de consecución de resultados y objetivos. Siguiendo este símil, nada mejor que alinear de la mejor manera nuestra misión con nuestros sueños y objetivos, enlazados para potenciar la relación desde los valores, desde nuestra actitud y gestión emocional.

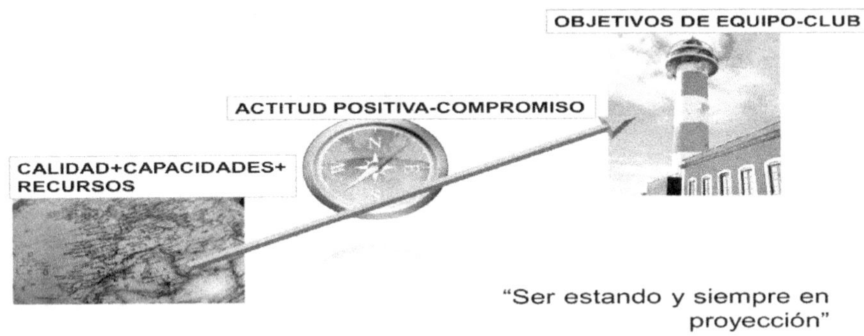

Se trata de colocar ordenadamente calidad, capacidades y recursos, con el compromiso generado y emergido, hacia el gran objetivo del equipo. Se crea con ello un proyecto procesado o proceso proyectado. Es un coaching compartido procesual. Donde no serán tan importantes ni el líder, ni el equipo, sino el propio proyecto. Proyecto estratégico y táctico con compromiso implícito y explícito. Con esfuerzo y entrega de todos los componentes, donde la decisión y confianza mutua son valores necesarios teniendo el compromiso de sustento como deber compartido.

Y para que ello eche a andar y se pueda llevar a cabo con las mayores probabilidades de éxito, hace falta un *"propietario"* del proceso, donde la funcionalidad será más importante que la estructuralidad. Importancia mayor de las interrelaciones, emocionalidades que el organigrama y la posición jerárquica. El entrenador en un equipo deportivo es la figura clave y propietario del proceso de cambio del equipo.

Un buen liderazgo que, unido al equipo desde los valores compartidos, eyecten dicho proyecto. Valores compartidos de generosidad, sentido de equipo, trabajo colaborativo, cooperación y cohesión. Se trata de potenciar un proceso sistémico, sistemático, continuo, progresivo, ascendente, virtuoso y positivo. Unir futuro, presente y pasado en un continuo atemporal que lleve el trabajo deliberado del equipo a un estado eterno de fluidez hasta conseguir su gran objetivo.

Y es en este preciso momento donde entra en juego la metáfora del globo aerostático en movimiento que tiene que ser pilotada con la mayor precisión y pericia sabiendo que es el viento el que te lleva. Ese viento que es análogo al entorno social, cultural, económico, laboral y familiar de todo contexto sociodeportivo. Entorno actual de distanciamiento social obligado y necesario. Necesariamente con obligación de ser aceptado y reconocido como propio y bueno dentro de nuestra conducta de autodisciplina deliberada. Entorno no siempre a favor por lo que hay que aprovechar las corrientes térmicas positivas y realizar el mejor pilotaje con perseverancia, paciencia, templanza y decisión.

El viaje del héroe. Metáforas, Ecuación, Ley y Fórmula.

Este itinerario en globo aerostático en el que el viento nos lleva inevitablemente tiene mucha similitud con el viaje del héroe de Gilligan y Dilts plasmado en su libro *"Un camino de autodescubrimiento"*. Si bien, nos lleva el viento inevitablemente, pues en un globo aerostático somos *"pasajeros del viento"*, pero que con cierta y segura destreza en el pilotaje sobre los pocos parámetros en los que podemos incidir en un globo (altura, rotación, inflado), unido a mucha persistencia en el tiempo y el espacio (cogiendo térmicas), podremos ir aproximándonos a nuestro destino.

Los pasos del viaje del héroe de Gilligan y Dilts son:

1. La llamada
2. El rechazo de la llamada
3. Cruzar el umbral
4. Encontrar los guardianes
5. Afrontar y transformar tus demonios
6. Desarrollar el ser interno y nuestros recursos
7. La transformación
8. La vuelta a casa

1. **La llamada:** por un reto, por una crisis, por una visión o por alguien necesitado. Por sufrimiento o de inspiración y alegría. Situaciones.

Personas. Partes de ti. Negativas. Que te atormentan. Identifica desafíos. ¿Qué te hace feliz? ¿qué te hace infeliz?

2. **El rechazo de la llamada:** se rechaza de principio porque es difícil, no se quiere.

3. **Cruzar el umbral:** responder a la llamada y comprometerte. Hay incertidumbre, pero hay que hacerlo. Es un reto crucial del viaje del héroe. Toma de conciencia. Objetivos concretos. Salir de zona de confort.

4. **Encontrar los guardianes:** distinguir entre héroe y campeón. Héroe es una persona normal al que la vida llama a una circunstancia extraordinaria. Campeón es el que impone el propio mapa del mundo a los demás. El campeón trata de dominar o destruir todo lo que es diferente a su ideal del ego. Personas. Símbolos. Naturaleza. Lo que te inspire coraje, confianza, creatividad, conexión, determinación. Los guardianes son personas concretas: amigos, mentores, etc.

5. **Afrontar y transformar tus demonios**: lo que trata de bloquear tu viaje. El héroe busca la transformación de su relación con los demonios (adicción, depresión, etc.). El héroe se transforma a sí mismo y el campo relacional más amplio en el que vive. Es un viaje compartido. Búsqueda de recursos. Acción.

6. **Desarrollar un ser interno:** siempre transformación de uno mismo. Aprendizaje consciente.

7. **La transformación:** generar nuevos recursos para responder a los retos y afrontarlos con éxito. Éxito en tu viaje. Competencia inconsciente.

8. **La vuelta a casa:** compartir con los demás lo que has vivido. Pues el viaje (la transformación) se hace tanto para uno mismo, como para los demás. Los héroes suelen convertirse en líderes transformacionales.

Un buen líder tiene claro que el viaje es el de su equipo, no el suyo. Nuestro trabajo no debe ser, por tanto, ser el héroe del viaje, sino el piloto que gestiona talentos. En el viaje del héroe el objetivo no es derrotar el sentimiento difícil o la energía negativa, se trata de humanizarlos siendo uno mismo más humano. El mayor regalo que se puede dar a otra persona es la calidad de nuestra atención, viviendo y haciendo vivir la vida como una gran aventura.

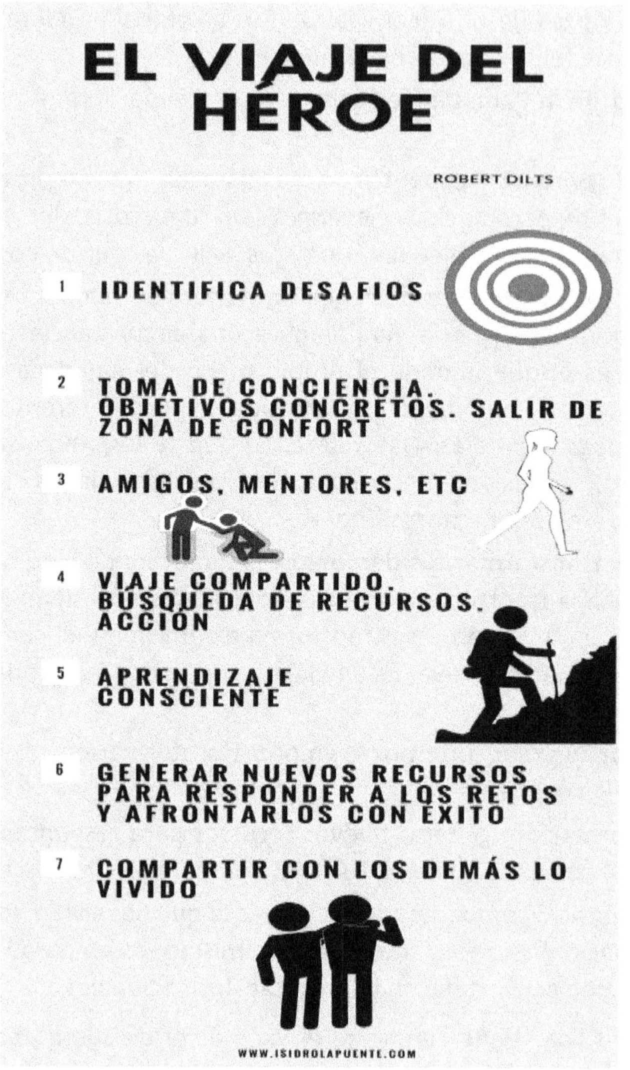

La ecuación de la felicidad

Y en este punto hay que añadir la Ecuación de la felicidad generada por la Universidad College de Londres (UCL), basada en la mejor vinculación de expectativas y recompensas. Expectativas propuestas de la mejor manera con una alienación apropiada y ajustada de objetivo + gestión emocional + formación/experiencia, de tal modo que existan mayores probabilidades de consecución de esas expectativas.

Las recompensas irán alcanzándose en formato logro y en formato vivencia, análogo a las teorías sobre la motivación donde se aporta la motivación al logro y la motivación a la tarea.

"Cuando es tan importante el camino como llegar a tu destino".

La felicidad, en ese sentido, no es destino, sino recorrido, camino que se va haciendo, es la senda de la vida. No se trata de la búsqueda de la felicidad, sino de ser felices para poder realizar búsquedas en mejores condiciones. Para poder crear en nuestra cotidianidad un circuito virtuoso, positivo y eficiente de generación de felicidad plena al vincular constantemente nuestras expectativas con las recompensas en forma de logros y vivencias. Vivenciar continuamente y sentir dicha vinculación.

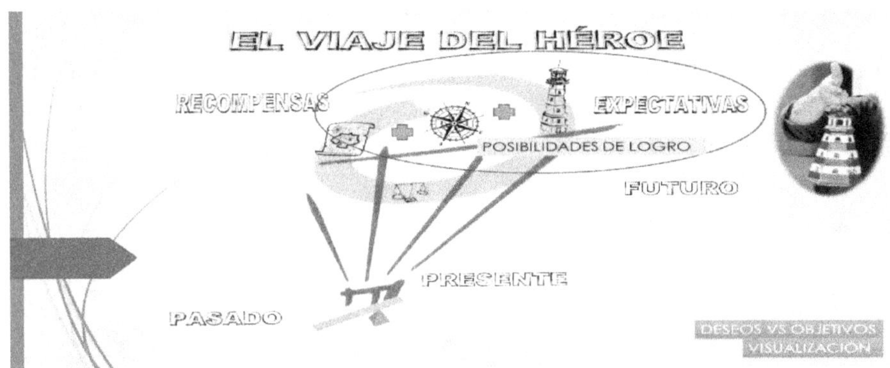

Logros y vivencias. La arena del desierto vs barro. Legado auténtico vs legado nocivo. De esta manera se genera un flujo continuo, dinámico, armonioso de generarse expectativas recompensado en la identidad del sujeto en logros y vivencias. Vivencias que serán muy buenas y positivas, y vivencias que pueden ser negativas en principio, casi tormentas de arena, pero que deben interiorizarse positivamente como aprendizaje continuo.

Finalmente, los logros y vivencias quedan insertados en nuestro mapa mental donde se unen formación y experiencia y que trascenderá a través de nuestro legado. Legado en vida en forma de referencia a los otros y legado trascendental una vez concluida nuestra presencia en la vida. Legado que seguirá en esencia presencial por recuerdo y aportación: arena del desierto. Arena del desierto muy fina símbolo de la esencia del viaje, del trayecto recorrido, muestra de lo que se ha sentido y vivido, de lo que te ha transmitido el entorno y la gente.

La roseta de los vientos del Coaching compartido

Y en este punto es donde cobra mayor sentido la brújula, que se agranda para convertirse en Roseta de los Vientos del Coaching compartido desde la mejor aplicación de la gestión emocional.

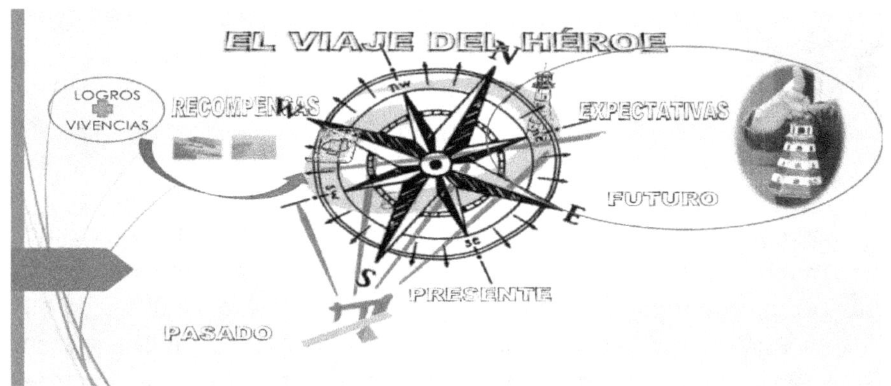

La gestión emocional se convierte en el modelo de viaje del héroe en multifactorial al generarse subfactores y acciones específicas de los cinco grandes factores de la inteligencia emocional. De esta manera tenemos:

1. Autoconocimiento
2. Autocontrol
3. Automotivación
4. Liderazgo
5. Conocimiento de los demás

Se convierten en diversas variables y acciones que pueden asegurar una mayor concreción en la adquisición de inteligencia basada en las emociones.

Por su parte, la programación neurolingüística (PNL) nos va a proporcionar un patrón interesante para la maduración integral del individuo uniendo pensamiento-lenguaje-acción. Relacionando los tres factores para que las creencias y evidencias se potencien y generen una mayor inteligencia emocional y por ende mayor autodisciplina y posibilitación de mayor adaptación a nuevos contextos sociodeportivos.

El Coach debe detectar las barreras que impiden el proceso de crecimiento de sus coachees y descubrir su potencial, focalizando la atención y el trabajo en las creencias potenciadoras y en la eliminación de las creencias limitantes.

Desde el trabajo grupal y dinámicas de equipo debe tenderse a conseguir un proyecto colectivo con el mayor clima de confianza. Donde los factores de claridad y aceptación deben ser paradigmas para que la definición operativa y concreta de la tarea se realice en mejores condiciones y el grado de acuerdo de los diversos roles lleve al éxito a ese equipo.

En este sentido, el método de los Navy Seals es una gran referencia:

1. Concordancia de objetivos
2. Esfuerzo de todos
3. No egos

4. Trabajar unidos
5. Simplificar tarea
6. Descentralizar el mando
7. Planificación
8. Liderazgo vertical bidireccional y horizontal
9. Toma de decisiones sin miedo
10. La disciplina genera libertad

La Ley de la Palanca de Arquímedes de la psicología positiva

El paradigma se amplía con la Palanca de Arquímedes de la psicología positiva. En física, la palanca es una máquina simple que tiene como función transmitir una fuerza. Está compuesta por una barra rígida que puede girar libremente alrededor un punto de apoyo, y se utiliza para amplificar la fuerza mecánica que se aplica a un objeto, para incrementar su velocidad o la distancia recorrida, en respuesta a la aplicación de una fuerza.

Como cualquier medio técnico, la palanca no es en sí ni buena ni mala, sino que lo es el uso que se haga de ella. Pero en cambio resulta útil verificar si el punto de apoyo sobre el que se asienta la palanca es o no conducente.

Arquímedes decía: *"Dadme un punto de apoyo y moveré el mundo"*. Es decir, que, con un punto de apoyo conducente y la respectiva palanca, es posible llegar a mover una gran carga. Si no podemos modificar las actitudes de los otros, al menos debemos actuar en nuestro microentorno, estar seguros de la firmeza de nuestro propio punto de apoyo para generar el punto de apoyo sobre el que la palanca producirá un efecto sobre la carga y así apalancar debidamente la situación general. Tenemos y podemos participar de un modo activo en modificar este punto de apoyo. Es probable que nuestra fuerza no alcance para mover esa carga tan grande, pero si desplazamos el punto de apoyo, podremos con cargas negativas más potentes, incluso con menor fuerza.

Debemos estar seguros de que nuestro punto de apoyo sea sólido; que resista los embates de los sucesos más previsibles, que no esté asentado sobre hipótesis débiles o deseos meramente voluntaristas.

Si el punto de apoyo es sólido, si tiene en cuenta a todas las personas que me rodean, Arquímedes tiene razón: *"Dadme un punto de apoyo y moveré el mundo"*.

La palanca, en nuestra gran metáfora del globo aerostático en el devenir pasado, presente, futuro, está en la cesta, es donde estamos contenidos.

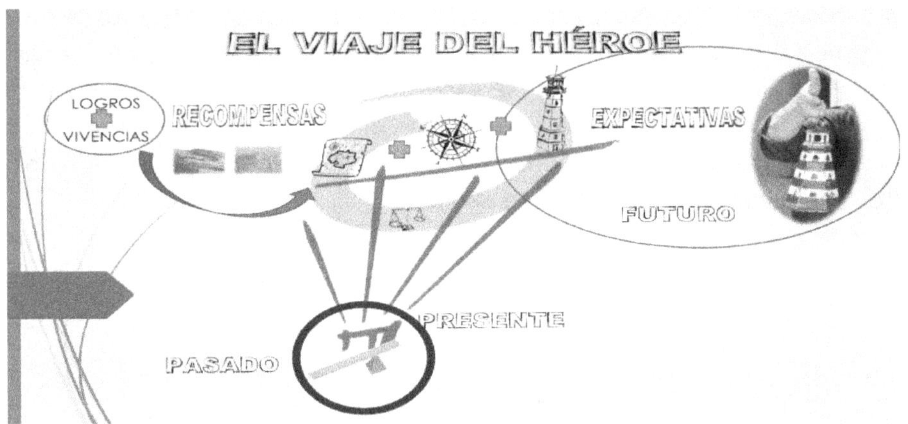

El punto de apoyo es la conciencia y la aceptación, es el presente más consciente. El brazo de la palanca comprendido entre fuerza vital y punto de apoyo es el sumatorio de pasado y futuro, de experiencia unido a formación (mapa) y lo proyectado. El proyecto sobre el reto propuesto que deberá estar procesado en tareas y tiempos para mayor posibilidad de realización. Este brazo de la palanca es, asimismo, la suma de fortalezas y oportunidades, binomio de herramienta DAFO en su área positiva.

Por su parte, el brazo comprendido entre el punto de apoyo y la carga es donde se ubican las barreras y limitaciones, tanto percibidas como reales (con evidencias). Es la parte de las debilidades y amenazas, parte negativa de la herramienta DAFO de autoevaluación, autovaloración de condiciones y condicionantes.

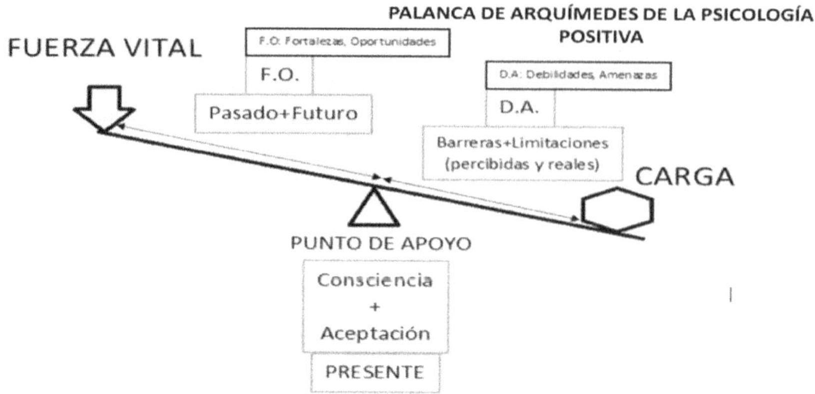

Siguiendo este paradigma de la palanca de Arquímedes, si el punto de apoyo está muy cercano al punto de aplicación de fuerza (nuestra fuerza vital), por muy pequeña que sea la carga, será difícil poder con ella. El punto de apoyo se desplaza hacía la fuerza vital cuando existe competitividad, comparación social y orgullo exacerbado. En ese escenario, las fortalezas y oportunidades quedan minimizadas, muy empequeñecidas. Y, por el contrario, el brazo de las barreras y limitaciones personales, se amplía y los temores, miedos y emociones negativas aumentan, se agrandan.

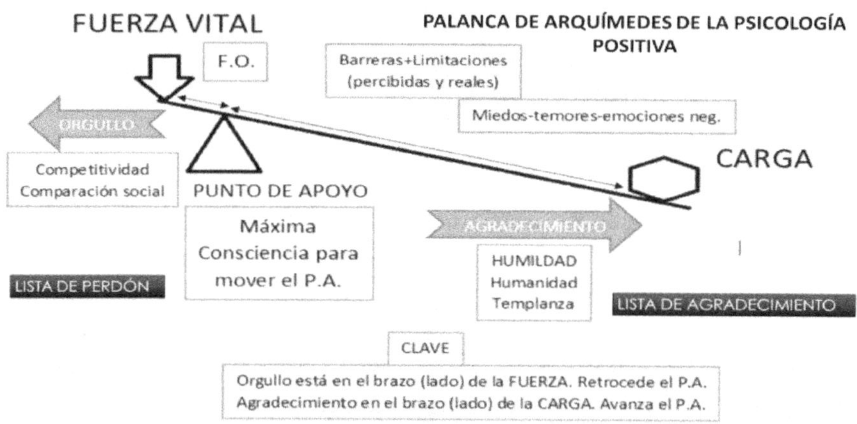

La clave, pues, está en que el brazo desde la carga al punto de apoyo sea el menor posible, lógicamente siguiendo el modelo de Arquímedes, entendible físicamente, pero que se entenderá del todo psicológicamente continuando con lo simbólico y metafórico. Si aportamos humildad, humanidad y templanza a nuestros actos, y participamos en dar más agradecimiento, en no tener orgullo, el brazo de palanca cercano a la carga disminuye, ya que habremos desplazado el punto de apoyo con nuestra decisión de ser y estar de esa manera en la vida. Mover hacia adelante el punto de apoyo con una nueva conducta de asimilación y aceptación.

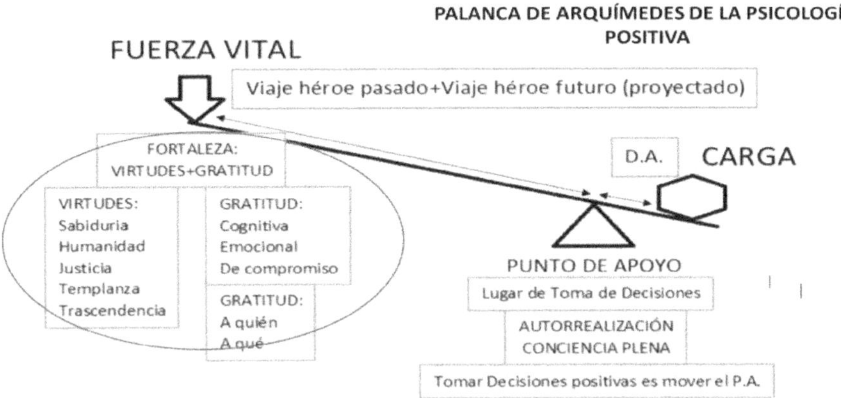

El punto de apoyo, lugar de toma de decisiones, de autorrealización, de conciencia plena, se desplazará casi sin sentirlo acercándose a la carga, por la gran cantidad de virtudes y gratitud hacía uno mismo y hacía los demás. Gratitud de compromiso, tanto cognitiva como emocional. Virtudes como la sabiduría, humanidad, justicia, templanza y trascendencia. Trascendencia por dejar cada en cada momento, cada día y para la eternidad, un legado de amor, fraternidad, compañerismo.

En ese estado, en esa posición de palanca, el ser humano, puede con todo. "*Sólo*" habremos de ser capaces de desplazar el punto de apoyo con la mayor y mejor actitud ante la vida. Para lo cual, nada mejor que "*ver, mirar, para admirar*". Ser capaces de tener un buen nivel de activación, de observación, de estar atentos, de leer los estímulos de nuestro entorno. De llegar a admirar a los otros, desde la confianza, la valoración, el aprecio, la consideración, el respeto. Necesarios completamente en todo contexto sociodeportivo nuevo.

Ofreciendo lo que hemos llamado en este modelo la *Arena del desierto*, la mejor esencia de nuestro viaje, entregando lo que hemos sentido y vivido, proporcionando la conclusión de un proyecto compartido enfocado al alto rendimiento.

La Fórmula de la Potencia del Ser Humano

En el punto de apoyo está la clave. En mover el punto de apoyo, aportando la mayor aceptación y entendimiento de la situación, de la transformación en el entorno, de la asimilación del nuevo orden psicosocial. Pero tenemos algo más para vencer la carga, que es la producción de fuerza desde la fórmula de la Potencia.

Potencia = Trabajo/tiempo= Fuerza x Espacio/tiempo = masa x aceleración x espacio/tiempo

$$P = \frac{T}{t} = \frac{F.S}{t}$$

$$P = \frac{m.a.s}{t}$$

De esta fórmula de potencia emergen, de una manera muy científica, reflexionada desde la filosofía y sistematizada en lo psicosocial, las Fuerzas del Poder que serán la base y soporte de todo el proceso de obtención de fuerza del ser humano con deseo y necesidad de transformación para afrontar con éxito todo cambio y transformación personal.

LA CAPACIDAD DE CAMBIO

2.1. LA CAPACIDAD DE CAMBIO. FUERZA ESPIRITUAL.

LA FUERZA ESPIRITUAL (esencia)

Capacidad de cambio: valores-autoconocimiento-reflexión-conocer-ser

La capacidad de generar una gran fuerza espiritual de forma consciente puede cambiarnos la vida. Gracias a nuestra capacidad de *Fuerza Espiritual* y deliberación interior valoramos mejor los acontecimientos y nos lleva a actuar de forma más beneficiosa. La *Fuerza Espiritual* entrecruza la experiencia y la actividad formativa, relacionando la operación mental con otras que realiza el cerebro humano. Para ello es determinante la percepción y control del cuerpo, así como del movimiento a través de ejercicios y de actividades aplicadas en un entorno tranquilo y sosegado.

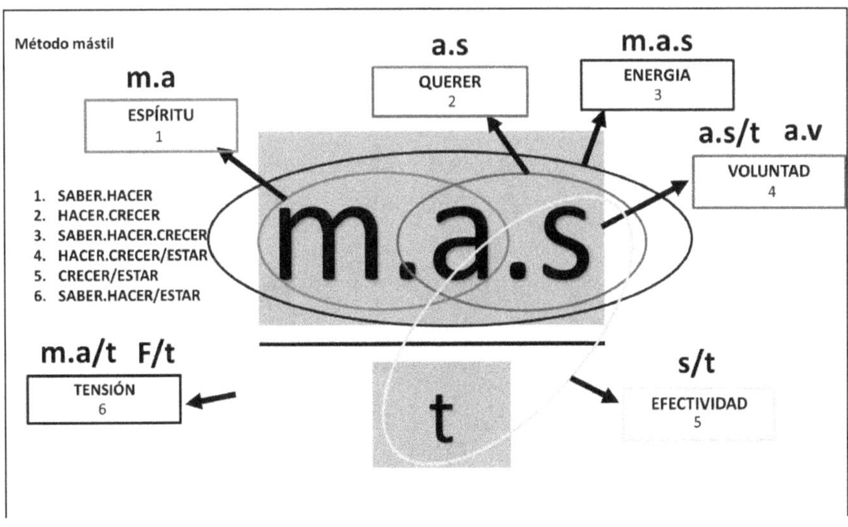

La *Fuerza Espiritual* consciente, el hecho de saber en cada momento en qué estamos pensando, es algo que nos ayuda muchísimo en nuestras vidas, ya que nos permite definir mejor nuestros objetivos y saber qué debemos hacer. Se trata de saber estar con uno mismo.

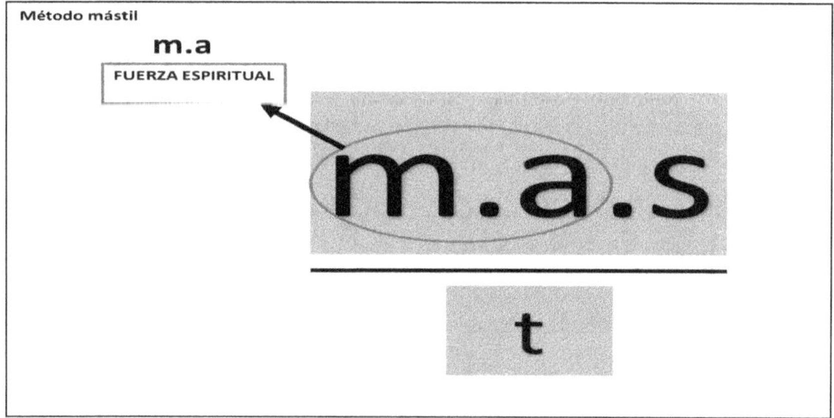

Al trabajar la espiritualidad pensamos sobre nosotros, en nuestros problemas, en nuestras alegrías y en las personas que nos rodean. Para saber estar con nosotros en soledad, debemos aprender a canalizar el diálogo interno inconsciente y tornarlo en diálogo interior o reflexión consciente. Pensar en lo que debemos pensar, con un objetivo en mente y con una metodología reflexiva y espiritual. Ser conscientes de nuestros pensamientos permite disfrutar del momento, enfocarnos a las cosas positivas.

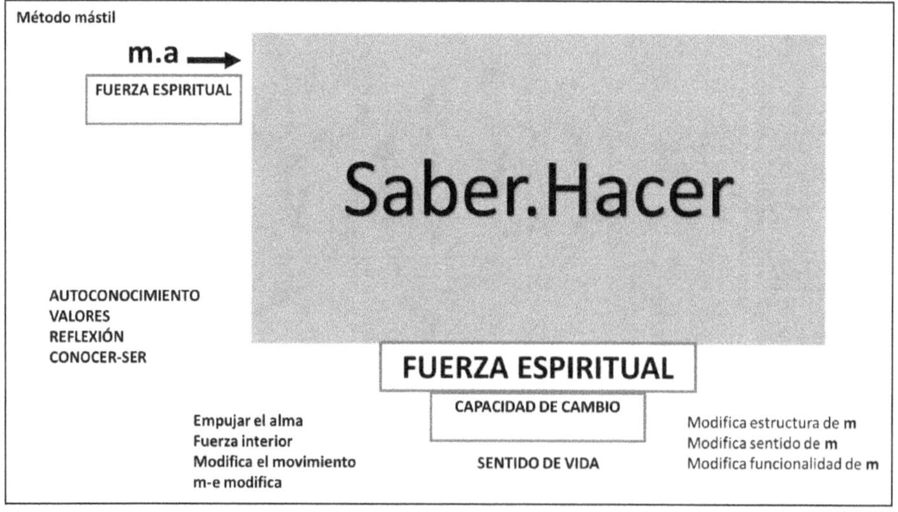

La *Fuerza Espiritual* viene determinada por el producto de **SABER.HACER** (**m.a**), y se traduce en capacidad de cambio, en la aceleración que empuja el alma del sujeto, del ser. **SABER.HACER** nos proporciona fuerza interior, modifica el movimiento de **m**. (masa, sujeto). La *Fuerza Espiritual* es autoconocimiento, valores, reflexión. Es conocernos por dentro, es conocerse del todo. Es lo que nos da sentido a la vida. La **a,** en el producto del factor **m.a**, hace modificar la masa, le da sentido, funcionalidad, le acelera.

Saber estar con uno mismo es pensar en el pasado, en el presente y en el futuro de forma eficaz y saludable. En la *Fuerza Espiritual* consciente podemos debemos en el pasado, en el presente y en el futuro con apertura de mente y actitud crítica constructiva. Posibilitando nuevos significados y conceptualizaciones a temas, no bien cerrados, y, sintiendo el momento presente y la proyección que se está generando en el futuro con la actitud de reflexión acogedora.

Reflexionar sobre el pasado y sobre el futuro es vivir el presente y, mucho. Es hacer el presente intemporal pues se agranda el momento actual con vivencias de atrás que se enlazan con el mañana.

En ese sentido, saber trabajar nuestra *Fuerza Espiritual* sobre nuestros éxitos y fracasos del pasado nos permite aprender qué hemos hecho bien y qué no hicimos tan bien. Saber tener *Fuerza Espiritual* sobre nuestro futuro nos permite tener previsión, organizar nuestra vida de tal forma que podamos enfocar nuestro futuro de la mejor manera posible.

2.2. EL SER HUMANO COMO PROYECTO. EL INACABAMIENTO HUMANO DESDE LA PERSPECTIVA FILOSÓFICA

El inacabamiento humano debe ser entendido desde la perspectiva más amplia de una coherente Filosofía de la Educación. Se trata de fundamentar la necesidad de la acción de coaching desde el análisis del inacabamiento humano visto desde distintas perspectivas. Sin embargo, la descripción del inacabamiento de la persona no significa que el ser humano sea únicamente pasividad e imperfección, y tampoco debe deducirse que las posibilidades de acabar tal inacabamiento no tengan límite alguno. La plasticidad ni se da, ni se puede dar en el ser humano hasta el infinito. El hacernos, no es un hacernos infinito. La plasticidad tiene unos límites, y esto es las propias exigencias de la naturaleza humana, que es la que nos indica lo que debemos ser y alcanzar. El ser humano posee una naturaleza específica cuya perfección y adecuado entendimiento constituyen el proyecto y, en definitiva, el modelo a seguir.

Es cierto que el ser humano tiene libertad, pero también es naturaleza, es una síntesis de naturaleza y libertad. Como ser libre, el ser humano se muestra inacabado e indeterminado, sometiendo a la obligación ineludible de llevar a cabo su propio proyecto. Pero quizás convenga resaltar que, aunque dicho proyecto no se nos presente prefijado de forma unívoca y necesaria, no quiere ello decir que tal proyecto no exista.

El educador no debe, pues, olvidar que es la propia naturaleza la que nos marca, tanto el límite, como el horizonte del inacabamiento y de la educación, siendo precisamente éste el origen del respeto al educando, del reconocimiento de su dignidad y, en definitiva, de toda una ética de la educación.

El inacabamiento humano pone al ser humano frente a un futuro abierto de posibilidades y le hace responsable de su elección:

- Píndaro amonestaba: *"ser humano llega a ser lo que eres"*.
- Herder, *"el ser humano, es el primer liberto de la creación, organizado para la libertad"*.
- Schiller. *"Al ser humano en cambio le entrega simplemente su destino y le deja la realización del mismo"*.
- Kierkegaard sentenciaba que *"el ser humano se convierte en lo que hace de sí mismo"*.
- Jaspers observaba que *"el ser humano es un animal de futuro, un ser que decide lo que va a ser"*.
- Bergson decía que el ser humano es la creación de él por él.
- Para Victor Frankl *"el ser humano no es un ser efectivo, sino un ser facultativo"*.
- Y según Ortega y Gasset *"al ser humano le han dado la vida, pero se la han dado sin hacer"*, por tanto, *"no es un factum sino un faciendum"*.

La idea fundamental es, en este sentido, que hay que reconocer el existencialismo, la corriente filosófica más representativa en estos temas. En este movimiento filosófico, la conciencia clara del inacabamiento humano puede decirse que supone el común denominador.

Heidegger, Jaspers, Kierkegaard y Sartre nos dicen: el ser humano es, o puede ser, el dueño de su destino, es el encargado de su ser, es el individuo irrepetible, es el que está comprometido a elegir, por más angustiosa que pueda resultarle tal situación.

La vida se le presenta al ser humano como un proyecto, como una tarea y como un quehacer ineludible. Estas son, como es sabido, las ideas fundamentales, también, del pensamiento de Ortega: *"La vida no consiste en otra cosa que en el repertorio de nuestros haceres. Más el ser humano no es, sino que se hace. El ser humano se encuentra siempre forzado a elegir. Se elige uno mismo entre muchos posibles sí mismos. Entre los muchos quehaceres posibles, el ser humano tiene que acertar con el suyo y resolverse, certero, entre lo que se puede hacer, por lo que hay que hacer. Somos últimamente nuestro quehacer".*

"El ser humano es un mero proyecto, un programa que todos tenemos que realizar, en el que va incluida una doble tarea: el quehacer de proyectarlo y el quehacer de ejecutarlo. Y esto es así, por más que la circunstancia amenace con desplazar a nuestro yo".

Ortega y Gasset.

El inacabamiento humano consiste, así mismo, en analizar los contenidos de la conciencia. Para el ser humano constituye un hecho primario de conciencia, logrado a través de las experiencias individuales y sociales, que el propio ser humano forma parte de una totalidad y que a su vez esa totalidad es un elemento entre las muchas cosas que el ser humano puede pensar. La conciencia que el ser humano tiene de sí mismo, es la de un ser abierto a la totalidad de los seres. El ser humano se siente totalidad, y lo estimula su pensamiento, lo que le admira, viéndose a sí mismo como parte de la totalidad, a la vez de enfrentarse a ese todo teniendo conciencia.

El ser humano siente que está abierto a la totalidad y la conciencia de esa apertura hace de él un ser humano libre.

Filosóficamente se distinguen tres tipos de libertad:

1. la libertad trascendental (o fundamental)
2. la libertad de decisión
3. la libertad moral

Heidegger define la **libertad trascendental** como la apertura del ser humano a la totalidad.

La **libertad de decisión**, por su parte, es la capacidad que el ser humano tiene para organizar su conducta práctica con la que el ser humano realiza o proyecta su propia vida decidiendo y siendo él mismo el origen de sus decisiones, elegidas de entre varias posibilidades. El ser humano estaría condenado a libertad perpetua. Estar libre para auto determinarse en perfección. A la mera apertura de la libertad trascendental viene a sumarse por tanto la acción auto decidida.

Finalmente, la **libertad moral** es la libertad que puedo llegar a darme. Es el deber-ser. La libertad trascendental y la libertad de decisión las encuentra de un modo natural. No se elige estar abierto al mundo ni tener la capacidad de tomar decisiones. La libertad moral es la libertad de los estoicos, la que uno, si quiere, puede llegar a darse. Si el ser humano deja que las pasiones se apoderen de él, no tendrá libertad moral. Y si se acostumbra a ser dueño de lo que piensa y quiere, sí estará en posesión de la libertad moral.

Con todo, en último extremo, y además de lo dicho, hay que reconocer que la posibilidad de objetivar la realidad es lo que; en definitiva, permite al ser humano distanciarse, tener conciencia de sí y concebir un proyecto de acción sobre sí mismo y sobre el mundo.

El comportamiento va configurando el futuro de la persona y, a la vez, lo va limitando. Pero tal limitación no es, en principio, una deficiencia. Al contrario, la limitación de las posibilidades en una dirección determinada, constituye una fuente de seguridades para el ser humano. La absoluta disponibilidad e incertidumbre, es lo que genera la más profunda de las angustias existenciales.

El ser humano es libre, pero debe auto decidirse, limitando su libertad consciente en función de las exigencias de su naturaleza, para ir adquiriendo madurez y seguridad.

2.3. DIÁLOGO INTERIOR

Los filósofos de la antigüedad consideraban que pensar era hablarse a uno mismo en silencio. Para Platón el pensamiento y el lenguaje hablado eran una misma cosa. El diálogo interior como reflexión filosófica es una acción mental que se puede reducir en dar la opinión de algo que ya se ha estudiado o visto, o bien se puede entender como un juicio hecho posteriormente al juicio o pensamiento primero.

La importancia de la reflexión filosófica acerca de los actos humanos es importante, ya que permite al ser humano comprender su propia naturaleza, sus pensamientos su comportamiento, y aprender de éste para desarrollar una sociedad que sea mucho más sustentable.

Pensar y considerar un asunto con atención y detenimiento para estudiarlo, comprenderlo bien, formarse una opinión sobre ello o tomar una decisión. examinar una persona sus operaciones psíquicas y la coherencia de sus razonamientos.

El diálogo interior o reflexivo facilita la orientación hacia un mayor nivel de comprensión, al posibilitar que los sujetos descubran nuevos significados a partir de esa reflexión.

La secuencia general del método reflexivo es equivalente a un diálogo entre personas:

4. Apertura y producción de una pregunta o un problema dentro de lo que se está realizando o de experiencias que se están teniendo.

5. Desarrollo y conversación con uno mismo, siguiendo el proceso de pensamiento y favoreciendo todos los puntos de vista posibles.

6. Recapitular al finalizar las reflexiones más significativas positivas para avanzar en dicha integración reflexiva.

7. Síntesis y elaboración de un significado, teniendo en cuenta todas las conceptualizaciones.

8. Transferencia sobre otros significados análogos de ambientes o situaciones similares.

Una persona, al reflexionar, analiza todo lo que sucede a su alrededor. Está atenta al comportamiento de los otros, tiene un total conocimiento de su medio y de la forma en que actúan las personas que la rodean.

Es alguien que sabe escuchar y no interviene hasta estar segura de saber qué decir o hacer. Asimismo, tiene conocimiento de sus emociones y por eso no actúa con precipitación, meditando sus decisiones, considerando ventajas y desventajas que tendrá al hacer algo. Se reflexiona, no solamente sobre su presente, sino también sobre las posibilidades futuras ya que tienen objetivos definidos y claros. Así como se hace introspección sobre el pasado para realizar significaciones más o menos positivas sobre hechos ocurridos no cerrados plenamente en la emocionalidad del individuo. En capítulos posteriores veremos la importancia de ello desde la terapia focalizada en la emoción (TFE) propuesta por el doctor canadiense Greenberg.

Las personas que generan diálogo interior a menudo suelen tener una personalidad introvertida, serena y tranquila, cuya opinión es valorada por los demás. Son sujetos que aprenden de sus errores, pues son capaces de reflexionar sobre lo ocurrido y trata de entender cuál ha sido su equivocación, siempre de una manera constructiva.

Una persona reflexiva suele tener un mayor desarrollo personal y autoconocimiento, ya que dicha reflexión permite una mirada constructiva hacia el interior, una actitud objetiva, y una conducta, en definitiva, más realista y sincera de lo que se siente. Reflexionar es posicionarse como un observador, tratando de alejar toda subjetividad y sentimientos para ver con claridad lo que realmente pasa dentro de cada uno, lo que generará mayor seguridad e independencia.

Dialogar interiormente, ser reflexivo, por tanto, es una cuestión de hábitos o costumbres. De cambio de algunos hábitos y algunas costumbres como la de meditar de forma periódica y disciplinada permitiendo que los pensamientos transiten en nuestra mente y aporten ese vacío del que surge la paz interior, la alegría y la verdad. Pensamientos y sensaciones que nos tranquilizan interiormente.

Para todo ello es fundamental tener o ser capaz de crear el tiempo necesario para estar a solas con uno mismo. Estar en un lugar solo y estarlo introspectivamente, en silencio, mirando hacia el interior. Aquí el silencio es condición clave. El silencio es el umbral del verdadero conocimiento, pues reflexionar es detenerse. Pararse a mirar, a mirarnos profundamente, a observar y observarnos con mimo y amor. Mirarnos bien para verlo claro, con lucidez y poder desarrollar la plena consciencia.

El dialogo interior implica espera, maduración, contemplación activa, escrutar con afecto y con tiempo. Es considerar detenidamente algo antes de dar un paso, que puede ser determinante. El diálogo interior y la reflexión nos puede evitar sufrimientos pues toda elección hecha con reflexión rompe inercias e impulsos inconscientes que derivan en tomas de decisiones en muchos casos desafortunadas.

Es necesario reflexionar antes de actuar. La reflexión es sabiduría y verdad. La reflexión es honestidad y paciencia. El diálogo interior unido a la meditación nos limpia el pensamiento y el alma y nos conecta a nuestra esencia. Ésta forma de reflexión nos ayuda a construir vida sencilla y sabiduría, que abre puertas a la empatía y a la compasión haciéndonos sentir todo sufrimiento ajeno. Reflexionar es cuidarse y cuidar nuestro entorno. Cuidar estimula el respeto generador de confianza y compromiso.

Diálogo interior o reflexión es toda meditación sobre circunstancias, hechos y conceptos que realiza un individuo voluntariamente a fin de sacar conclusiones sobre ellos. La reflexión es una condición de los seres humanos pues se relaciona con la capacidad de razonamiento cognitiva sobre el mundo que nos rodea y sobre los estados internos de la mente y de su sensibilidad.

Con el acto reflexivo intentamos conformar un mapa de la realidad circundante e aspiramos a comprender las relaciones entre los diversos fenómenos observables. La reflexión, desde el mejor diálogo interior, genera conocimiento y nos lleva a elaborar una visión integral de lo que percibimos.

Con la reflexión las personas captamos la información sensorial para procesarla después y hacer el mejor uso de ella.

El proceso de reflexión y diálogo interior hace posibles nuevos mapas mentales y concepciones del mundo que tiene relación con la toma de decisión positiva, en tanto que posibilita un adecuado plan de acción por esa excelente interpretación tanto del mundo como del propio sujeto.

Aunque reflexionar ejercitando un diálogo interior no es dar vueltas a nuestras propias ideas, no es "comerse la cabeza". Es analizar la experiencia con evidencias para valorarlas por contraste con referentes adecuados.

La reflexión, por tanto, ayuda a entender lo que hacemos, generando un feedback que nos permite aprender y progresar. Se trata de aplicar la experiencia convirtiéndola en recurso para nuestro crecimiento.

Por ello el diálogo interior mejora lo que hacemos y lo que somos. Supone crecimiento de autoconciencia y de sensibilidad por la experiencia y sus consecuencias. Nuestra reflexión es capaz de abrir el foco para incluir en la perspectiva analítica nuestra persona y el contexto en el que vivimos.

La reflexión convierte nuestra práctica en fuerza espiritual y ésta en fuerza transformacional. Ésta es una de los resultados más significativos y potentes del diálogo interior consciente. Clave en nuestra novedosa propuesta sobre las 6 Fuerzas del Poder del Ser Humano.

En el caso de los entrenadores deportivos, la reflexión es una de sus herramientas básicas. La enseñanza deportiva se sustancia en una permanente toma de decisiones. Decisiones que deben estar bien fundamentadas y orientadas, es decir, sabiendo el por qué y el para qué de cada una de ellas. Y como trabajamos con sujetos heterogéneos por naturaleza tanto en sus capacidades como en sus intereses, necesidades, expectativas y motivaciones, el valor clave del trabajo de un entrenador es saber adecuarse al equipo con los que se desarrolla la acción formativa. Un buen entrenador no debe aplicar un protocolo estándar, debe realizar una adecuada combinación de acción y reflexión.

La ética profesional, así mismo, requiere de reflexión. Los códigos éticos profesionales nos supeditan a compromisos morales que tienen que ver con nuestro propio desarrollo, con las aportaciones y apoyos que prestamos en nuestro ámbito profesional, en nuestra experiencia de conocimiento compartido.

Ninguno de esos compromisos puede desarrollarse sin un compromiso ético de orientar la reflexión hacia nosotros mismos. Se necesita ese esfuerzo de autoevaluación para poder mejorar. De sensibilidad de conocimiento interior, desde la efectiva disposición a reflexionar sobre las acciones y cómo mejorarlas. La reflexión, de esta manera, generará un contexto rico para el ejercicio profesional y bien articulado.

La reflexión, pues, se nos presenta como una de las competencias fundamentales del perfil de los mejores entrenadores deportivos y debe ser una herramienta esencial para convertir la experiencia cotidiana en aprendizaje constructivista y significativo.

Debemos aprender a reflexionar. Ya que para producir un cambio en el mundo se requiere necesariamente efectuar una transformación en nosotros mismos y la reflexión es el instrumento y el camino clave para lograr dicha transformación.

Cuando se usa correctamente, el pensamiento reflexivo se convierte en una poderosa herramienta para expandir nuestra conciencia y cambiar patrones de pensamiento. Al practicar de forma consciente la reflexión se crean nuevas conexiones neuronales que hacen cambiar nuestra cognición y con ella nuestra conducta.

La reflexión y la capacidad crítica es un rasgo distintivo de los seres humanos, desde donde analizamos y tomamos decisiones. Razón y mente son elementos asociados de forma inherente a la capacidad reflexiva.

El verdadero objeto de la reflexión, entonces, está en conocernos a nosotros mismos para concebir una actuación más auténtica y consciente en nuestras relaciones personales.

La reflexión nos ayuda a poner claridad aquellos aspectos de nuestra vida que pueden parecer borrosos y pueden clarificar contradicciones o conflictos internos que nos angustian y nos provocan ansiedad o temor desde hace tiempo.

Un buen diálogo interior que favorece la meditación y un clima reflexivo:

- Dedicar algo de tiempo al día a pensar en ti, a clarificar algunas necesidades
- Dar valor a los sentimientos.
- Dar valor al tiempo comprometido con uno mismo
- Sentir el aquí y el ahora, dejando las preocupaciones pasadas o futuras fuera de los pensamientos y de la reflexión y disfrutar de ese momento
- Proporcionarse un espacio para pensar en uno mismo
- Utilizar la herramienta de la reflexión en la vida cotidiana, como parte fundamental del desarrollo personal.

El diálogo interior o reflexión se diferencia del diálogo interno o pensamiento en que la primera es una actividad consciente, mientras lo segundo es inconsciente. Reflexionar es un acto de mayor complejidad que el pensar. Para reflexionar, tenemos que pensar. Pero para pensar no es necesario reflexionar. El pensamiento está incluido en la reflexión, pero no viceversa. Reflexionar es un acto mental consciente en el que generamos preguntas trascendentales para conocernos mejor y comprender nuestro entorno. Es un pensar con detenimiento y cuidado. Diferenciado del diálogo interno donde sí están incluidas las creencias limitantes y la reacción automática del pensar.

Por todo ello, debemos superar el sistema de creencias y generar reflexiones trascendentales. La reflexión y el autoconocimiento son fundamentales en el proceso de crecimiento de todo entrenador y de todo ser humano deportivo.

El diálogo interior o reflexión es el arte de pensar en tus virtudes y defectos. Es la habilidad de reflexionar sobre el aquí y ahora, sobre tus sentimientos y pensamientos. También incluye el diálogo interior la reflexión acerca de los pensamientos, emociones y sentimientos de los demás. La reflexión es, por tanto, una manera útil de hacer cambios positivos en la vida a medida que se evalúan las decisiones que se tomaron en el pasado. Para esto, es posible que sea necesario que alejarse de algunas personas y de maneras de pensar, incluso. Aprender a reflexionar sobre nuestra vida, nuestras experiencias y las vidas de los demás puede ayudarnos a crecer como seres humanos y a tomar decisiones validadas para conformar un futuro mejor.

Aprendizaje del diálogo interior:

1. *Preparar un espacio y tiempo para reflexionar.* Se puede reflexionar en cualquier lugar y momento. Hay que ser capaz de identificar pequeños periodos de tiempo en el que nos encontremos a gusto y con tranquilidad para abordar ese momento como valioso para el día.

2. *Aprovechar el silencio.* Silencio y procurar cierto tiempo para permanecer quieto y solo, unido a los pensamientos. Permanecer quieto, concentrado, en silencio, mirada al infinito o focalizada en algo concreto cercano, posibilita la reflexión y con ello el fluir de la energía y la salud.

3. *Dialogar interiormente de mis experiencias.* Dejar fluir todo tipo de pensamientos e ir ordenándolos y aceptándolos. Los pensamientos no son malos en sí mismos, sino en su interpretación posterior y el poso negativo que pueden dejar. Reflexionar sobre la vida exige guiar tus pensamientos a través de preguntas. Quién soy, dónde estoy, qué he creado, qué y a quien

he conocido, qué he hecho, qué tengo. (SER-ESTAR-CREAR-CONOCER-HACER-TENER). Usar la reflexión para valorar y mejorar tu vida.

Proceso de diálogo interior

1. *Evaluar nuestros valores.* Reflexionar sobre los valores que pretendía hace tiempo y los que he incorporado a mi identidad. Identificar quién eres como persona y por lo que has trabajado toda tu vida. Saber los valores fundamentales que he adquirido con el tiempo e incluso los que aporto a mi entorno. Piensa en cómo te describiría en pocas palabras alguien que te conozca bien. Preguntarnos sobre valores muy significativos que siempre hemos admirado en otros, si los tenemos o no y en qué cantidad. Generosidad, honestidad, atrevimiento, empatía, esfuerzo, etc. Evaluar si hemos cambiado algunos valores o han permanecido en nosotros desde que *tenemos conciencia de ellos.*

2. *Analizar metas.* Reflexionar sobre metas propuestas y conseguidas, pero valorando el camino recorrido en cada objetivo y por tanto apreciando tanto las vivencias como los logros. El mejor diálogo interior sobre los objetivos es un componente importante en la búsqueda de una meta. Romper a veces con rutinas inerciales hacen que nos demos cuenta de que hemos abandonado algún objetivo que sigue siendo muy importante en nuestra realización como seres humanos. La reflexión es una parte fundamental en la búsqueda de una meta precisamente porque muchas personas se motivan al darse cuenta de que no están alcanzando sus metas. Hay que asegurarse que cualquier planificación sobre objetivos que se desarrolle incluya la reflexión y autoevaluación efectiva.

3. *Cambiar la manera de pensar.* La sistematización y la creación de un hábito de dialogar interiormente con nosotros mismos produce mayor posibilidad para cambiar los patrones de pensamiento y respuestas de una persona frente a las situaciones. La automatización de hábitos poco generadores de valoración y reflexión sobre lo que nos hemos propuesto lleva a la inacción y a la pasividad. Reflexionar con frecuencia y evaluar la manera en que reaccionamos a estos estímulos externos activa la situación y a la persona, haciéndola más optimista y con un mayor control sobre el microentorno. Hay que intentar reformular la percepción acerca de la situación y reflexionar sobre los cambios positivos que pueden ser generados.

Consejos para mejor praxis de reflexión sobre el mundo que nos rodea:

- Analizar nuestras experiencias. Sentir y pensar que tenemos tantas experiencias todos días de nuestra vida. Reflexionar sobre significados de experiencia concretas y concluir que nos ha aportado. Que saquemos siempre algo positiva de esa situación y experiencia. Sacar, incluso, lo positivo de un situación y experiencia negativa.

- Recapacitar en qué medida dicha experiencia cambió nuestra manera de pensar o la forma de sentir. Generar siempre un aprendizaje por medio de la experiencia y por la forma en que se reaccionó frente a ella.

- Valorar las relaciones con los demás. Valorar el significado de amistades o familiares y evaluar el tipo de relación existente y reflexionar sobre posibles mejoras en cada una de ellas. Reflexionar, también, acerca de relaciones pasadas para ayudarnos en mejoras de relaciones presentes.

- Reflexionar sobre lo que me han aportado algunas personas en mi vida y lo que me hicieron sentir. Personas que están en la actualidad en nuestra vida o personas que han salido de nuestra vida por alguna razón. Anotar observaciones en un diario o similar ayuda a procesar dichas observaciones y a aprender de ellas para relaciones futuras.

- Al reflexionar sobre la interrelación personal con los demás, evaluar si alguna relación específica con un amigo o persona cercana es en realidad buena o no.

- Aplicar diálogo interior para no discutir. Interesa y se necesita en la mayoría de ocasiones de intensidad emotiva con negatividad alta, dar un paso atrás y reflexionar antes de actuar e incluso hablar.

- Tomarse cierto tiempo en soledad y meditando sobre cuestiones que pueden derivar en discusiones, templan la situación y posibilitan un diálogo interpersonal constructivo.

- Hay que usar todos los sentidos y las emociones que se sientan en ese momento.

- Practicar la reflexión mejora un diálogo interior más productivo.

- Tener muchos pensamientos negativos hace necesario el esfuerzo en estar más optimista para ir incorporándolo a nuestra identidad.

- Si un pensamiento sobre el cual se está reflexionando es muy perjudicial sería conveniente exteriorizarlo en forma de diálogo interpersonal, bien en vivo o bien escribiéndolo.

Metodología de Diálogo Interior sobre el pasado y en el futuro

- Generar rutina en tiempo y espacio

- Estructurar la forma de pensar, de organizarnos, de manera que podamos solucionar nuestros problemas en momentos fijados del día.

- Revisar diversas cuestiones o problemas para ir controlándolo y ver lo que tenemos que hacer y lo que necesitamos para conseguirlo.

- Las rutinas de revisión nos sirven también para reflexionar de forma consciente, aprender de lo que ha pasado durante un periodo de tiempo concreto y realizar la previsión con tiempo suficiente sobre el futuro inmediato.

- La importancia de la rutina está determinada por la capacidad que tengamos de saber romperla cuando queramos y/o haga falta.

Una persona que reflexiona analiza todo lo que sucede a su alrededor. Está atenta al comportamiento suyo y de los demás. Tiene un total conocimiento de su medio y de la forma en que actúan las personas que la rodean.

La persona reflexiva sabe escuchar y no interviene hasta estar segura de saber qué decir o hacer. Tiene conocimiento de sus emociones y por eso actúa con templanza de ánimo, meditando sus decisiones y sabiendo las ventajas y desventajas sobre algo. Se reflexiona sobre su presente y sobre las posibilidades futuras por los objetivos definidos y claros.

Habitualmente se trata de un tipo de personalidad introvertida, serena y tranquila, cuya opinión es valorada por los otros.

Aprende de sus errores pues, por sistema, reflexiona sobre lo ocurrido y trata de entender cuál ha sido su equivocación.

Ser una persona reflexiva ayuda a tener un mayor desarrollo personal y conocimiento de sí mismo.

La reflexión permite la mirada hacia el interior, con una actitud objetiva, realista y sincera de lo que se siente, se quiere, de los aciertos y desaciertos.

Reflexionar es posicionarse como un observador, tratando de alejar toda subjetividad y sentimientos para ver con claridad lo que realmente pasa dentro de cada uno.

El diálogo interior verdadero genera mayor seguridad e independencia.

Ser reflexivo es una cuestión de cambio de hábitos o costumbres. Meditar de forma habitual tranquiliza interiormente y permite que los pensamientos fluyan y dejen lugar al vacío del que con surgirá paz, alegría y existencia plena.

Algo necesario y fundamental es tener tiempo para estar a solas con uno mismo. Estar solo en un lugar, solo introspectivamente, solo hacia el interior. Y en silencio, el silencio es el umbral del verdadero conocimiento.

EL COMPROMISO DE CAMBIO

3.1. EL COMPROMISO DE CAMBIO. FUERZA DEL QUERER

LA FUERZA DEL QUERER

Compromiso de cambio: empatía-automotivación-afectividad-guía de valores

La fuerza del querer tiene una influencia decisiva tanto en el entrenamiento como en la competición y determina, en gran medida, la continuidad y la calidad de su participación ya que facilita que el organismo de los deportistas se encuentre alerta, física u mentalmente, para poder afrontar con éxito las demandas concretas de ambos contextos. De la fuerza del querer dependen cuestiones tan importantes como el interés para afrontar algunos entrenamientos, y el espíritu de lucha ante múltiples dificultades a superar.

En el deporte de competición, el principal objetivo de la fuerza del querer es el conseguir el máximo rendimiento deportivo.

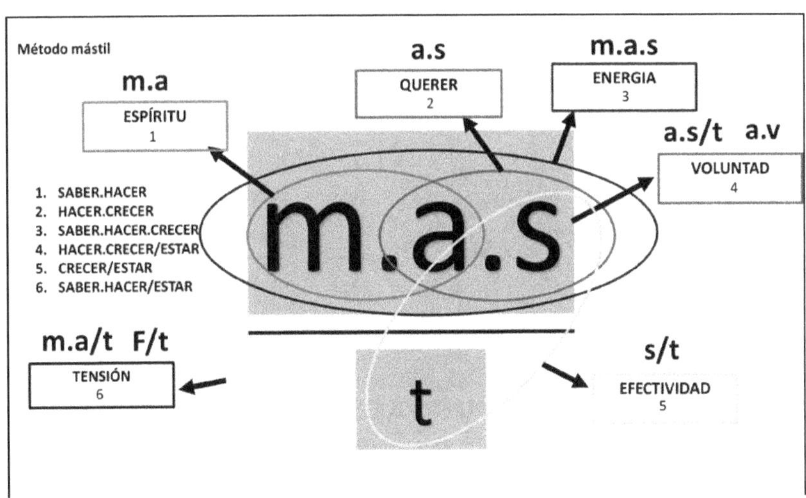

La fuerza del querer básica determina el compromiso del deportista con su actividad. Tiene que ver con el interés y ambición de los deportistas por los resultados deportivos, su rendimiento personal y las consecuencias beneficiosas de ambos.

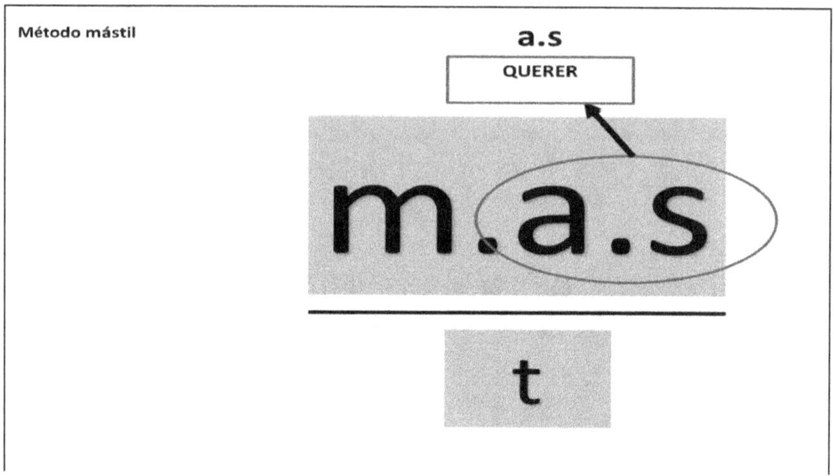

La fuerza del querer cotidiana se refiere al interés del competidor por la actividad diaria y la gratificación inmediata que produce por sí sola. Tiene relación con el rendimiento personal cotidiano y el disfrute de la actividad y las circunstancias que la rodean. Para un deportista, además de estar motivado por competir, le debería apetecer realizar actividades complementarias como estiramientos, masajes, etc.

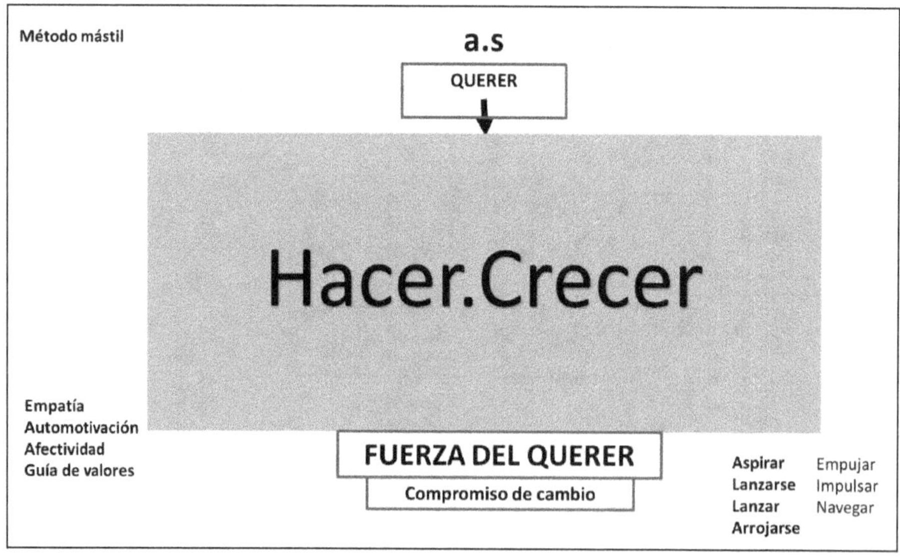

La *Fuerza del Querer* es compromiso de cambio. **HACER.CRECER** hace generar empatía, afectividad y nos guía con los valores. El compromiso nos hace aspirar, nos lanza hacía adelante. La aceleración nos empuja en el recorrido. Nos hace poder navegar. Nos hace crecer, nunca mejor dicho.

En momentos críticos para la fuerza del querer básica, en cuanto a que será perspectiva de futuro de los posibles logros, puede ayudar a superar esos momentos. Por el contrario, cuando la actividad diaria no propicia el entusiasmo y el interés necesario, una buena fuerza del querer básica eleva la tendencia cotidiana al esfuerzo y la superación.

a) La fuerza del querer intrínseca viene de dentro de la persona y no depende de reforzadores de la propia actividad

b) La fuerza del querer extrínseca depende fundamentalmente de reforzadores externos como son los premios, aplausos, dinero, etc. Los deportistas que dependen en exceso de esto son más vulnerables a que su fuerza del querer pueda bajar.

Algunas pautas para la fuerza del querer en los competidores de deporte

- Considerar también la situación extradeportiva del competidor
- Valorar los costes de participar en competiciones
- Incentivar apropiadamente y de forma individualizada
- Motivarle sólo por objetivos alcanzables
- Motivar por objetivos amplios, a largo plazo, pero con etapas intermedias de logro
- Comunicarse con los deportistas y elegir los momentos de la temporada más adecuados para trabajar la fuerza del querer

En el entrenamiento el deportista debe afrontar numerosas exigencias que pueden resultar más llevaderas con una buena dosis de fuerza del querer. Asimismo, la cantidad de sesiones que debe realizar de forma diaria le obligan a sacrificar cosas de su vida cotidiana. Por tanto, una buena dosis de fuerza del querer básica, estable por los logros y sus consecuencias, junto a una fuerza del querer más específica, centrada en la tarea, en lo cotidiano, y en el disfrute por la actividad diaria es la combinación más apropiada para conseguir el máximo rendimiento.

En la competición, la fuerza del querer de los deportistas, debe ser elevada para afrontar y superar con éxito los múltiples momentos difíciles que surgen, pero con el correcto control para que no provoquen un efecto contrario que perjudique el rendimiento (exceso de activación, falta de concentración, falta de ajuste del ritmo, etc.)

3.2. AUTOCONFIANZA. AUTOCONCEPTO Y AUTOESTIMA

Es la confianza que un deportista tiene en sus propios recursos para alcanzar el éxito deportivo. Tiene que ver con una expectativa realista respecto a lo que uno puede verdaderamente hacer para conseguir un determinado objetivo. Se trata de un estado interno que implica un conocimiento de:

- Las dificultades a superar
- Los recursos propios para hacerlo
- Las posibilidades que se tienen para conseguirlo
- Las estrategias más útiles

La autoconfianza conlleva por tanto percepción de control de las posibilidades y limitaciones del competidor. El deportista con autoconfianza:

- Conoce sus posibilidades y percibe la competición de forma menos amenazante
- Controla mejor el estrés precompetitivo
- Se centra en la realización de conductas útiles antes, durante y después de la competición
- Mantiene mejor su equilibrio emocional
- Se recupera mejor de las malas actuaciones y resultados
- Saca conclusiones más útiles de cara al futuro

No obstante, un exceso de autoconfianza puede resultar perjudicial por creerse el deportista con los recursos suficientes, descuidando aspectos importantes de su preparación.

El rendimiento en la competición depende en gran medida de la autoconfianza. Esta debe estar presente en los días y momentos anteriores al inicio de la competición, de forma que el deportista comience en las mejores condiciones posibles, manteniéndose hasta la finalización de la competición.

Conseguir los objetivos que uno se propone previamente, tiende a aumentar la percepción de control y a fortalecer la autoconfianza, por lo que la relación entre expectativas y logros es muy importante. Habrá entonces que definir con claridad el objetivo, marcar el plazo para conseguirlo y establecer objetivos intermedios.

Esto plantea la necesidad de que el entrenador trabaje, no sólo con objetivos de resultado (marca, puesto), sino, además, con objetivos de realización centrados en la ejecución o realización de la conducta.

Parece claro entonces que, para aumentar la autoconfianza en algunos competidores (competidores inexpertos, competidores con baja autoconfianza, etc.), conviene centrarse en objetivos de realización durante algunas participaciones en competición para retomar objetivos de resultado para otros momentos.

Autoconfianza

La autoconfianza se define como: "creencia de que se pueda realizar satisfactoriamente una conducta deseada" (Morilla, 1994).

- Facilita la concentración en la tarea a realizar
- Influye en el gado de consecución de objetivos
- Hace que aumente tanto la intensidad como la duración del esfuerzo
- Interacciona con las demás variables psicológicas (le produce emociones positivas, incrementa su fuerza del querer y su concentración, le facilita la eliminación de pensamientos negativos, le ayuda a manejar la presión, etc.)
- Las personas cumplen mejor con sus cometidos cuando creen que poseen las habilidades necesarias para ello (expectativa de desempeño). Esta capacidad percibida es lo que se denomina autoconfianza (también competencia percibida, habilidades percibidas).

3.3. LA AUTOEFICACIA PERCIBIDA

Ningún aspecto del conocimiento influye tanto en la persona como la opinión que se tenga de la eficacia personal, es el autoconcepto y la autoestima (Marina, 2004). El proceso constante de buscar y encontrar retos que amplíen nuestra capacidad nos asegura el continuar aprendiendo y creciendo. Esto es lo que marca la diferencia entre la excelencia y la mediocridad. Llegar a ser excelentes significa tener la voluntad de sacrificarse (Orlick, 2004).

La voluntad de mejorar y de ser competente es la variable que condiciona el rendimiento y que en los expertos significa poseer un metaconocimiento afectivo elevado que les hace analizar mejor sus emociones, controlarlas adecuadamente y afrontar con eficacia los momentos difíciles (Ruiz Pérez, 1999).

El enfoque cognitivo destaca como "los conocimientos juegan un papel determinante a la hora de establecer diferencias en el plano motor. Esta línea propone la existencia de diferentes tipos de conocimiento: declarativo, procedimental, estratégico y afectivo" (Ruiz Pérez et al., 2001). Es este sistema de conocimiento afectivo una parte importante de lo que queremos recalcar en nuestro trabajo.

Las creencias en las propias capacidades para organizar y ejecutar los cursos de acción requeridos para manejar situaciones futuras es lo que también Bandura (1999), entiende por autoeficacia percibida. La relación existente con la fuerza del querer, la adherencia a la actividad y la persistencia de la conducta determina la cantidad de esfuerzo que empleará el sujeto y la cantidad de tiempo que persistirá para lograr el éxito. La autoeficacia influye en el establecimiento de metas, la cantidad de esfuerzo y el tiempo de perseverancia o resistencia al fracaso.

La autoestima y el autoconcepto, son dos variables psicológicas muy relacionadas con la autoeficacia. De ahí, que sobre todo en la instrucción de jóvenes deportistas se tenga el uso de la competición como medio formativo. Las creencias influyen en el modo de pensar, sentir, motivarse y actuar de las personas en general.

La figura del entrenador, será la base fundamental para incrementar de forma eficaz el nivel de autoeficacia, a partir del cual poder convertir las situaciones estresantes en retos percibidos como alcanzables:

Deportistas con autoeficacia percibida muy baja exageran la magnitud de sus deficiencias y dificultades:

- Evita tareas difíciles
- Reduce sus esfuerzos ante dificultades
- Incrementa sus deficiencias personales
- Disminuye sus aspiraciones
- Padece en gran medida estrés y ansiedad

Deportistas con autoeficacia percibida muy alta centran la atención y el esfuerzo en las demandas que la competición solicita.

- Se impone retos que favorecen su interés
- Desarrolla actividades nuevas
- Intensifica sus esfuerzos cuando no ha conseguido sus propósitos
- Afronta las tareas amenazantes sin estrés

Fuentes de información sobre su autoeficacia:

- Propia experiencia; en general el éxito (con un estilo atribucional adecuado) eleva las expectativas de eficacia, fortalece la autoconfianza, mientras que el fracaso las disminuye
- Observación de los demás: nos orienta sobre nuestra propia capacidad
- Persuasión verbal: constituye la parte responsabilidad del entrenador en el aumento de la autoeficacia de sus deportistas; complementaria a la propia experiencia del deportista
- En los deportes de equipo, es importante desarrollar también la autoconfianza colectiva.
- La autoconfianza se fortalece si los deportistas reciben información sobre sus conductas tanto si esta es positiva como si es negativa y si se hace una adecuada preparación y ensayo de los partidos.
- La autoconfianza también reside en la conducta del entrenador hacia sus deportistas (credibilidad) y el modo en cómo evalúa los resultados

La preparación del partido debe incluir aspectos como los siguientes:

- En general, una expectativa realista favorece una autoconfianza apropiada, mientras que una expectativa demasiado optimista puede propiciar un exceso de confianza (o más tarde, una disminución de la autoconfianza si no ocurre lo que se esperaba), y una expectativa demasiado pesimista suele provocar una autoconfianza baja.
- El trabajo del entrenador antes de los partidos, entre otros cometidos, debe incluir ajustar en lo posible las expectativas de rendimiento de sus deportistas para que éstas sean realistas. De esta forma, favorecerá que los futbolistas afronten el partido con la autoconfianza adecuada, y evitará que la autoconfianza se debilite si, durante el partido, las cosas no salen como los deportistas esperaban.

La confianza en el entrenador y su autoconfianza dependen de sus conocimientos, su capacidad para transmitirlos, su experiencia en equipos de características similares, su prestigio profesional, su imagen pública y su credibilidad. De todos ellos, la credibilidad es el aspecto que más depende de su actuación cotidiana.

La forma de estructurar el entrenamiento define un *clima motivacional* contextual. En ellos deben darse situaciones caracterizadas por la competición interpersonal, la evaluación pública y retroalimentación normativa sobre el desempeño de las tareas que ayuden a que aparezca un estado de implicación personal (Cervelló Gimeno, 2002). Según Cervelló (2002) el clima motivacional situacional es el responsable de la aparición del estado de implicación referido a criterios de éxito. Estos entornos que enfatizan el proceso de aprendizaje, la participación, el dominio de la tarea y la resolución de problemas tienden a fomentar la aparición de una implicación a la tarea.

El entrenador es un agente social, pues consideramos su función desde una perspectiva social-cognitiva (Nicholls, 1989), tanto por las variables personales como por las situacionales, que serán las responsables de los pensamientos, sentimientos y conductas de las personas. En los entornos de logro, los objetivos de logro, gobiernan las creencias sobre el logro y guían de forma consecuente nuestro comportamiento.

"El entrenador juega aquí un papel de primer orden en la medida que sirve para dar confianza, es el ancla en el que se amarrará el deportista cuando así lo necesite. Es el faro que alumbrará las dudas del deportista ante aspectos del deporte o de su propia vida. Tomar conciencia de ello es imprescindible para poder guiar consecuentemente la carrera deportiva del deportista"

(Ruiz Pérez y Sánchez Bañuelos, 1997).

El entrenador debe diseñar un ambiente que mejore el aprendizaje, la ejecución y el desarrollo del joven deportista, aumentando su fuerza del querer al ser evaluados por su mejor técnica y por su esfuerzo con un feedback y un refuerzo bien proporcionados (Boixadós et al., 1998).

La influencia que ejerce el ***entrenador como líder*** del grupo deportivo es un aspecto muy importante de la socialización (Peiró, 1990): su estilo de dirección, su conducta de apoyo social y refuerzo, la forma de instruir y la información y feedback que proporciona a los deportistas serán determinantes en el rendimiento general del deportista.

3.4. ASPECTOS GENERALES DE LA FUERZA DEL QUERER

La fuerza del querer de las personas se debe a la búsqueda de satisfacción de tres necesidades:

1. La necesidad de logro: cuando una persona desea realizar tareas retadoras de alta dificultad

2. La necesidad de afiliación: cuando las personas buscan tener y mejorar sus relaciones interpersonales

3. La necesidad de poder: cuando las personas buscan poder influir y estar al cargo de otras personas

Así mismo, Daniel Goleman (1998) en su libro La práctica de la Inteligencia Emocional define tres competencias fundamentales que caracterizan a las personas exitosas. Estas son:

4. Logro: el impulso que nos lleva a mejorar y desarrollarnos
5. Compromiso: La capacidad de asumir y alinearnos con los objetivos de la organización
6. Iniciativa y optimismo: La capacidad para movilizarse y aprovechar las oportunidades y superar los obstáculos.

Mihaly Csikszentmihalyi identificó varios aspectos que caracterizan a las personas que están muy motivadas, o como él denomina, en un estado de flujo.

- Hacen las cosas porque les parecen divertidas
- Ponen el foco no en lo que hacen sino en cómo lo hacen
- Tienen claras las metas intermedias del proceso
- Equilibran perfectamente las dificultades y sus destrezas
- Excluyen las distracciones
- No tienen miedo al fracaso
- Distorsionan su sentido del tiempo
- La actividad se convierte en autotélica

La satisfacción de una tarea correctamente ejecutada es un factor motivador para la persona. Favorece el rendimiento pues genera una satisfacción en la persona y se va retroalimentando constantemente.

Las tareas que son de bajo nivel de reto y poca demanda de habilidad pueden generar apatía ya que van tremendamente ligadas a la rutina. Si la persona posee poco nivel de habilidad y la tarea es altamente retadora generará en la persona elevados niveles de ansiedad ya que se percibe y sabe poco capacitado para afrontar la tarea. Cuando alguien está en "estado de flujo" entiende su trabajo como una diversión de la cual disfruta profundamente sin tener consciencia del esfuerzo que le pueda suponer. Está súper motivado.

Las tareas de personas altamente cualificadas que supongan poco reto generan un estado de aburrimiento ya que su capacidad no precisa de reto. El estado de flujo óptimo se da cuando las personas con alta capacidad en una tarea son expuestas a situaciones o tareas de alto reto.

Según el autor podemos llegar a alcanzar este estado mediante un entrenamiento de la atención. Pero este esfuerzo que le estamos pidiendo a nuestro cerebro no debe ser forzado ya que eso implicará un mayor desgaste y por tanto se activarán muchas áreas no necesarias del cerebro que nos impedirán alcanzar este nivel de flujo.

Podríamos definir el acto de aplicar fuerza del querer por parte del entrenador como el conseguir hacer importante para el deportista lo que es importante para el entrenador, siempre teniendo en cuenta criterios morales, éticos, de valores, técnico-tácticos acordes con el nivel de rendimiento y personales, etc. En ese sentido el desarrollo del talento sería pues el facilitar el camino del éxito a la persona que se entrena, alinear sus competencias a sus deseos y objetivos.

Fundamental en este punto será el tener en cuenta los parámetros de fuerza del querer relacionado al logro o resultado y fuerza del querer respecto a la tarea o acto de ejecución específico que se realiza. Tan importante es uno como el otro sabiendo que en edades de desarrollo debemos hacer mayor hincapié en la realización técnica, en la tarea, por tanto.

3.5. PARADIGMA DE LA FUERZA DEL QUERER

La **Fuerza del Querer** tiene que ver con los éxitos y los fracasos. Con el mejor manejo de ellos. La propia vida es como una competición en el que hay muchas partes, buenas y malas, hay muchas secciones diversas en donde en unas estamos mejor y en otras peor, y que unas se nos dan mejor o peor que otras. Esto es el deporte, una gran aventura en donde podemos estar cansados, pero donde nunca podemos desfallecer porque sabemos que llega un momento donde se nos van a dar mejor las cosas. Es a la vez necesariamente un gran reto. Esa necesidad de ponernos objetivos muy potentes, siempre con deseo de conseguirlos y siempre luchando por tener las posibilidades de hacerlo, así es que siempre hay que seguir trabajando, formándose y preparándose para entender mejor y más el mundo que nos rodea con su gente necesariamente incluida. Por eso hay que tener un gran reto, una gran gestión emocional y mucha experiencia y formación sobre las que apoyarse para tener el mejor entendimiento de la realidad y sobre todo de nosotros mismos.

La fuerza del querer entonces tiene que ver con los objetivos, con el establecimiento de objetivos. Hay que ponerse buenos objetivos en la vida y siempre que sean en cierto modo retos, pero que sean conseguibles, bien a medio o a largo plazo. También son muy importantes y necesarios los objetivos pequeños a corto plazo, esos faritos que nos dan pistas y posibilidad de ir llegando a los otros. También por tanto hay que prepararse mucho para poder ir teniendo lo otros más grandes. Hay que saber ajustar bien y luchar cada día por ellos, por lo que hay que establecerse objetivos intermedios que nos hagan ver que estamos llegando como los jalones puestos en un recorrido de esquí de fondo.

La fuerza del querer, entonces, tiene que ver con el deseo de conseguir algo bueno, algo propuesto. Para ello hay que necesariamente tener la capacidad de imaginar, de soñar, de pensar, de crear imágenes, imágenes potentes y claras. Con trabajar lo que los expertos llaman la "practica en imaginación". Con la representación del fin pretendido, que es la primera fase del "acto voluntario" al que siguen la deliberación de los pros y los contras, la decisión y la ejecución final. Bien, los entendidos en el tema te dicen que, a mayor representación y visualización del fin pretendido, las otras fases se producen con mayor facilidad.

La fuerza del querer tiene también que ver, claro, con el deseo de salir de algo malo. Este es un objetivo potente que tiene que estar en nuestros pensamientos y acciones y no dejar de visualizarlo. Así nos guiará de forma potente a nuestra meta. Recordemos ahora ese liderazgo de Shackleton que estando atrapado en la Antártida pudo salir, con toda su gente sana y salva, después de más de un año de peripecias y penurias por el hielo antártico.

La fuerza del querer tiene que ver con dar valor a cosas pequeñas, cosas que nos pasan inconscientes, de las que a veces no reparamos. Por eso, hay que estar muy atentos a nuestro entorno más inmediato, ser muy observadores, percibir lo más elemental de las cosas y de la gente, estar pendientes de las cosas más insignificantes y de los pequeños gestos de las personas que nos acompañan en nuestro caminar de la vida. Por ello hay que saber escuchar, tener empatía, que nos importe el otro, lo que dicen, lo que hacen. Tener presente siempre los verbos a conjugar cada día en ese orden ascendente: respetar, considerar, reconocer, confiar, apreciar, valorar, querer, amar.

La fuerza del querer se relaciona con conseguir que nos respeten, consideren...amen. Hay un video muy bonito en internet desde hace mucho tiempo que es un padre con su hijo discapacitado haciendo un ironman. Es muy emotivo y se ve como el padre hace lo que sea para que su hijo sienta el amor y sienta la emoción de un reto como ese.

Por esto mismo, la fuerza del querer tiene que ver con ser consciente de lo inconsciente, con necesariamente realizar una introspección y empezar por conocernos a nosotros mismos. ¿Quién soy yo? Bien, esta es una pregunta que no siempre podemos contestar. Que queremos en la vida, que nos gusta, porque estamos aquí, como soy yo, en definitiva, son preguntas que a veces no podemos contestar de forma efectiva. Sabiendo que yo soy en función también de los demás. Sabiendo que la mayoría de veces estamos solos y que debemos saber estar solos. ¿Sabemos estar solos? Probemos. Probemos a hacer viajes solo, a pasar más tiempo con nuestro dialogo interno y con nuestros pensamientos.

La fuerza del querer tiene que ver con balancear la vida y cada día hacia lo positivo más que a lo negativo. Con echarnos a la espalda los pros y los contras de algunas decisiones y con tener un movimiento hacía lo positivo. Cuantas veces decimos a los entrenadores y padres que valoren lo positivo conseguido en los niños y se lo digan, que refuercen lo, a veces, poco conseguido positivo sobre lo negativo de las acciones y actitudes. Con mirar por el retrovisor de la vida y ver siempre "la suerte" que he tenido y lo que he hecho sobre lo recorrido en fango y maleza.

La fuerza del querer tiene que ver con tener gente alrededor a la que querer. Y eso es esfuerzo de cada día por mejorar relaciones y por cuidar relaciones. Dar el paso primero. Nos sobra cariño y amistad. Tú da sin pedir nada a cambio. Tú da, que ya te llegará por muchos lugares amor. Pon un "me gusta" en Facebook más a menudo y con gente a la que a veces no tienes tanta relación.

La fuerza del querer, por eso, tiene que ver con tener gente alrededor que nos quiera. Por eso hay que regar el cariño y amistad cada día. Así con todo, sobre todo con nuestros deportistas. Cuidar lo que se tiene, e incluso lo que no se tiene. Por ello no mirar de reojo a nadie. No tener desconfianza. Como ocurre en las redes sociales de internet, que a veces "miramos" de reojo a la gente y no la decimos nada.

La fuerza del querer tiene que ver por tanto con la conjugación de estos verbos en este orden descendente: ser, estar, crear, conocer, hacer, tener. Con la escala de valores. Donde lo primero es nuestra identidad, establecida o/y deseada, para luego tener la posibilidad y necesidad de llevarlo a la práctica de la vida. Donde los hijos, y alumnos, son la creación más sublime. Donde conocer tiene que ver con viajes, gente, lugares, situaciones. Donde hacer es tener la capacidad de poner en práctica y ser activo. Y donde el tener cuestiones materiales o de posesión no debe prevalecer sobre lo anterior.

La fuerza del querer tiene que ver así mismo con el nivel de activación. Se generan distintos pensamientos con distintos niveles de activación. Así que hay que activarse para generar los mejores pensamientos y con ello las mejores acciones que procuren los mejores sentimientos. La fuerza del querer tiene que ver con la mejor valoración de lo acontecido, de lo ocurrido. De lo que nos pasa cada día y de lo que nos ha pasado a lo largo de nuestra vida. De la evaluación del deporte, de la educación, de la empresa…y de la vida. Se habla de objetivos de realización y éjecución sobre los objetivos de resultado. Hay que focalizar más la atención en los objetivos de realización técnica, de lo que estamos consiguiendo en nosotros en cuanto a habilidades, capacidades, etc., y no tanto de lo conseguido en términos de resultado aséptico. Focalizar en como lo estamos haciendo y tratar de mejorarlo y de ver y saber que lo estamos consiguiendo, en el que la importancia está en la mejor relación entre las capacidades dominadas y la autoeficacia percibida. Y es que es tan importante ser capaz como creerse capaz. Y para ello hay que saberse capaz.

Por eso la fuerza del querer tiene que ver también con el refuerzo, con el que nos dan y con el que nos tenemos que dar nosotros mismos. Tenemos que ser capaces de querernos más y de darnos de vez en cuando un besito en la mejilla ayudado con nuestras yemas de los dedos de las manos. De regalarnos una flor u otra cosa parecida. Y dejarnos reforzar, y que nos ayude a seguir subiendo escalones sin por ello caer en la necesidad de aprobación.

La fuerza del querer tiene que ver como ya te he dicho con los pensamientos, con los sentimientos, con la acción. Con las palabras. La PNL, la programación neurolingüística, es lo que nos propone. Lo que pensamos, lo que nos decimos, lo que hacemos está muy unido, por lo que una o dos de esas cosas juntas ayudan a la tercera a posibilitarse. Por ello habrá que trabajar más el lenguaje, nuestras palabras, frases, lo que nos decimos para que provoquen los mejores pensamientos y con ello la mejor acción. Y viceversa. Todo ello generará los mejores sentimientos que intentaremos perduren en el tiempo siempre que potencien nuestra acción. En el deporte se trabaja en forma de autoinstrucciones y autoafirmaciones eficaces y potentes.

Por esto la fuerza del querer tiene que ver con el compromiso hacia ti y hacia los otros. No hay otro concepto que pongan por delante los entrenadores deportivos cuando se les pregunta qué tipo de deportista quieren. Tú te comprometes y cuando te crees ese compromiso es uno de los factores que más mueven la conducta humana. El compromiso con tus propios retos y con tu forma de ser y estar en el mundo.

La fuerza del querer entonces tiene que ver con el desarrollo, con crecer, con avanzar. Con saber que lo estamos haciendo, y haciendo con nuestros valores. En deporte lo han llamado también deseo de excelencia. Ese deseo constante y continuo de querer ser más y llegar a mas (sin machacar a nadie alrededor) de deportistas excelentes, donde siendo a veces buenos talentos, lo más importante es el denominado "trabajo deliberado" que no es más que hacer las cosas a propósito, sabiendo que es lo que tenemos que hacer y sabiendo que hay que hacer mucho de ello.

La fuerza del querer tiene que ver también con valorar lo de atrás en su justa medida. Con no dormirnos en los laureles. Principalmente porque la mayoría de las veces no hay laureles, y porque lo conseguido no significa nada respecto a lo que tenemos delante de nosotros. Tengamos la edad que tengamos. "Piensa como si fueras a morirte dentro de 100 años y siente como si mañana fuera el último día de tu vida".

La fuerza del querer tiene que ver con conseguir logro, claro, con conseguir pequeños logros, por lo tanto, con el esfuerzo, con el trabajo, con el sufrimiento y con la incertidumbre. Con la incertidumbre y con la necesidad de salir de ella. Con el constante deseo y necesidad de sobrepasar la llamada "zona de confort" para terminar equilibrándonos y estabilizándonos por nuestro trabajo y superación. Esto es una definición de inteligencia, la de adaptación al entorno y la asimilación por nuestra parte de lo que ocurre a nuestro alrededor. Piaget y otros psicólogos lo dicen para los niños y su avanzar en la vida: hay constantes desequilibrios que son estabilizados por nuevas recomposiciones mentales. El riesgo está unido al error necesariamente.

La fuerza del querer tiene que ver con la voluntad, la fuerza de voluntad, con la superación, con el inconformismo. Con tener la conciencia de que tenemos en mayor medida la llave de nuestro destino. De que somos como un globo aerostático, con el que nuestro viaje depende, claro, de las condiciones meteorológicas, pero que, con buena pericia técnica, con capacidades mentales apropiadas y con perseverancia, tolerancia a la frustración y a la demora, y con algo de suerte, podemos aterrizar lo más próximo al punto deseado.

Y, por último, la fuerza del querer tiene que ver con relativizar las cosas. Con introducir en la consideración de un asunto, aspectos que atenúan su importancia. Por eso, tenemos que emocionarnos con videos como el del niño que rescatan de un agujero en Haití, después de varios días del terremoto y sale vivo, con los brazos abiertos y una sonrisa de oreja a oreja.

Pero cuidado, a la fuerza del querer a veces se la trata como una panacea, como el mayor de los remedios y con la que todo tenemos que vincularlo con ella y esta es la primera crítica sobre el concepto, no tenemos que dejar que sea solo la fuerza del querer la que nos guie, debemos trabajar con la voluntad y sin ganas, a veces, muchas veces, no estando nada motivados. Esto es lo primero, no siempre hay fuerza del querer y no hay que esperarla, hay que salir a buscarla y hay que hacer cosas no estando ella con nosotros.

Como conclusión de este tema proponemos algunas premisas conceptuales fundamentales para el entendimiento y mejor establecimiento de la óptima disposición personal al entrenamiento y a la competición deportiva:

- La fuerza del querer tiene que ver con los éxitos y los fracasos. Con el mejor manejo de ellos.

- La fuerza del querer tiene que ver con los objetivos, con el establecimiento de objetivos.

- La fuerza del querer tiene que ver con el deseo de conseguir algo bueno, algo propuesto.

- La fuerza del querer tiene que ver con el deseo de salir de algo malo.

- La fuerza del querer tiene que ver con dar valor a cosas pequeñas, cosas que nos pasan inconscientes.

- La fuerza del querer tiene que ver con balancear la vida y cada día hacia lo positivo más que a lo negativo.

- La fuerza del querer tiene que ver con tener gente alrededor a la que querer. Y eso es esfuerzo de cada día por mejorar relaciones y por cuidar relaciones.

- La fuerza del querer tiene que ver con tener gente alrededor que nos quiera.

- Por esto la fuerza del querer tiene que ver con el compromiso hacia ti y hacia los otros.

- La fuerza del querer tiene que ver con el desarrollo, con crecer, con avanzar.

- La fuerza del querer tiene que ver con conseguir logro, con conseguir pequeños logros, con el esfuerzo, con el trabajo, con el sufrimiento y con la incertidumbre.

- La fuerza del querer tiene que ver con la voluntad, la fuerza de voluntad, con la superación, con el inconformismo.

- Y, por último, la fuerza del querer tiene que ver con relativizar las cosas.

La fuerza del querer tiene una influencia decisiva tanto en el entrenamiento como en la competición, y determina en gran medida la continuidad y la calidad de su participación ya que facilita que el organismo de los deportistas se encuentre alerta, física u mentalmente, para poder afrontar con éxito las demandas concretas de ambos contextos. De la fuerza del querer dependen cuestiones tan importantes como el interés para afrontar algunos entrenamientos, y el espíritu de lucha ante múltiples dificultades a superar.

Para que haya alegría, satisfacción y fuerza del querer en la experiencia deportiva de los deportistas más jóvenes, debe existir un equilibrio entre las habilidades del propio niño y las demandas que percibe de su entorno. El mejor establecimiento de metas es conveniente con los niños y adolescentes, dado que posibilita la mejora del rendimiento deportivo y al mismo tiempo permite que el ejercicio se convierta en algo agradable y divertido, favoreciendo la fuerza del querer y la autoconfianza.

Un deportista valorado y aceptado siente la necesidad de mejorar. La confianza florece en entornos en los que hay buena comunicación y respeto. La coherencia personal es la clave para lograr la confianza.

Sentir todo ello y hacerlo sentir en los demás. Generar emociones con tu forma de ser y estar. Ser inspirador.

- 72 -

4.

LA ADQUISICIÓN DE CAMBIO

4.1. LA ADQUISICIÓN DE CAMBIO. FUERZA TRANSFORMACIONAL

LA FUERZA TRANSFORMACIONAL

Adquisición de cambio: energía-HHSS-liderazgo-crear-creencias-valores

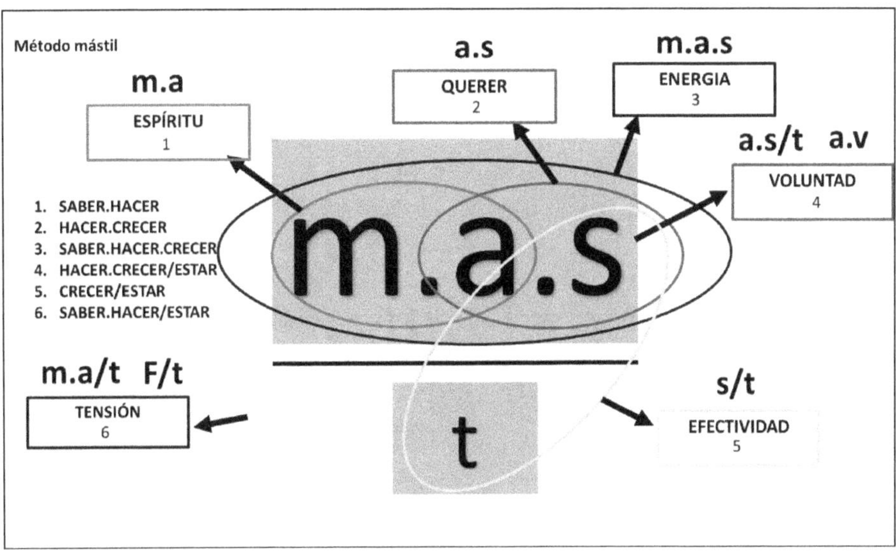

La *Fuerza Transformacional* efectiva tiene que ver con llegar a ser capaces de sentir a la otra persona en nuestra transmisión y donde la escucha significa ser capaz de hacerlo sin criticar, sin aconsejar, sin transmitir nuestros miedos, nuestras preocupaciones, nuestras cuestiones. Se trata de ser capaz de escuchar al otro lo que nos permite meternos en la persona.

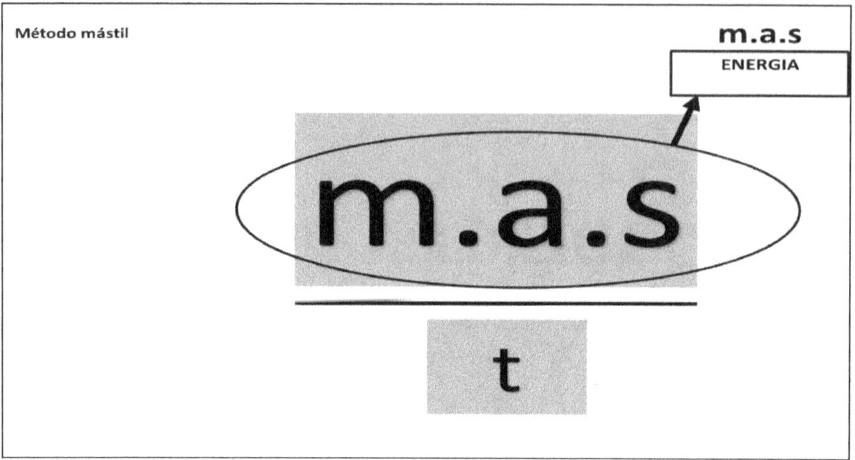

La *Fuerza Transformacional* efectiva es aquella capacidad de liderazgo que logra transmitir el mensaje claro, entendible sin confusión, ni dudas o interpretaciones erróneas. Todo lo que se quiere decir y se dice, llega al interlocutor.

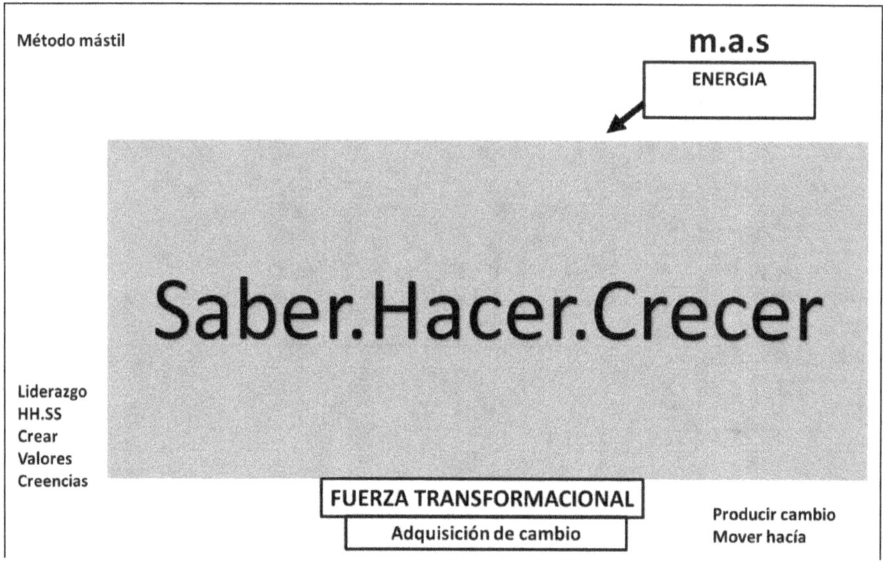

La Fuerza Transformacional es, a la vez, adquisición de cambio y producción de cambio. Yo me transformo con el **SABER.HACER.CRECER** y hago transformarse a los demás cuando les hago crecer desde un Liderazgo Compartido.

El producto resultante de las variables **masa**, **aceleración** y **espacio** determina la energía de la persona. Es pura energía resultante que hacer moverse hacia adelante. En ésta fuerza está incluido el liderazgo y las habilidades sociales. Es inteligencia interpersonal donde aparecen así mismo los valores y las creencias.

Para conseguir una Fuerza Transformacional eficaz, también hay que ser capaces de escuchar el doble de lo que de lo que se habla y de percibir las señales de nuestro coachee o entrenado sobrepasando el lenguaje verbal. Observadores en todo momento y con una fuerza transformacional efectiva teniendo en cuenta nuestro tono de voz y nuestra posición corporal. Lo que decimos y cómo lo decimos es fundamental porque en contextos de intensidad emotiva alta el lenguaje verbal puede suponer tan solo un 7% de lo que llega a nuestro interlocutor, quedando el tono de voz en el 38 % y siendo un 55% transmitido por el lenguaje no verbal.

Por tanto, hay que tener cuidado con estos contextos emocionalmente agudos y con la generación de contextos intensos en emotividad pues limitan los conceptos. La cuestión es que sea la palabra lo primero que llegue y que seamos capaces de que lo que queremos decir sea lo que llegue verdaderamente.

Llevar a buen término la escucha activa, por tanto, es una forma de atención dinámica de escuchar prestando atención de forma genuina, con el corazón abierto y siendo capaces de entender al otro y que la otra persona sienta que le estamos entendiendo. Esto es la clave fundamental, que la otra persona sienta la mejor fuerza transformacional con claridad de contenido de los mensajes. Un entrenador debe generar este tipo de fuerza transformacional eficaz y efectiva con su grupo de deportistas, tanto en formato individual como colectivo.

Los entrenadores deben propiciar este tipo de contextos potenciadores de la mejor fuerza transformacional, más aún en momentos previos a una competición deportiva. En los momentos anteriores a competir debemos ser capaces de transmitir calidad de contenido y sin contaminación emocional para que no desvirtúe la escucha activa y favorezca la autoestima en todos.

En casos de entrevistas coach-coachee el momento de fuerza transformacional efectiva debe generarse desde el inicio y es fundamental generar un clima agradable, conocer algo del tema a tratar, tomarse tiempo para escuchar, ser capaces de dejar nuestras preocupaciones aparte y ponernos siempre en el lugar del otro.

Hay que tener claro que el coachee es el protagonista y no nosotros. Hay que ser capaz de eliminar barreras y transmitir interés con concentración y atención captando lo verbal y no verbal.

Los mensajes no verbales van a ser determinantes y tenemos que ser muy observadores y estar pendientes de todo para captar todo el contenido, lo explícito y lo implícito, no interrumpiendo el discurso y no anticipándose en las conclusiones, ni empezar a dar consejos a la primera de cambio. Sintonizar al fin y al cabo metiéndonos en la piel del otro y evitando todas las distracciones. Saber no interrumpir constantemente al que habla, no juzgar, ni prejuzgar y ser capaces de no dar una solución prematura.

Hay que evitar el síndrome del experto y no tener una respuesta por anticipado. En este sentido, las preguntas y parafrasear sus mensajes verbales van a ser importantes. Es decir, capacidad de verificación y capacidad de reflexión sobre el mensaje que se está recibiendo. Binomio de internación que está ocurriendo y facilita la fuerza transformacional positiva unida a esa relación de diálogo, reflexión y apertura.

También es importante descubrir los sistemas representacionales visuales, auditivos y kinestésicos de nuestro interlocutor. Detectarlos para que nosotros, como un espejo, seamos capaces de que tenga una mayor fuerza transformacional al determinar cuál es su sistema representacional preferido. En ese sentido la ruta preferida tiene que ver con el entorno, con la lectura de la realidad y con saber que cada uno tenemos un mapa y qué tiene que ver con esa experiencia y significación del entorno y tiene que ver con esa explicación experiencias tanto externa como interna.

4.2. HABILIDADES DIRECTIVAS Y GESTIÓN DEL TALENTO.

El entrenador es un profesional del desarrollo personal del deportista, un educador de sentimientos y emociones, un modulador de la conducta óptima del competidor, un transformador de lo inmaduro en equilibrio y armonía. Un madurador de personas, en definitiva. Rendir y madurar constituyen juntos el modo y manera en que la persona está determinada para devenir en un ser humano completo, para crecer, para madurar y para proporcionar su fruto.

La fuerza transformacional tiene que ver, por tanto, con el esfuerzo permanente, con la capacidad de entender las emociones de los demás y controlar la propia. Saber gestionar emocionalmente cada situación parte del éxito que todo entrenador puede aportar a un equipo. La fuerza transformacional tiene que ver necesariamente con la visión, con la capacidad de proporcionar lo que se llama un reto compartido.

Intelectualmente, emocionalmente, el líder tiene que inspirar, animar, transformar. Los líderes son quienes coordinan y equilibran los intereses de todos los grupos que de una u otra forma tienen interés en la organización, incluidos el equipo de dirección, los demás directivos y todos aquellos que participan de la función de liderazgo como gran fuerza transformacional organizativa.

Los entrenadores son enlace entre el equipo y el resto de la organización, con conocimientos sobre resolución de conflictos, habilidades de fuerza transformacional y grandes dotes de consenso. En este sentido, una de las principales tareas de fuerza transformacional es dirigir la atención hacia donde se necesita. Ese talento depende de la capacidad de centrar la atención en el lugar y el momento adecuados para detectar las tendencias y realidades emergentes y así aprovechar mejor las oportunidades.

La fuerza transformacional gira en torno a la necesidad de captar y dirigir eficazmente la atención colectiva. Equilibrar el foco interno con el foco en los demás más el foco en el exterior.

Los mejores líderes poseen una conciencia sistémica que les ayuda a responder a la continua pregunta de hacia dónde y cómo debemos dirigir nuestros pasos. Y tomada la decisión, saber transmitir con pasión y habilidad, con empatía cognitiva y emocional. Se trata de pensar de forma sistémica, ocupándose de los valores, la misión, la visión, la estrategia, las metas, las tácticas, la evaluación, el feedback, de todo el proceso, en definitiva.

Líder inspirador es el que es capaz de articular valores compartidos que despiertan vibración en el grupo y lo mueven a la acción, lo motivan. Un líder es un motivador de logro que tiene una actitud decidida para obtener el máximo de sus colaboradores y por ello necesita tener la suficiente empatía como para enfrentarse al problema y conseguir anticiparse a las circunstancias para modificar los comportamientos antes de que el entorno cambie y que se pueda crecer en armonía con el contexto cambiante.

Cada etapa en un proceso de cambio tiene sus propias dificultades y por eso hay que tener en cuenta el desarrollo de las personas, así como sus creencias compartidas. El tipo de fuerza transformacional que se aplique, por lo tanto, es la clave del éxito en el desarrollo de las personas. Para un cambio en el proceso de transformación a largo plazo será clave desmovilizar comportamientos negativos complejos. La innovación en el alto rendimiento requiere que se generen entornos que permita que las personas y los grupos se reinventen.

La fuerza transformacional del entrenador en el entrenamiento y en la competición debe ser capaz de focalizar la atención sobre las siguientes acciones:

• Dirección de equipos deportivos.

* Generar clima motivacional.
* Tener habilidades psicológicas del entrenador.
* Tener habilidades de fuerza transformacional
* Gestionar el tiempo
* Realizar actos de negociación

Se trata de llegar a aplicar la fuerza transformacional para generar un gran proyecto compartido. Una de las funciones más significativas del entrenador se demuestra en este apartado, pues debe ayudar a los deportistas a ser responsables y autónomos, fomentando el desarrollo educativo y social como filosofía fundamental del entrenamiento.

El buen entrenador debe establecer un gobierno de sus recursos hacia la educación con el fin de estimular la autonomía y el pensamiento y equilibrar toda conducta negativa con el arma de la argumentación. La mayor destreza organizativa del entrenador supone la creación de un adecuado clima afectivo que garantiza la máxima participación individual y la seguridad de los deportistas. Que los deportistas de menor edad y categoría perciban mayor organización que los demás.

Para que exista la mayor fuerza transformacional, por tanto, se precisa primero de un grupo de personas con un sentido de pertenencia determinado por los procesos grupales positivos y eficaces que hacen influir sobre la eficacia individual de los miembros en particular y sobre la del grupo en general.

En este sentido, equipo se define como un grupo de personas responsables comprometidas por un propósito común. Número reducido de personas con habilidades complementarias, comprometidos con un propósito común de objetivos de rendimiento y enfoque, de los que se sienten mutuamente responsables.

Pero, ¿qué es la fuerza transformacional? Ejercer influencia sobre otros, influencia voluntariamente aceptada y compartida, influencia demostrable sobre la eficacia total del grupo. El líder, pues, posee un conjunto de cualidades que le permite lograr una posición de dominio en cualquier situación y de potenciar en el equipo la fuerza transformacional:

* Interacción e influencia de personas dentro de un entorno situacional concreto.
* Influir sobre las actividades de un grupo organizado dirigido a obtener unas metas específicas.
* Saber crear un sistema de creencias y valores en seguidores.

La fuerza transformacional efectiva varía en función de las características de los deportistas y de las limitaciones de la situación. Donde el líder es el principal comunicador y donde su papel de emisor es tan importante como el mensaje en sí.

Los líderes son quienes coordinan y equilibran los intereses de todos los grupos que de una u otra forma tienen interés en la organización, incluidos el equipo de dirección, los demás directivos y todos aquellos que participan de la función de fuerza transformacional.

Son enlace entre el equipo y el resto de la organización, con conocimientos sobre resolución de conflictos, habilidades de fuerza transformacional y grandes dotes de consenso.

Una buena fuerza transformacional requiere de unos niveles de transformación efectiva, donde el contenido de las relaciones debe estar tanto en el nivel intelectual (lenguaje verbal Información concreta, datos e ideas) como en el nivel emocional (lenguaje no-verbal, miradas, tonos de voz, gestos y actitudes).

La mejor aplicación de la fuerza transformacional requiere, por tanto:

- Escuchar efectiva y afectivamente
- Comunicarse eficientemente en forma oral
- Impartir instrucciones claras y efectivas
- Aceptar responsabilidad en los problemas
- Identificar el problema real
- Administrar el tiempo, establecer prioridades
- Otorgar reconocimiento por el desempeño excelente
- Comunicar las decisiones
- Cambiar las prioridades, si es necesario
- Explicar el trabajo
- Retroalimentación en sesiones de fuerza transformacional
- Prepara un plan de acción
- Definir los requisitos para el trabajo
- Implementar efectivamente el cambio organizacional
- Desarrollar objetivos escritos
- Participar en seminarios y leer

La mejor fuerza transformacional debe ser bidireccional. Una premisa previa, clave y determinante es que los seguidores tienen talento, todo ser humano tiene talento (Gardner, 2002).

La cuestión es cómo gestionarlo, cómo sacar lo mejor de ellos, sacarlo, extraerlo, conducirlo: gestionar-educar. Los verdaderos maestros son generadores de compromiso y motivación, de emociones. El verdadero discípulo no es el que toma de su maestro las cosas, sino los modos, el gran profesor-transformador no solo lo es por su aptitud de crear discípulos verdaderos sino por dejarse renovar por ellos.

Un líder de alto rendimiento unido a talentos de alto rendimiento produce necesariamente equipos de alto rendimiento. Gestionar el talento desde la base es preocuparse por los deportistas en tanto que son personas a las que hay que madurar emocionalmente.

La fuerza transformacional consiste, también, en tener un programa y en establecer una estructura u organización que ayude a poner ese programa en práctica:

- Relaciones serias con innumerables personas
- Ver problemas de la infancia, relaciones paternas negativas
- La situación integral del sujeto (herramienta de coaching rueda de la vida)
- Convicción y disposición
- Actitudes desafiantes
- Pensar a gran escala
- Destrezas lingüísticas de lenguaje oral y escrito

La fuerza transformacional eficaz, pues, requiere mucho más que dotes personales y ambición desmedida. Debe estar en sintonía con los seguidores que se plantearan cuestiones básicas y la búsqueda de un guía, particularmente en lo referente a temas de identidad. La fuerza transformacional nunca está garantizada, se debe renovar siempre. Ser flexible sin dejar de luchar. Se debe necesariamente reflexionar, ya que, si falta tiempo para la reflexión, el líder corre el riesgo de perder su sentido vital. Los grandes líderes producen fuertes reacciones. Todos los grandes líderes experimentan el fracaso.

Al igual que existen las 6 fuerzas del poder del ser humano, existen 6 constantes de fuerza transformacional en todo líder transformador-inspirador-carismático:

1. Historia: un líder debe tener un mensaje central
2. Auditorio (seguidores): relación compleja e interactiva
3. Organización: la fuerza transformacional duradera exige de una labor institucional y organizativa

4. Encarnación: encarnar la historia. Ser ejemplo. Vida ejemplar implica valoración

5. Pericia en el campo: conocimiento y producción de su ámbito de actuación

6. Fuerza transformacional directa/indirecta. La fuerza transformacional directa o indirecta está relacionada con su base cognitiva:

   - Fuerza transformacional indirecta (líder creativo): creación de productos simbólicos
   - Fuerza transformacional directa (líder tradicional): relación de sus historias y su encarnación

La fuerza transformacional más positiva, si cabe, tiene que ver con la perspectiva prosocial, de ayuda a los demás. Algo así como la responsabilidad social del individuo que luego deberá traducir y plasmar en la visión de su organización y seguidores con la responsabilidad social corporativa y organizacional.

Un líder solo tendrá posibilidades de generar fuerza transformacional y de alcanzar el éxito si puede:

- Elaborar y comunicar de forma convincente una historia clara y persuasiva
- Valorar la naturaleza de sus seguidores, incluidas las características susceptibles de cambio
- Invertir su propia energía en la construcción y mantenimiento de la organización
- Encarar en su propia vida los perfiles principales de la historia
- Aportar fuerza transformacional directo o encontrar el modo de conseguir influir por medios indirectos
- Encontrar un modo de entender y utilizar una pericia cada vez más técnica
- Prever y afrontar nuevas tendencias sobre lo que se tiene que comunicar

Las dos piedras angulares, entonces, de la fuerza transformacional como generador del mejor crecimiento personal son la individualidad y la autenticidad. Estilo de fuerza transformacional basado en la psicología positiva: saber entender y expresar los sentimientos personales, saber relacionarse con los demás, comunicarse con claridad, con empatía, saber escuchar, y saber reaccionar a las situaciones nuevas de forma positiva y con sensibilidad.

Principios de la fuerza transformacional creativa:

1. Todo el mundo tiene potencial creativo
2. La innovación se deriva de la imaginación
3. Todos podemos aprender a ser más creativos
4. La creatividad mejora con la diversidad
5. A la creatividad le encanta la colaboración
6. La creatividad requiere tiempo
7. Las culturas creativas son flexibles
8. Las culturas creativas son inquietas
9. Las culturas creativas necesitan espacios creativos

Fuerza transformacional desde el autoconocimiento: sin reflexión, sin introspección, sin comprensión, sin aprendizaje, no hay innovación posible y ello implica Innovación y fortaleza transformacional interior, intuición e inteligencia. Aquí la fortaleza transformacional se une a la fuerza espiritual. Es lo que se denomina las claves de la genialidad:

- Deseo insaciable de satisfacer la curiosidad
- Capacidad para entender los sentimientos, valores y necesidades de los demás.

Por lo tanto, la fuerza transformacional eficaz tiene que ver con:

a) Formar buenos equipos de trabajo
b) Tener claro los objetivos de la organización
c) Tener una sistemática organizacional clara
d) Formar la organización como un sistema abierto
e) Organización como naturaleza en equilibrio dinámico.

Por ello, los tres grandes retos de la organización son globalización, innovación y cambio. Es fundamental cambiar la orientación hacía el compromiso y la inspiración. Para afrontar la innovación hay que involucrar a todo el equipo. Crear una cultura donde el cambio no debe ser una estrategia, sino objetivo asumido como necesidad.

El éxito de un líder en su aplicación de la fuerza transformacional es, por lo tanto, tener la capacidad de trabajar con la emoción, el impacto y la inteligencia. Todo ello en un entorno de confianza. Para ello se necesita de una fuerza transformacional capaz de transmitir interacción, escucha y emoción. Informar no es comunicar. Comunicar mueve a la acción. Por ello los factores de mayor impacto en el compromiso en la organización:

1. Fuerza transformacional interna
2. Formación-capacitación

3. Interés de la dirección
4. Conciliación vida laboral-familiar

Con estas premisas de fuerza transformacional base, introducimos factores de tipo personal de fuerza transformacional positiva y de referencia. Referencia en obra y palabra. Líder en ejemplo y convencimiento con la palabra. Aplicación de fuerza transformacional directa e indirecta que propone Gardner.

Una filosofía de la fuerza transformacional con características de generación de confianza y admiración como apunta Gabilondo: *"aspirar a ser alguien sencillo, que no simple: es muy importante no gustarse mucho pero sí quererse mucho, porque quien se gusta demasiado y no se quiere es desagradable. La plenitud de una persona es la sencillez, con sus complejidades, contradicciones y dudas."*

El buen líder es el que hace crecer. Capaz de construir en su entorno. De ser honrado. Tener voluntad y desear. Si no se desea, no se llega a nada. No hay que confundir el deseo con las ganas. La fuerza transformacional aquí es la capacidad de organizar y no tanto la de ordenar. La capacidad de ver y escuchar, de tener sensibilidad. De sintonizar. La fuerza transformacional es la gestión del miedo. Estar dispuesto y tener coraje: insistir, persistir y resistir.

El buen líder debe tener mucho sentido del humor. Tener la capacidad de escuchar, incluso lo que algunos no dicen. Escuchar no solo las demandas, sino también las necesidades. La generación de fuerza transformacional es siempre fuerza de relación, el líder es para otros no para uno mismo, son los otros los que le eligen y reconocen.

- El líder debe decir lo que piensa, vivir lo que dice y hacer lo que dice y piensa la fuerza transformacional es saber vincular, vertebrar, unificar.
- Debe ser convincente: capaz de mover, movilizar, motivar y emocionar. Los líderes tienen que ser seres de referencia, inspiradores. Influir con su sola presencia.
- El líder debe tener curiosidad ética, integridad y coraje.

La autodisciplina del líder genera libertad en él y en los demás. Si no puedes gestionarte a ti mismo, no puedes gestionar a otros.

Líderes deportivos y organizacionales, sometidos a una fuerte presión. Los dos pilares de un líder: saber de cuestiones técnicas y saber de seres humanos. Hay que desterrar los egos, necesariamente. Valdano (2013) nos aporta los 11 poderes del líder.

Cuanto mayor es la confianza, menor es el miedo.

1) El poder de la credibilidad

- Al que sabe, siempre se le respeta.
- Importante la autoridad moral.
- La credibilidad viene de la fuerza transformacional moral.
- Un líder deshonesto hace peores personas a todos los que le rodean.
- Seducir con la ética es lo más difícil y a la vez lomas valioso.
- Convicción por encima del miedo al resultado.

2) El poder de la esperanza

- Es mejor viajar lleno de esperanza que llegar
- La importancia de ponerle ilusión al camino
- Ítaca, significa meta, logro, llegada. Pero el poema pone el énfasis en el propio recorrido. El camino debe estar abierto a todas las experiencias que constituyen la vida.
- Si bien Ítaca, te regalo un hermoso viaje, sin ella el camino no se hubiera emprendido. La meta es el gran pretexto para echar a andar.
- Hay que dignificar el camino para sentirnos orgullosos y felices en la llegada.
- Inventar un relato.
- Encontrar razones para la ilusión es parte del secreto de la felicidad.
- Uno mismo es la meta.
- El líder debe ser un especialista en cada una de las personas que tiene bajo su dirección.

3) El poder de la pasión

- Naturaleza: coordinación, visión y talento físico.
- Práctica: muchas horas al día.
- Exigencia: fortalece las virtudes
- Pasión: contiene el amor a la tarea
- El talento siempre ha necesitado de energía y esa la proporciona la pasión.
- Ponerles emoción a las cosas es ponerle vida. La pasión a largo plazo resulta siempre eficaz, es contagiosa.
- El amor a la tarea y con la identificación con los valores de la organización, conexión emocional con el entorno.
- Un ser humano apasionado es capaz de arrastrar a un equipo entero con su desbordante entusiasmo.
- Perseverancia¡¡¡

4) El poder del estilo

- El estilo es la manera de ser
- Estilo reconocible.
- Inteligencia compartida
- Estilo. Sucinto y fácil de entender. Mantenerse en el tiempo. Ser atractivo. Sustentarse en viejos relatos. Permitir aportaciones del equipo…y sensibilidad profunda.

5) El poder de la palabra

- Para el ejercicio de la fuerza transformacional la palabra sigue siendo insustituible.
- Todo gran líder es un comunicador eficaz
- Transmisión de un mensaje preciso y sereno. Con gran autoridad moral. Excitar las altas y las bajas pasiones.
- Los líderes deben reafirmar permanentemente los objetivos y el rumbo de los acontecimientos.
- Comunicar: hablar y escuchar.
- Hay que buscar oportunidades para comunicar.
- Hay que aumentar la frecuencia de la fuerza transformacional en los momentos de crisis.
- Hay que abordar las cuestiones importantes.
- Hay que comunicar con positividad
- Hay que hacer un esfuerzo para que todos se sientan parte del éxito compartiendo el protagonismo.
- Hay que ponerse en el lugar del que está escuchando.
- Hay que contar historias relevantes
- Hay que comunicar con pasión
- Un líder debe ser dueño del "por qué"
- El gran líder es un gran contador de historias que nos habla de identidad

6) El poder de la curiosidad

- Quien tiene curiosidad no le tiene miedo al futuro porque se abre de un modo natural al cambio, a las ideas, a la innovación. Tener curiosidad es mantener vivo el deseo de aprendizaje y el único modo de mantenerse conectado al mundo.

- Las transformaciones hay que hacerlas cuando las cosas funcionan, cuando la capacidad de asimilación es más permeable. Si bien las variaciones no deben tocar la esencia.
- Cuando se innova, nos presentamos ante un nuevo reto. El cambio obliga a un esfuerzo de adaptación.
- El inquieto nunca encontrara fin para la aventura del pensar, del saber, porque los nuevos conocimientos proponen nuevas preguntas.

7) El poder dc la humildad

- Un ego desbocado lleva a la destrucción del que lo padece y finalmente de los proyectos que dirige.
- El vanidoso casi siempre empeora con el tiempo.
- Hay que recordar constantemente que se es mortal.
- Lección de Bilardo como bofetada psicológica en el metro de Buenos Aires. Y vuelta en el bus en silencio inolvidable. El mejor entrenamiento posible es poner en valor lo que tenemos.
- Si hay algo que nos pone en nuestro lugar es la naturaleza, perdidos en su vastedad, quedamos reducidos a lo pequeño que somos.
- Ir de campeones por la vida significa no entender de dónde venimos, adonde vamos y la importancia del otro en las aventuras colectivas. Pero la humildad no solo sirve para hacernos más prudentes y austeros, sino como plataforma de aprendizaje y dignidad.
- Solo reconociendo nuestras debilidades podemos poner las condiciones para ser cada día un poco mejor.
- La vanidad nos hace más estúpidos, porque quien no es capaz de reconocer sus errores está condenado a repetirlos.
- El ser humano humilde sabe compartir, sabe reconocer la importancia del otro y gracias a su generosidad se convierte en un referente.

8) El poder del talento

- En todo líder debe haber un pedagogo capaz de lograr que su discípulo se sienta único.
- Todos nacemos con cierta predisposición para una actividad y cuanto antes la descubramos antes encontraremos nuestra vocación y los estímulos eficaces para desarrollarla.
- Umbral: "el talento, en buena medida, es una cuestión de insistencia"
- Son los exitosos los que tienen más probabilidades de recibir el tipo de oportunidad especial que conduce a ahondar en el éxito.

- En los ambientes fluidos, el talento puede expresar todo su potencial, porque es la organización la que pone las condiciones para que no se pierda energía en lo secundario en perjuicio de lo fundamental.
- El talento necesita de algunas condiciones para expresarse del mejor modo.

9) El poder del vestuario

- El generoso, al final del camino recibirá más de lo que ha dado.
- Fuerza transformacional técnico sí, pero más fuerza transformacional moral que pesa siempre.
- Compromiso común: pulsión afectiva que supera lo táctico, lo físico y lo técnico. Viene desde la idea, el sentimiento, la meta, el interés.
- Conocimiento + valores + emociones
- Un equipo puede ser un buen lugar para exaltar las virtudes, o un buen escondite para no cumplir con las responsabilidades. Es en gran medida el líder quien lo decide.
- La personalidad y la inteligencia situacional sin mucho más importantes que la edad.
- El conflicto también une. Muchas veces los equipos progresan gracias al conflicto.
- Dentro de un equipo conviven distintas sensibilidades y hay que intentar satisfacer todas.
- Pero hay una aspiración que a todos hace igual de felices: sentirse importante. Si cada miembro del equipo se siente valorado por el grupo, este grupo será un auténtico equipo.

10) El poder de la simplicidad

- La simplicidad nos remite a la pureza máxima. A lo esencial. Lo sustancial
- Saint-Exupery: "sabes que has alcanzado la perfección no cuando no tienes más que añadir, sino cuando no tienes más que quitar".
- Los directivos inseguros crean la complejidad. Yo diría la complicación.
- La gente con la mente más clara y preparada es la más simple.
- Simplicidad es en definitiva una cuestión de conocimiento profundo.
- Ser simple es tenerlo claro.

11) El poder del éxito

- Cuando la fuerza transformacional es eficaz, activa el profesionalismo, el optimismo, el espíritu de superación, las conductas solidarias.

- Éxito: talento, esfuerzo, creatividad, coraje y valores.
- Tenis en argentina a partir de Vilas: condiciones para asegurar un futuro de triunfos.
- El éxito responsable tiene que ver con ganar respetando el juego, las normas, los valores, los rivales, etc.
- Un héroe es todo aquel que hace lo que puede.
- El éxito dispara la confianza y la ilusión.
- La nobleza de los recursos dota al éxito de autoridad moral.

Resumen de los 11 poderes del líder. Valdano 2013:

1. **El poder de la credibilidad.** Al que sabe, siempre se le respeta. Y saber con autoridad moral.

2. **El poder de la esperanza.** Es mejor viajar lleno de esperanza que llegar. La importancia de ponerle ilusión al camino

3. **El poder de la pasión.** Ponerles emoción a las cosas es ponerle vida. Un ser humano apasionado es capaz de arrastrar a un equipo entero con su desbordante entusiasmo.

4. **El poder del estilo.** El estilo es la manera de ser. Estilo reconocible. Sucinto y fácil de entender. Mantenerse en el tiempo. Ser atractivo. Sustentarse en viejos relatos. Permitir aportaciones del equipo...y sensibilidad profunda.

5. **El poder de la palabra.** Comunicar: hablar y escuchar. El gran líder es un gran contador de historias que nos habla de identidad

6. **El poder de la curiosidad.** Quien tiene curiosidad no le tiene miedo al futuro porque se abre de un modo natural al cambio, a las ideas, a la innovación. Tener curiosidad es mantener vivo el deseo de aprendizaje y el único modo de mantenerse conectado al mundo.

7. **El poder de la humildad**. Un ego desbocado lleva a la destrucción del que lo padece y finalmente de los proyectos que dirige. El ser humano humilde sabe compartir, sabe reconocer la importancia del otro y gracias a su generosidad se convierte en un referente.

8. **El poder del talento.** En todo líder debe haber un pedagogo capaz de lograr que su discípulo se sienta único. Los buenos líderes promueven lugares propicios, dan libertad y confianza, promueven redes de talentos y exigen resultados.

9. **El poder del vestuario.** Un equipo puede ser un buen lugar para exaltar las virtudes, o un buen escondite para no cumplir con las responsabilidades. Es en gran medida el líder quien lo decide.

10. **El poder de la simplicidad.** La simplicidad nos remite a la pureza máxima. A lo esencial. Lo sustancial. Saint-Exupéry: *"sabes que has alcanzado la perfección, no cuando no tienes más que añadir, sino cuando no tienes más que quitar".*

11. **El poder del éxito**. Cuando la fuerza transformacional es eficaz, activa el profesionalismo, el optimismo, el espíritu de superación, las conductas solidarias. Éxito: talento, esfuerzo, creatividad, coraje y valores.

El talento necesita:

* Un lugar, que le permita mostrar sus virtudes y esconder sus defectos
* Libertad
* Confianza. El mayor potenciador del talento. La confianza lleva el talento hasta el límite. Y se debe dar más en los momentos en que se cometen errores. Aquellos a quienes damos confianza, con el tiempo nos la devuelven con creces.
* Necesita de otros talentos
* Necesita exigencia, crecemos al nivel de las dificultades. Disciplina.

Los buenos líderes promueven lugares propicios, dan libertad y confianza, promueven redes de talentos y exigen resultados. Encontrar la tarea que mejor se adapte a nuestra naturaleza es el primer desafío de una buena fuerza transformacional.

En cuanto al éxito, Samer Soufi nos presenta su fórmula de las 10 claves del éxito:

1. Deseo de excelencia, de ser mejor
2. Tolerancia a la frustración, resistencia a la adversidad
3. Fuerza de voluntad, de esfuerzo, de superación
4. Capacidad de diseñar estrategias eficientes
5. Disfrutar con lo que se hace y estado de ánimo positivo
6. Capacidad de trabajo en equipo
7. Fuerza transformacional emocional y carisma
8. Planificación y organización
9. Automotivación y ser motivador de los demás
10. Buena gestión y desarrollo del talento

Y sentir todo ello y hacerlo sentir en los demás. Generar emociones con tu forma de ser y estar. Ser inspirador:

1. **Deseo de excelencia, de ser mejor:** muchas veces el deseo de ganar es más importante que la técnica del deportista o del equipo. (Sobre todo en situaciones de presión o agotamiento físico o mental). La ambición de ganar aumenta considerablemente las probabilidades de alcanzar el éxito.

2. **Tolerancia a la frustración, resistencia a la adversidad:** la perseverancia es el común denominador de todas las situaciones de éxito.

3. **Fuerza de voluntad, de esfuerzo, de superació**n: la práctica es el ingrediente esencial en el éxito, las horas dedicadas y el nivel de desempeño alcanzado. 10 años o 10000 horas. La práctica deliberada. Voluntad de cambio.

4. **Capacidad de diseñar estrategias eficientes:** organización táctica estructural. Sistema de juego bien definido. Cada componente saber lo que tiene que hacer. Sacar el máximo de cada componente. No solo importa la táctica en el terreno, también la perspectiva general de lucha competitiva. Generadora de la mejor toma de decisiones.

5. **Disfrutar con lo que se hace y estado de ánimo positivo:** fluir. Competencia inconsciente. Estado de máximo rendimiento. Sensación de paz interior. Estar entregados a la tarea. Este clima positivo se puede estimular. Ambiente de rendimiento, creatividad e innovación.

6. **Capacidad de trabajo en equipo:** la fuerza de un equipo es cada uno de sus miembros. La fuerza de cada uno de los miembros es el equipo. Fuerza transformacional con margen de iniciativa. Cohesión: relaciones interpersonales y espíritu de cooperación. Importancia de las emociones colectivas del grupo.

7. **Fuerza transformacional emocional y carisma:** grandes capacidades de fuerza transformacional y persuasión social. Y capacidad de tolerar conflictos y situaciones de estrés. Calma, madurez, paciencia son cualidades clave para el éxito. Los líderes carismáticos actúan como gestores emocionales del grupo. Sincronizando emocionalmente al equipo. Respeto y admiración. Emerger y generar.

8. **Planificación y organización:** el éxito viene determinado por la planificación y la estrategia. El paso previo a la planificación es el establecimiento de objetivos. Si podemos predecir correctamente, podremos tomar buenas decisiones. Alcanzar una gran meta requiere de un plan bien elaborado

unido a disciplina, control y actitud mental. Necesaria la capacidad de imaginar, visualizar, traer el futuro al presente para manipularlo y crear.

9. **Automotivación y ser motivador de los demás:** vincular objetivos a necesidades, intereses, expectativas. Metas que inspiren su logro de forma intensa y apasionada. Hay que aumentar el grado de identificación emocional. Crear algo que emocione. Branson, de Virgin, se aseguraba de que sus empleados se divirtieran trabajando.

10. **Buena gestión y desarrollo del talento:** los niños que triunfan en una determinada actividad, han contado en sus inicios con entrenadores de base que les han contagiado la pasión y el entusiasmo por dicha actividad. Aquí la confianza es al mismo tiempo el resultado y la causante del éxito.

Nuestro nivel de confianza viene determinado por el historial de éxitos y fracasos, y sobre todo por la interpretación que hacemos de ellos. Nuestra interpretación modulara nuestros sentimientos que incidirán en nuestras expectativas y motivaciones.

Un buen líder debe tener la capacidad de identificar posibles áreas de mejora en los colaboradores. Hay que ayudarles a adquirir nuevas capacidades y habilidades. El éxito: todos somos capaces de alcanzarlo si se dan las condiciones adecuadas. La clave está en encontrar el compromiso de las personas con el proyecto compartido.

4.3. INNOVACIÓN Y CREATIVIDAD EN LA FUERZA TRANSFORMACIONAL

Todos tenemos potencial de creadores, el reto está en desarrollar ese potencial. La creatividad también tiene que ver con el trabajo centrado en las ideas y en los proyectos.

A la creatividad la sirven, la destreza, los conocimientos y el control.

La fuerza transformacional creativa estimula la atmosfera para que se generen ideas. Facilita las capacidades creativas de todos y cada uno de los miembros de la organización. Personas, relaciones y energía son un todo único interrelacionado profundamente, estilo de fuerza transformacional basado en la psicología positiva: saber entender y expresar los sentimientos personales, saber relacionarse con los demás, comunicarse con claridad, con empatía, saber escuchar, y saber reaccionar a las situaciones nuevas de forma positiva y con sensibilidad. Las dos piedras angulares del crecimiento personal son la individualidad y la autenticidad.

En "Busca tu elemento", Ken Robinson (2013) contribuye a la gestión del talento desde la creatividad e innovación. Repensar la creatividad:

- Imaginación, proceso de pensar las cosas que no están al alcance de los sentidos.
- Creatividad, proceso de desarrollar ideas originales que posean un valor. (imaginación aplicada).
- Innovación, proceso de poner en práctica nuevas ideas. (creatividad aplicada).
- Líder creativo: facilitar la relación entre la cultura externa y la interna.

Roles estratégicos del líder creativo: personal, de grupo y cultural.

Según Robinson, muchas personas solo alcanzan el éxito después de redefinir su fuerza transformacional:

- Ser creativo: cuando las personas encuentran su medio, descubren sus auténticas dotes creativas y llegan a conocerse.

Ser creativo implica ser generativo y ser evaluativo.

La creatividad, entonces, es un dialogo entre las ideas y los medios con los que se le da forma: quien no esté dispuesto a equivocarse es improbable que sea creativo. No se puede hablar de fallar, descubres lo que no funciona.

> *"quien nunca haya cometido un error es porque nunca ha intentado nada nuevo". Einstein*

El pensamiento creativo significa, según Robinson, derribar fronteras entre los distintos marcos de referencia. Dimensión del elemento: talento personal unido a pasión personal. El descubrimiento del medio adecuado suele ser el momento decisivo de la vida creativa de la persona. Cuando la persona entra en su medio, descubre su verdadera fuerza creativa y se encuentra a sí misma. Sobre esto, Carl Jung nos dice: *"no soy lo que me ha ocurrido. Soy lo que voy a llegar a ser"*.

La creatividad se sirve necesariamente de los sentimientos, las intuiciones, los conocimientos y las destrezas. Ser creativo no es sólo una cuestión de pensar, sino de sentir:

- Ser es sentir. Si la persona no existe objetivamente tanto como subjetivamente, no se es auténtico. Introspección personal.
- Fluir: momento de inmersión en algo que nos ocupa por completo todas nuestras capacidades creativas y se sirve por igual de nuestros conocimientos, sentimientos e intuición. Hay cierta excitación por/en el proceso.

La fuerza transformacional y la creatividad no debe estar basada sólo en los conocimientos, sino centrada en el sujeto que crea y se transforma:

- Desarrollarle en su totalidad. Integrar sentimientos, desarrollo físico, educación moral y creatividad.

Conocerse uno mismo es tan importante como conocer el exterior.

La fuerza transformacional debe ser, por tanto, un proceso de autorrealización. De desarrollo intelectual y desarrollo emocional, físico, espiritual. La creatividad fomenta:

a) La indagación. La disposición a cometer fallos
b) Estimula el pensamiento generativo
c) La expresión de ideas y sentimientos
d) La intuición
e) La evaluación critica

La fuerza transformacional debe partir de la experiencia, la curiosidad y el estímulo de las fuerzas del propio sujeto en proceso de cambio. Y aquí será determinante la enseñanza de la creatividad para estimular la autoconfianza, la independencia de juicio y la capacidad de pensar por uno mismo.

Los principios de la fuerza transformacional creativa son:

1. Todo el mundo tiene potencial creativo
2. La innovación se deriva de la imaginación
3. Todos podemos aprender a ser más creativos.
4. La creatividad mejora con la diversidad
5. A la creatividad le encanta la colaboración
6. La creatividad requiere tiempo
7. Las culturas creativas son flexibles
8. Las culturas creativas son inquietas
9. Las culturas creativas necesitan espacios creativos

Para Sir Ken Robinson, líder en educación y creatividad a partir de su obra "Los secretos de la creatividad" nos aporta que el deber de las escuelas es motivar, saber qué les apasiona a los alumnos. Según él, los niños son como cohetes espaciales y necesitan descubrir el retorno potencial que tienen. Por lo que el reto como educadores es acabar con un sistema educativo anacrónico. Se aprende más en redes sociales que en la escuela y ello es una descompensación no admisible.

El modelo por competencias hoy día está caduco y hace falta innovar y ser creativos, hay que saber qué les apasiona a los alumnos, a los hijos, a los sujetos en desarrollo y aprendizaje.

Se trata de potenciar una educación para descubrir la mejor versión de nosotros mismos:

- Motor ideas y creación por estar en la era de la información, se aprende haciendo.
- Transformar la escuela por el aprendizaje emocional personalizado. Descubrir el talento.
- Para ser felices hay que desarrollar lo que somos.

Unión de las ciencias, el arte y la cultura, donde creatividad, innovación sean pilares de sustento definitivos. Las disciplinas en la escuela están muy jerarquizadas, seguramente por cuestión económica y ello provoca disociación del intelecto sobre la emoción. Y en la creatividad se relaciona lo artístico con lo científico, y si se separan, ambas salen perjudicadas.

La inteligencia es mucho más que el test de inteligencia. El test mide la capacidad de hacer desde el test. Escribir poesía, bailar, llevar un negocio, etc., es una visión muy reduccionista. Entonces, el valor de la educación está en el camino, no en la meta. En la alegría de descubrir algo, en la satisfacción de tener una pregunta y poder buscar la respuesta, no necesariamente en la respuesta. En la experiencia, en el momento. Hay demasiada obsesión por los resultados y la magia del viaje se frustra. Se necesita más pasión y emoción en el camino. Esa es la clave. Inventar y soñar desde el camino, desde la educación, desde la escuela.

Se necesita, por tanto, cambiar la manera de pensar de nosotros mismos como sujetos que influimos en el desarrollo y aprendizaje de alumnos, hijos, etc.

Ese cambio en nuestras ideas y en nuestras propuestas formativas y educativas pasa por unir creatividad y pasión:

- Crear entornos donde potenciar la creatividad
- La creatividad es poner la imaginación a trabajar.
- La imaginación nos puede llevar al pasado y nos adelanta al futuro.
- Hacer descubrir la pasión, pues lo cambia todo
- Investigar, crear.
- Si no te equivocas no evolucionas
- Se aprende mucho hablando con la gente
- Estar en tu elemento significa hacer algo que comprendes
- La clave es la pasión, es vivir tu yo más auténtico, estar en fluidez.
- Todo es energía.
- Observar al niño y ver que le entusiasma, y que rechaza
- Existimos porque imaginamos.

- Arriesgar, lanzarse. Romper con los miedos de equivocarse.

El proceso de creatividad necesita de conocimientos básicos, que la atención se exprese y generar dialogo. Crear tu vida a partir de tu imaginación. Si puedes crear tu vida, puedes recrearla, proyectarla.

En todo proceso formativo, por tanto, se debe:

- Generar sorpresa.
- Generar clima emocional del grupo como primer signo de motivación.
- Elegir el medio y conectar con la pasión que siento.
- Tener ideas originales que aporten valor, hay que trabajar con ello, y mucho.
- Poder controlar los materiales con los que se trabaja.
- El momento de la creación tiene algo de riesgo.
- Convertir la creatividad en algo central en nuestra vida.
- Estudiar y practicar, esa es la clave.

El hecho pragmático de contestar una pregunta es un proceso creativo. Generar un ambiente motivacional donde fallar no significa fracaso, sino estar descubriendo lo que no funciona, y no se puede descubrir lo que funciona hasta explorar muchas posibilidades que no salen bien. Es un proceso constante en la que se tiene que tener destreza y capacidad. Lo que nos motiva es entonces nuestro elemento.

Y no basta con descubrir nuestro elemento, hace falta poner pasión en controlar el elemento y esforzarse en ello. Todos tenemos talento si sabemos descubrirlo.

Para científicos creadores como Csikszentmihalyi la creatividad está en un proceso dialectico que se establece mediante la interacción de individuo, campo/disciplina y ámbito. Curiosidad y conocimiento previo. Creación es suma de algo de suerte y mucho de juicio y razonamiento positivo. Aporto el concepto de estado de flujo o fluidez. Fluidez generada por la mejor vinculación de dificultad y reto en la tarea.

Para Csikszentmihalyi los aspectos que caracterizan a las personas que están en un estado de flujo son:

- Hacen las cosas porque les parecen divertidas
- Ponen el foco no en lo que hacen sino en cómo lo hacen
- Tienen claras las metas intermedias del proceso
- Equilibran perfectamente las dificultades y sus destrezas
- Excluyen las distracciones
- No tienen miedo al fracaso

- Distorsionan su sentido del tiempo
- La actividad se convierte en autotélica.

El estado de flujo es automotivante. La satisfacción de una tarea correctamente ejecutada es un factor motivador para la persona. Favorece el rendimiento pues genera una satisfacción en la persona y se va retroalimentando constantemente.

Las tareas que son de bajo nivel de reto y poca demanda de habilidad pueden generar apatía ya que van tremendamente ligadas a la rutina. Si la persona posee poco nivel de habilidad y la tarea es altamente retadora generará en la persona elevados niveles de ansiedad ya que se percibe y sabe poco capacitado para afrontar la tarea.

Las tareas de personas altamente cualificadas que supongan poco reto generan un estado de aburrimiento ya que su capacidad no precisa de reto. El estado de flujo óptimo se da cuando las personas con alta capacidad en una tarea son expuestas a situaciones o tareas de alto reto. Se crean diferentes estados dependiendo de la tarea planteada y del nivel de competencia.

Según el autor podemos llegar a alcanzar este estado mediante un entrenamiento de la atención. Pero este esfuerzo que le estamos pidiendo a nuestro cerebro no debe ser forzado ya que eso implicará un mayor desgaste y por tanto se activarán muchas áreas no necesarias del cerebro que nos impedirán alcanzar este nivel de flujo.

Para Gardner, los niveles de análisis para comprender la creatividad son el subpersonal, el personal, el impersonal y el multipersonal, en los que 10 años o 20.000 horas de trabajo deliberado, suponen la mayor fuerza transformadora desde la experiencia competencial:

- Subpersonal: hemisferio derecho, el creativo.
- Personal: lo cognitivo, procesos, personas, situaciones.
- Impersonal: contexto, o campo de Csikszentmihalyi
- Multipersonal: conducta de grupos.

Creatividad es pensar con libertad, evitar la autocensura y la represión de lo que no es considerado como convencional. Es pensar con variedad de procedimientos, símbolos, imágenes, gráficos, síntesis. Pasar con soltura de los conceptos y las ideas a las palabras y a los significados.

La fuerza transformacional creadora potencia el subconsciente para visualizar, ensoñar, imaginar, potenciando la sensibilidad y la emotividad en todo aquello que no conmueve a priori. Centra la atención consciente sobre los detalles y lo cotidiano. Estrategias y acciones para obtener mayor eficacia personal.

Aspectos de la fuerza transformacional creativa son:

- Estudiar las obras cumbre de la creatividad.
- Tratar de comprender los significados, los orígenes, las motivaciones, los procesos creativos.
- Desarrollar la originalidad metafórica y comparativa: buscar semejanzas, analogías, síntesis.
- Contemplar la realidad inanimada como dotada de vida y en continua transformación.
- Practicar la escucha activa en todas las situaciones sociales.
- Evitar la generalización Usar estrategias creativas, diagramas, esquemas, torbellinos de ideas, etc. de manera frecuente.

Impedimentos para aplicarla:

- Confusión de los problemas: para resolverlos hay que analizarlos por separado.
- La respuesta correcta: es un error pensar que siempre hay una respuesta correcta. Lo correcto está a menudo en función de muchas variables.
- Lo lógico: no todo es lógico, ni la lógica lo soluciona todo. Es mejor buscar lo eco-lógico, es decir, lo global.
- Las reglas: seguir las reglas causa resultados mediocres y poco originales. Hace falta un punto de transgresión.
- El pragmatismo: ser práctico es lo contrario a ser imaginativo.
- El juego: saber tomarse las cosas a broma y como un juego es a veces la mejor postura.
- La equivocación: el temor a la equivocación paraliza y resta iniciativa. La mejor manera de aprender es a través de la práctica, el ensayo y el error.

Las 7 responsabilidades del liderazgo de Brian Tracy (2019) *"¿Cómo lideran los mejores líderes?"*. Harpercollins. Madrid. Presidente de la consultoría de capacitación Brian Tracy International:

1. **Establecer y concretar metas comerciales**: establecer y alcanzar metas implica planificar y realizar estrategias no sólo es seguir un camino para conseguirlas.
2. **Innovar y comercializar**: el líder debe promover la innovación continua de productos y servicios.
3. **Resolver problemas y tomar decisiones**: las dificultades y las barreras deben dejar de serlo para convertirse en retos que puedan ser superados.
4. **Establecer prioridades y tareas clave**: el tiempo puede ser un determinante crucial para tus logros.

5. **Ser un modelo para los demás**: enseñar con el ejemplo es la única forma en que se puede lograr aprendizaje en una organización.
6. **Persuadir, inspirar y motivar a otros a seguirte**: si las personas no te siguen entonces no eres un líder. Para lograr que tus compañeros te sigan y respalden es necesario ganar su confianza y respeto.
7. **Tener un buen desempeño y obtener resultados**: el desempeño de manera positiva demostrará que las metas son alcanzables.

4.4. LIDERAZGOS EJEMPLARES. GRANDES *"ENTRENADORES"* DE EQUIPOS DE ALTO RENDIMIENTO

4.4.1. Liderazgo en La primera vuelta al mundo. Magallanes y Elcano

> *"Toda mi vida he ido en busca del horizonte, y acabé por darme cuenta de que el muy burlón nunca se alcanza, porque, cuando corres a por él, te engaña y te devuelve al sitio de donde partiste. Pero, claro, uno aprende al final que lo importante no es el destino, sino el viaje. Yo creo que el mundo es redondo para que nunca veas el final del camino".*
>
> *Juan Sebastián Elcano*

La clave del liderazgo de la primera Vuelta al Mundo es que fue, ciertamente, un liderazgo compartido. Un liderazgo compartido en tiempo y en espacio. Precisamente los dos perfiles de liderazgo tan distintos de Magallanes y Elcano propiciaron el éxito de la expedición.

Elcano era un hombre más familiar. Era más de escuchar. Elcano era hombre de autoridad, pero a diferencia de Magallanes, solía consultar con sus hombres. *"Para ser buen patrón no basta con saber navegar, hay que acertar a hacerse con la gente y Magallanes sólo lo conseguía por la fuerza"*, decía Elcano. Aunque él tampoco se quedaba atrás si hacía falta el mando: *"herida la fe, la disciplina es la fuerza mágica imprescindible para sostener a los marinos"*. Pero más como autodisciplina que mando autoritario, autoridad individual autoimpuesta.

Magallanes tenía el defecto de no consultar a los demás, de no querer compartir el mando. Nada más salir de San Lúcar de Barrameda el 10 de agosto de 1519, Magallanes quiso dejar clara su autoridad obligando a todos los navíos a navegar siempre cerca unos de otros. Era preciso desde el primer momento mantener disciplinada a la tripulación. Sabía que iban a correr todos los peligros del mundo.

Elcano, más conciliador y consultivo. Magallanes muy introvertido y autoritario sin dar apenas información y sin dar opción a réplica sobre sus decisiones, tal vez, porque la empresa requería la suficiente discreción para que la desidia de los navegantes no rompiera la aventura al sentir que no se llegaba a ninguna parte.

Magallanes, liderando de forma determinante en momentos clave donde nadie quería continuar. Varios capitanes españoles se llegaron a levantar contra él en el motín del Puerto San Julián donde se habían refugiado para esperar la primavera y poder continuar buscando el famoso paso o estrecho. La revuelta fue disipada con ejecuciones y castigos, incluido el propio Elcano.

Gracias a esa forma de actuar tan autoritaria, Magallanes condujo a sus hombres hasta dar con el llamado, hoy día, estrecho de Magallanes. Para después cruzar el océano Pacífico y llegar a Filipinas donde en una revuelta ayudando a una tribu contra otra murió el 27 de abril de 1520.

Algunos historiadores dicen que se "entretuvo" demasiado en estas islas con acciones que se desviaban ciertamente del objetivo de llegar a la especiería y volver cargado a España con clavo y otras especias. Incluso otros investigadores apuntan que de haber seguido con vida y comandando la expedición, tal vez, no se hubiera dado la vuelta al mundo, pues Magallanes tenía intención de volver por donde habían venido. Esto nunca lo sabremos.

Y en este punto del viaje, vuelve a cobrar importancia y mayor liderazgo Elcano que, después de llegar por fin a las islas Malucas y cargar los dos barcos que quedaban, se prepara para el retorno a España. Retorno que haría finalmente con un solo barco y consensuando con sus hombres el itinerario de regreso. Unos historiadores dicen que, en general, los navegantes españoles solían poner en común ciertas decisiones con su gente. En el caso de Elcano, sin rechazar esto, algunos investigadores afirman que, teniendo ya tomada la decisión de volver por el océano Índico, lo puso en común para tener más apoyo y aprobación.

De esta manera, Elcano y sus hombres, atravesaron el océano Índico, pasaron el cabo de Buena Esperanza y, pegados a la costa africana pero lo suficientemente lejos de tierra como para no ser interceptados por los portugueses, ya que circunnavegaban sus territorios según el Tratado de Tordesillas, navegaron hasta encontrarse frente a las islas de Cabo Verde, también de la Corona de Portugal.

Y aquí un episodio interesante, desde el punto de vista histórico y de liderazgo. Cansados y sin comida Elcano y sus hombres pretendieron acercarse a dichas islas a por comida. Algo que hicieron, pero, con tan mala fortuna, que varios marinos fueron apresados al desembarcar. Elcano tuvo que decidir entre ayudar a los apresados o continuar con el proyecto de llegar con especias a Sevilla. Optó por lo segundo y, a bordo de la nao Victoria, el 8 de septiembre de 1522 concluyó el objetivo de llegar cargados de especias y, sobre todo, el gran objetivo de ser los primeros en realizar la primera circunnavegación al globo terráqueo.

Podríamos aportar cierta analogía de estas dos formas de liderazgo con los liderazgos de Luis Aragonés y Vicente del Bosque en el camino a la consecución de la Copa del Mundo de Fútbol de 2010. Liderazgo situacional, seguramente, en el que primero, Aragonés, generó un gran cambio en la composición del equipo no bien vista ni por la prensa, ni por aficionados y tampoco por ciertos miembros del propio equipo. Aun así, lo hizo y junto con la creación final de un microcontexto de excelencia técnico y de relación, propició el logro del Campeonato de Europa de selecciones en 2008. Pasó su propio estrecho de Magallanes.

Por su parte, Vicente del Bosque se encontró con un equipo que venía de ganar un gran campeonato, un equipo unido, eficiente y supo, con un buen manejo del grupo y de las situaciones, con diálogo y comunicación, concluir un gran proyecto compartido donde lo importante no eran tanto los entrenadores ni siquiera el equipo, lo importante era el propio proyecto, como ocurrió en la vuelta al mundo de Magallanes y Elcano.

El reto, tanto de Magallanes, como de Elcano, es un reto individual de aventurero y a la vez de equipo. Reto compartido de alto rendimiento donde se dan las fases de todo Viaje del Héroe:

- El sueño de HACER
- El valor de PARTIR
- La experiencia de VIAJAR
- La satisfacción de VOLVER

En las etapas en la 1ª Vuelta al Mundo Magallanes y Elcano una historia de vientos, rumbos y toma de decisiones:

1. **Sueño**
2. **Partida**
3. **Exploración**
4. **Destino**
5. **Regreso**
6. **Transformación**
7. **Nuevos retos. Nuevos sueños**

1. **Sueño.** Liderazgo, voluntad, obstinación. El valor de los fracasos está en la trascendencia de la búsqueda:

   a) El momento
   b) La carrera exploratoria
   c) El proyecto. Sueño + oportunidad
2. **Partida**
   a) Los preparativos. Itinerario
   b) Las Naves. Los Materiales
   c) Las personas
3. **Exploración**
   a) Rumbo al sur. La calma
   b) Lo desconocido. La incertidumbre y el miedo
   c) El punto de no retorno
   d) El Pacífico. La inmensidad. La oscuridad y el silencio
4. **Destino**
   a) Sin rumbo
   b) El destino. Elcano. Experiencia de servicio. Capacidad comunicadora. Capacidad de economía
5. **Regreso**
   a) La larga travesía. El temporal. La anticipación
   b) El límite. Agotamiento y supervivencia
   c) La arribada. Impacto y balance
   d) La trinidad
6. **Transformación**
   a) Un mundo nuevo. Creado y encontrado
7. **Nuevos retos. Nuevos sueños**
   Toda aventura que termina, todo viaje que concluye, toda investigación que finaliza, acaba con nuevas preguntas, nuevas dudas, nuevas incógnitas. Los retos cumplidos, necesariamente vienen acompañados de otros nuevos, renovados retos que parten de nuevos sueños. De sueños generados y creados más que por el objetivo cumplido, por el propio viaje, por todo lo vivido.

4.4.2. Liderazgo Hernán Cortés

Nacido en la ciudad extremeña de Medellín en 1485, en el seno de una familia de mediana hidalguía, decidió buscar fortuna en el Nuevo Mundo viajando a isla La Española y a Cuba, donde llegó a ser alcalde de la segunda ciudad fundada por los españoles durante la tercera expedición. En 1521, un reducido grupo de españoles liderados por Cortés, con el apoyo de una amplia coalición de pueblos indígenas, conquistó Tenochtitlán, la gran capital de los aztecas.

Gran conocedor del mundo indígena y curtido en las batallas habituales entre los españoles de Indias, deseoso de acrecentar su patrimonio, Cortés abandonó apresuradamente la ciudad a comienzos de 1520 para hacer frente a una expedición que debía ser una misión exploratoria y que terminó en una empresa de conquista de proporciones legendarias.

Cortes logró imponerse militarmente al pueblo tlaxcalteca, establecer una alianza en base a sus intereses e incorporar a sus tropas a miles de guerreros tlaxcaltecos. Muy astuto él, se dio cuenta de la ventaja que para los españoles suponían las divisiones entre los distintos pueblos nativos, y el odio que tenían muchas poblaciones contra los aztecas y especialmente contra su emperador Moctezuma y su política de imperialismo y terror. Esa estrategia, unida a un liderazgo extraordinario, le permitió en poco tiempo hacerse con el dominio de un imperio de más de 15 millones de habitantes.

Hernán Cortés es tan alabado como criticado, tan querido como odiado. Desde este capítulo no nos decantamos por ninguna de las dos posiciones y lo único que pretendemos es aportar la característica de excelencia de liderazgo, tanto con su gente como en la interacción con personas y jefes externos, no sólo a su cultura, sino también a su territorio conocido hasta la fecha. Así pues, iremos aportando un análisis de sus principales valores y capacidades del gran líder.

Un rasgo clave en Hernán Cortés es que era un gran negociador. Era capaz de aprovechar las debilidades de sus oponentes y aplicar una psicología muy poderosa. Fue, también, un buen gestor cuando le tocó gobernar y administrar ciudades y territorios, pero sobre todo era un gran gestor de personas. Sabía relacionarse muy bien y hacer las mejores interacciones entre sus soldados y capitanes. Hubo, así mismo, un factor determinante según muchos historiadores y estudiosos de su figura: la suerte.

Hábil en los negocios, sabía manejar muy bien los tiempos de incertidumbre. Para Pérez Paz, capitán de fragata de la Armada española y profesor organización y liderazgo en Escuela superior de las Fuerzas Armadas (FAS), una de las claves de su liderazgo estuvo en su enorme carisma y en saber otorgar la importancia debida a sus capitanes o, como diríamos ahora, en saber aplicar en mejor empoderamiento sobre los directivos.

Castellano de tierra y de alma, Cortés empezó ciertamente tarde en su emprendimiento aventurero, pues todavía a los 33 años era escribano en la isla española. Fue, así mismo, contemporáneo de los artífices de la primera vuelta al mundo, Magallanes y Elcano. Cuando el conquistó México a finales de abril de 1521, los navegantes, estaban todavía en la mitad de su periplo. Tal vez coincidiera incluso con la muerte de Magallanes en Filipinas el 27 de abril de ese mismo año.

Se puede concluir, por tanto, con la aportación de un modelo de liderazgo Hernán Cortés en el que el arraigo rural, castellano de Medellín, Extremadura y los ideales nacionales algo medievales todavía de los Reyes Católicos conforman el armazón generador de su tipología de líder poco convencional para la época. Su capacidad de obtener información, su inteligencia, así como su habilidad negociadora fueron la gran clave de su fuerza transformacional. De líder estratégico, ejecutivo, directo con la suma de vocación y carácter. Liderazgo proactivo, más allá del mando, motivado y motivador. Mando por carisma unido a una potente cultura corporativa (Dios-Rey-patria-tierra).

Alto, buena imagen, aspecto gran señor, educado, serio, astuto, motivador, atlético, diestro en armas, buen jinete, bravura, carismático. Como decía su compañero y casi hermano Bernal Díaz, "todos nosotros pusiéramos la vida por Cortés".

Astuto y manipulador, también, con grandes habilidades directivas sabiendo siempre aprovechar situación, sabiendo tejer alianzas, hábil negociador, con capacidades de comunicación y de iniciativa.

Es capaz eficazmente de aplacar los conflictos internos, a la vez que sabe tomar decisiones con actitud y determinación que hacen de su estrategia y táctica sobresalientes en forma y resultado.

Valores y rasgos que se pueden destacar como identificados en el liderazgo Cortés son: moral, lealtad, disciplina, deber, confianza, sacrificio, superación, conocimiento, creatividad, visión, iniciativa, adaptabilidad, visión futura, humanidad, resolución, valor, resistencia, optimismo, ánimo, expresión, jovialidad.

Y unas actitudes demostradas:

- Generación de confianza
- Aproximación y preocupación por el subordinado
- Establecimiento de objetivos, planificación
- Mejora continua
- Fortalecimiento de espíritu de equipo unidad
- Creación entorno agradable de trabajo
- Fomento de la cultura corporativa

El liderazgo de Cortés, más que en la fuerza, se basaba en la persuasión. Un capitán muy lúcido e inteligente. Si la retórica es el arte de la persuasión Cortés lo hace del todo. Sabe tratar con todo tipo de gente. Tiene habilidad política. Sabe buscarse apoyos. Tiene la precaución dirigirse a los suyos con mucha educación. Se sabe superior a ellos, sin dejar de ser compañero. El liderazgo de Hernán Cortés, más que en la fuerza se basaba en la persuasión, en la inteligencia para seguir consejos acertados.

Como características primordiales del liderazgo de Hernán Cortés destacan, según Pérez Paz:

- Su firme convicción para alcanzar los logros
- Gran espíritu de equipo, compartiendo triunfos y aceptando la responsabilidad de los fracasos
- Transmitía lo que quería, marcando el camino con claridad y determinación
- Liderazgo sin notoriedad, sabiendo estar a un lado cuando correspondía
- Preocupación por el buen trato a sus hombres, les tenía mucho respeto, luchaba con ellos codo con codo (nunca mejor dicho) y por ello le respetaban
- Confiaba en los demás y confiaban mucho en él. Generaba mucha confianza
- En combate, sabe delegar y asigna responsabilidades
- Promueve el debate y dejaba expresar opiniones contrarias sin censura. Terminaban triunfando sus puntos de vista por convencimiento de su criterio y sus buenas y creíbles argumentaciones, a veces, después de muy largos debates
- Gran poder de persuasión
- Táctico admirable
- Muy buena organización. Muy buen estratega
- Buena utilización de los medios disponible. Explicaba todo, en táctica: misión, objetivos a alcanzar y acciones concretas
- Habilidad política, con buen conocimiento de leyes y de las instituciones
- Habilidad negociadora, interna y externamente
- Aprovecho las disputas entre reyes indígenas (divide y vencerás)
- Y, al mismo tiempo, sabía alcanzar buenas alianzas con pueblos indígenas
- Excelente uso de la información
- Gran poder de persuasión: aprovecha su relación emocional e íntima con Malinche, su mujer en américa, como interprete, confidente y asesora de diversos temas y decisiones. Tendrá incluso un hijo con ella.
- Determinación en su gran objetivo. Tanto, que manda hundir las naves para procurarse el mayor respaldo en la aventura. Lo hizo, además, con el apoyo de todos sus hombres.

Sobre este último punto tan significativo en su liderazgo hay mucha literatura y análisis diversos de tal acción. Supo usar el miedo a su favor. En su arribo a las costas de Veracruz en 1519 con la intención de conquistar el imperio

Azteca y estando en un ambiente tan desconocido como hostil, superados, además, en número, pues solo iban 600 hombres con él, Cortés supo que el miedo, tarde o temprano, invadiría a su ejército y querrían retirarse.

Por ello, no les dio elección. Cortés pudo pensar que la mejor manera de motivar a su gente era de una forma permanente. El miedo estaba a la espera en todo momento y lugar por lo que la mejor estrategia tanto en el campo de batalla como fuera de él para que sus subordinados no se vieran aterrorizados por lo que los rodeaba era tener la mayor determinación sobre su propósito.

Transmitir esa determinación solo se puede hacer con una potente visualización que agite emocionalmente las almas a quien se quiere trasladar ese coraje, valentía y arrojo. Cortés encontró la imagen y sensación más impactante: hundir las naves en las que habían llegado, no dando opción al regreso. Dejando solamente la opción de ir hacia adelante al objetivo.

Una decisión que es usada como ejemplo en infinidad de cursos de liderazgo y coaching alrededor del mundo y forma parte del gran bagaje de la historia mundial de los grandes líderes.

Hundir las naves. La decisión que cambio la historia. En una empresa tan fuerte no hay que dejar opción de retirada. Los soldados, cuando vieron sus naves hundidas detrás de ellos, marcharon hacia el interior del territorio con mayor confianza y determinación.

De esa manera tan poderosa, Hernán Cortés les hizo entender que se trataba de ganar o morir, no había posibilidad de retirada ni rendición y, si querían volver a casa, habría que ganar.

Dos años después, contra toda posibilidad, los españoles lograron conquistar el imperio Azteca gracias a esa decisión. Decisión y acción tomada por Cortés, en parte, para ayudar a sus tropas a superar sus miedos.

Ésta es una lección importante para cualquier líder y para cualquiera que desee conseguir los mayores logros y en las mayores incertidumbres. Al tomar una decisión tan enérgica el poder transformacional que tiene en los colaboradores es rápida, coherente y absoluta.

Tener miedo en situaciones de gran incertidumbre y preocupación nos hacen tender a "tirar la toalla" y rendirnos. Ello es entendible, pero si, desde el primer momento, dejamos esa posibilidad de lado, no nos quedará más remedio que hacerlo e ir hacia adelante.

Rendirse, pues, es una solución no concebible en personas con pasión, con ideales, con objetivos potentes, con gran determinación sobre su vida y obra. Esto es lo que Cortés les transmitió a sus soldados, acercarse a la victoria solamente se puede hacer con disciplina y determinación absolutas para seguir adelante hasta conseguir realmente lo que se quiere. La retirada no es la solución a un problema que requiere soluciones permanentes o para conseguir un gran sueño.

Se trata de transformar el miedo en energía. El mismo miedo que los soldados tenían al entrar en el campo de batalla y los habría hecho retirarse, es el mismo que los iba a impulsar a ganar la guerra dándolo todo.

Se realiza, así mismo, un compromiso, que es generado por la fuerza transformacional de Cortés, pero que luego emerge de los propios colaboradores de éste, capitanes e incluso tropa. Este compromiso implícito y también explícito hacía la acción obliga a obtener la victoria. El líder se asegura de que el coraje es fuerza transformacional que mueve la voluntad y genera disciplina poderosa contra el miedo.

Nuestros miedos son parte de nuestras creencias limitantes y éstas son, a menudo, lo que nos frena a nuestro objetivo.

El miedo es, en muchas ocasiones, el motivador más fuerte de todos. Saber usar el miedo como energía transformadora puede llevar a tener muy cerca la victoria. Si bien, es tan potente que, no se puede tener y generarse atrevidamente en grandes retos desajustados con mínimas habilidades pues declinaríamos con toda seguridad en el intento. No puede ser usado con continuidad en nuestra vida, esto atentaría contra nuestros deseos de una vida mejor.

"Hundir las naves" para que no quede otra salida que seguir adelante sin otro camino posible hace que el miedo que antes nos aplacaba, ahora nos impulse a conseguir lo que queremos.

Cortés, que gran entrenador, que gran Coach, que gran líder.

4.4.3. Liderazgo Jacinda Ardern. Primera ministra de Nueva Zelanda.

"Sean fuertes, sean amables"

Jacinda Ardern

Primera Ministra de Nueva Zelanda.

Jacinda Kate Laurell Ardern (Hamilton, 26 de julio de 1980) es la primera ministra neozelandesa. Líder del Partido Laborista, asumió el cargo el 1 de agosto de 2017. Al asumir su cargo, fue la jefa de gobierno más joven del mundo con 37 años.

Se graduó en la Universidad de Waikato en 2001 y llegó a trabajar en el Reino Unido como asesora de política del Primer Ministro del Reino Unido Tony Blair.

En 2008, fue elegida Presidenta de la Unión Internacional de Juventudes Socialistas y se convirtió en líder del partido laborista el 1 de agosto de 2017. En las elecciones generales de 2017, el Partido Laborista ganó y Jacinda se convirtió en la actual primera ministra de Nueva Zelanda.

Ideológicamente, es socialdemócrata, progresista y feminista. Sobre cuestiones sociales, es partidaria del matrimonio entre personas del mismo sexo, y apoya la liberalización de las leyes sobre el aborto.

El gobierno de Ardern estableció, así mismo, como sus cinco prioridades presupuestarias mejorar la salud mental de la población, reducir la pobreza infantil, afrontar la desigualdad de las etnias maorís y de las islas del Pacífico, avanzar hacia la era digital, así como llevar a la economía neozelandesa a una era sustentable de bajas emisiones de carbono.

Ciertamente, la apuesta progresista de esta líder necesita apreciarse en un contexto de país desarrollado, que las encuestas generales suelen incluir junto con los nórdicos de Europa entre los de pueblos más satisfechos con su vida cotidiana.

Su liderazgo comenzó a sobresalir cuando fue muy elogiada a nivel internacional por la respuesta firme y de integración en los atentados terroristas de Christchurch del 15 de marzo de 2019, el ataque salvaje contra dos mezquitas que dejó un sangriento balance de medio centenar de muertos.

La figura de la primera ministra, merced a aquella brutal experiencia, ha sido puesta como ejemplo de liderazgo, por parte de los más reconocidos expertos mundiales en esta materia. Talento, destreza y humanidad para gestionar una crisis brutal demostrando inteligencia emocional y política y firmeza desde el primer momento. *"Puede que usted nos haya elegido a nosotros, pero nosotros a usted lo rechazamos y lo condenamos'* dijo Jacinda Ardern, ataviada con un pañuelo negro, el mismo día de los atentados y mirando fijamente a la cámara.

Aquella misma mañana, se reunió en el mismo lugar de los hechos con miembros de la comunidad musulmana para expresarles sus condolencias y poder abrazarles, tocarles, sentirles. Una imagen dio la vuelta al mundo y conmovió a todos. Firmeza y calidez humana dirían refiriéndose a ella esos días tan intensos. *"Ellos son nosotros"*, dijo, en referencia a los inmigrantes objeto de este ataque islamófobo y racista, y se negó en todo momento a pronunciar el nombre del sospechoso.

Desde todos los rincones del mundo se pide otorgar a la política neozelandesa el Nobel de la Paz. La revista 'Crisis', de la Asociación para el Progreso de las Personas de Color, dijo de ella: *"Elegancia, Dignidad, Valentía, los líderes verdaderos sí existen"*. Ardern ha moldeado un consenso diferente, demostrando acción, cuidado y unidad. Una líder humana, llena de bondad e inteligencia política.

Empatía e instinto natural, a pesar de su precocidad, a pesar de su juventud. Empatía como su principal fortaleza. La revista Times la incluyó en 2019 como una de las 100 personas más influyentes del mundo. Forbes la considera la 29 mujer más poderosa de la tierra. Es el liderazgo que diferencia a la primera ministra de Nueva Zelanda del resto del mundo en la batalla contra el Coronavirus.

Jacinda Ardern anunció la cuarentena en Nueva Zelanda con un discurso en televisión a la que siguió una larga conferencia de prensa en donde respondió a todas las preguntas. En esa misma comparecencia afirmó que Nueva Zelanda estableció *"el confinamiento más contundente y práctico del mundo hasta el momento"*, y destacó que *"va un paso por delante, ya que es el único país de Occidente con un objetivo marcado de erradicación"* de la enfermedad.

La clave de su discurso y de tener la capacidad de llegar a su gente está en habilidad para dotar de significado y la empatía a sus palabras y dar lo mejor de sí mismos. Ser capaz de instar a los ciudadanos neozelandeses a *"permanecer en sus hogares para salvar vidas"*, a la vez de dar un sentido y un propósito a la petición pública. Reconoció abiertamente las dificultades que afrontar y mostró empatía mientras pedía a los ciudadanos a quedarse en sus casas.

La rueda de prensa en la que anunció el confinamiento del país. el 23 de marzo es, en sí misma, un ejemplo claro de las habilidades comunicativas de la política neozelandesa. Con un discurso cuidadosamente elaborado por ella, y un extenso turno de preguntas. En contraste con estrategias de homólogos de otros países importantes de occidente con discursos grabados y sin posibilidad de preguntas.

En el caso de la pandemia del Coronavirus, fue determinante en su capacidad de influir en los demás, en tener liderazgo, por tanto, la empatía con las dificultades para sus ciudadanos y el establecer contacto con ellos en términos sencillos y prácticos cada día.

Mientras Ardern solicitaba el cuidado de sus ciudadanos y daba a la situación de significado, otros líderes mundiales optaron por la vía de la *"obediencia obligada"*. Consiguió de forma rotunda que su país estuviera con ella al facilitar a su gente lidiar con el cambio necesario. Algo poco habitual y difícil de conseguir.

Parte del secreto son sus comparecencias de Facebook, combinadas con apariciones oficiales más serias, pero siempre con un lenguaje más emocional. Ardern, durante la crisis del Coronavirus, emitió directos en Facebook incidiendo sobre cuestiones de vital importancia y sobre aspectos y decisiones de especial atención, para conseguir aliviar la angustia de los neozelandeses mediante una comunicación transparente y directa al corazón: "*Sé que es descorazonador*" afirmaba mirando directamente a la cámara.

Mayor acierto, por su parte, fue el anuncio del nivel 4 de alerta al explicarlo con dos días de anticipación y estimulando a todos sus compatriotas a actuar por el bien común. Las intervenciones públicas de la primera ministra neozelandesa han sido liderazgo puro. Esto es, persuadir a la gente a adquirir responsabilidad compartida en sus problemas colectivos.

Jacinda Ardern, para muchos expertos en liderazgo, ha sido la líder más eficaz, a nivel mundial, en la lucha contra el Coronavirus donde la clave de su exitoso está en la comunicación y firmeza. Su liderazgo, además, ha destacado por la empatía, la compasión y el carisma, estando en todo momento a la altura de las circunstancias.

Cuando el Coronavirus llegó a Nueva Zelanda el 28 de febrero de 2020, la primera ministra tomó la decisión rápida y atrevida de eliminar la curva de contagios lo más pronto posible: "*Dale duro y dale pronto*" dijo apenas se registraron los primeros casos en el país. Ordenando rápidamente el confinamiento obligatorio de toda la población y el cierre de fronteras. Medidas tomadas desde una etapa temprana, buscando la "*eliminación*" del brote.

Ella misma se aisló en su casa y se comunicaba diariamente con los neozelandeses a través de las redes sociales. Allí, familiar, casera y natural enviando mensajes de tranquilidad y cercanía con la población. Esta empatía llegó rápidamente a la prensa internacional reconociendo su labor en el combate al Coronavirus: "*Sus mensajes son claros, consistentes, y de alguna manera, al mismo tiempo sobrios y tranquilizadores*".

Además, Ardern, se bajó un 20% de su sueldo al menos por seis meses. Si bien, es cierto, que la geografía de Nueva Zelanda favoreció para contener la enfermedad al estar integrada por dos grandes islas.

Jacinda Ardern ha mostrado al mundo un verdadero liderazgo humano: integridad, coherencia y humanidad. Cambiando el paradigma de cómo los políticos reaccionan ante una tragedia. Explicando, como haría una vecina comprensiva, las medidas del confinamiento. De las que, hasta ella misma se queja porque, como madre de una niña, también sufre por el confinamiento de los más pequeños.

El regalo de Ardern fue, así mismo, ceder el protagonismo y las verdaderas historias a quienes tienen que contarlas. Ha combinado el interés con el agradecimiento. Su gestión ha salvado vidas y ha sido capaz de transmitir que realmente se preocupa por sus ciudadanos. Y no presumiendo en ningún momento de tener la verdad o de que las medidas no podían tener fallos. Incluyendo incluso rectificación y disculpas. Y con cariño, entendido como comprensión para que nadie se sienta solo. El resultado de esa empatía es un alto nivel de confianza.

La revista Forbes, dijo de Jacinda: *"con su claridad y decisión están salvando a Nueva Zelanda de la tormenta"*. Nada más terminar su periodo de confinamiento y con el mayor reconocimiento mundial sobre su liderazgo: *"puede que no hayamos experimentado algo así en nuestras vidas, pero sabemos cómo cuidarnos unos a otros y, en este momento, qué podría ser más importante que eso"*, para terminar, pidiendo por favor:

"Sean fuertes, sean amables"

EL INCREMENTO DE CAMBIO.
FUERZA DE VOLUNTAD

5.1. EL INCREMENTO DE CAMBIO. FUERZA DE VOLUNTAD

LA FUERZA DE VOLUNTAD

Incremento de cambio: hacer efectividad-autocontrol-automotivación-exigencia

La *Fuerza de Voluntad* es la determinación interna que nos lleva a vencer los obstáculos y a lograr nuestras metas. Desarrollar y reforzar la fuerza de voluntad se consigue con perseverancia, exigencia y disciplina. La mejor autodisciplina, es decir, la capacidad de renunciar a la gratificación inmediata y luchar por un gran objetivo.

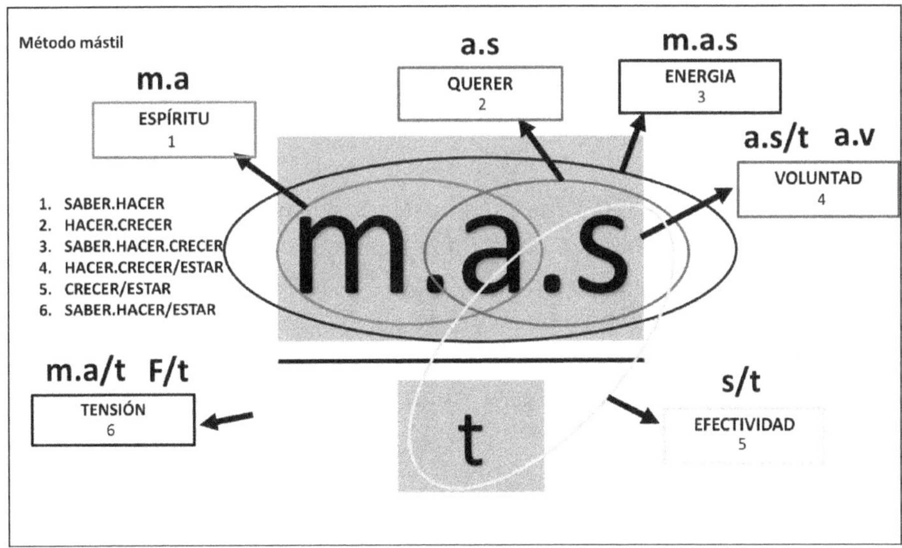

Fuerza de Voluntad es tener mirada sobre el largo plazo, más que por lo inmediato. El éxito en la vida tiene que ver más con capacidad de tolerancia a la demora, con capacidad de tolerancia a la frustración. Saber esperar, tener paciencia. La variable tiempo en esta fuerza es determinante.

HACER.CRECER ESTANDO, potencia el autocontrol, la automotivación y la exigencia. Se trata de incremento de cambio por constancia y disciplina. Perseverar haciendo con efectividad. Es inteligencia intrapersonal de mucha eficiencia por tener incluidos los factores de control personal y generación de motivación en uno mismo y en los demás. Una motivación mantenida en el tiempo, haciendo crecer a la persona con constancia. La mayor constancia del autocontrol y el incremento del cambio determinan cambios profundos en creencias. Incrementa las creencias potenciadoras y elimina o puede hacer decrecer las creencias limitantes.

5.2. LAS CREENCIAS

Las creencias son generalizaciones que hacemos del mundo que nos rodea y las convertimos en reglas por las cuales nos regimos. Actuamos conforme a las mismas como si fueran además verdaderas e inmutables. Una creencia es el sentimiento de certeza sobre el significado de algo. Es una afirmación personal que consideramos verdadera.

Las creencias son el motor de funcionamiento del individuo. Las personas actuamos, valoramos, juzgamos y pensamos en función de ellas. En el deporte continuamente se dan situaciones de este tipo por lo que, las creencias, juegan un papel primordial en el rendimiento deportivo, tanto en el resultado final como en la precisión de ejecuciones.

Las creencias en el ámbito deportivo son juicios de valor que tiene el sujeto relacionados con su actuación en el juego o bien con el deporte en general, incluyendo el entendimiento sobre el entrenamiento y la competición.

Así mismo, las creencias aparecen en relación a las posibilidades sobre la obtención de los logros; en su atribución personal del éxito y fracaso; y en cómo se valora el trabajo realizado en relación a los objetivos propuestos.

Creer es pensar que existe algo, actitud proposicional, deseo, de que ocurra algo, reflexión sobre la trascendencia, nos mueve a continuar, es motivación a desarrollo. Y esto nos lleva directamente a incrementar cambio, a generar un sumatorio virtuoso de efectividad + autocontrol + automotivación + exigencia. Voluntad consciente. Fuerza de voluntad, en definitiva.

Solo se dan las creencias desde la fuerza de voluntad, desde la mayor alineación e integración de constancia-disciplina + perseverancia-autocontrol + paciencia-aguante + hacer con efectividad.

Creencia es fortaleza de voluntad desde el autocontrol, automotivación y exigencia personal. La fórmula de la potencia que crea las fuerzas del poder del ser humano nos aporta Hacer.Crecer/Estar derivada de a.s/t desde $P= m.a.s/t$.

Fuerza de voluntad o capacidad humana para esforzarse lo inexcusable para realizar toda acción que se pretenda. Fuerza vital y necesaria para decidir.

"Las creencias tienen el poder de crear y el poder de destruir".
Anthony Robbins.

"Una creencia es algo a lo que te aferras
porque crees que es verdad".
Deepak Chopra.

Creer es pensar que existe algo, una actitud proposicional, un deseo de que ocurra algo e incluso reflexión sobre la trascendencia humana. Es algo que nos mueve a continuar en desarrollo y nos proyecta a la mayor motivación en seguir nuestro camino. Creer es fuerza de voluntad.

"La realidad no se puede representar por un campo continuo"
Einstein

Creencia según la Real Academia Española de la Lengua (RAE), es dar crédito a algo sin suficiente fundamento.

Es también, conformidad, convicción, asentimiento, fe, confianza.

Su antónimo más significativo es evidencia que, según la RAE significa certeza clara, manifiesta y tan perceptible, que nadie puede racionalmente dudar de ella.

Teniendo en cuenta estas definiciones, podría desprenderse de ello que lo únicamente positivo es evidenclar todo lo que se pueda. Y, bien, siendo cierto ello. Las creencias, se nos presentaran en el ser humano como algo muy positivo y auténticamente verdadero. Verdadero por efectivo para la persona y su devenir. Es una gran fuerza voluntad que nos aporta energía, atrevimiento, arrojo, carácter y coraje.

Un concepto con el que uniremos las palabras-conceptos de evidencia/creencia es el de eficacia percibida. Percepción de eficacia personal que según Marina influye en nuestro autoconcepto y nuestra autoestima. Por ello la importancia de las creencias personales, las creencias sobre nosotros mismos.

"Ningún aspecto del conocimiento de la persona influye tanto como la opinión que se tenga de la eficacia personal"

J. A. Marina

La percepción competencia se define como la apreciación que tenemos de nuestras capacidades competenciales sobre un área de conocimiento o sobre la realización y ejecución efectiva de una tarea dada.

En ese sentido el autoconcepto y la autoestima entran en juego pues se pueden ver alteradas positiva o negativamente según manejemos nuestra percepción y opinión sobre nuestros recursos específicos y generales.

Ello enlaza con la Teoría de la autoeficacia de Bandura que dice que las creencias de las propias capacidades, influyen en el modo de pensar, sentir, motivarse y actuar de las personas (Bandura, 1986). La autoeficacia es, según el autor, un constructo principal para realizar una conducta, ya que la relación entre el conocimiento y la acción estarán significativamente mediados por el pensamiento de autoeficacia. Bandura considera que el pensamiento influye significativamente a nivel cognitivo, afectivo y motivacional.

Veremos más delante de la importancia de todo esto para el deportista y para la mejor acción de entrenadores sobre el aprendizaje de tareas y estrategias.

Las creencias son juicios y evaluaciones sobre nosotros mismos, sobre los demás o sobre el mundo. Es una generalización o proceso mediante el cual se establece una conclusión de índole universal desde una observación u observaciones particulares. Se trata de un sentimiento de certidumbre sobre algo que no sabemos si es verdadero con certeza.

Las creencias son generalizaciones que hacemos del mundo que nos rodea y las convertimos en reglas por las cuales nos regimos. Actuamos conforme a las mismas como si fueran las únicas y verdaderas.

Las creencias se adquieren de pequeños entre los 0 a los 7-8 años de edad. Se graban en nuestra amígdala (especializada en procesos emocionales) la cual guarda aquellos recuerdos que más impacto emocional tuvieron en nuestra vida como los traumas o nuestros momentos más felices. Constituye una especie de depósito de la memoria emocional. La creencia se mueve desde el subconsciente, a través de una convicción que tomamos como cierta, derivada fundamentalmente de la cultura, la experiencia y el modelado de las personas que nos han influido en nuestra infancia como son los padres, profesores y entrenadores. No saber del todo si algo es cierto o si está en nuestro subconsciente como esquema mental rígido transmitido por dichos agentes psicosociales de primer orden, es lo que dificulta para tener una perspectiva sobre tal creencia para cambiarla o no según nos influya positiva o negativamente.

Nuestras creencias acerca de nosotros mismos y de lo que es posible en el mundo que nos rodea tienen un gran efecto sobre nuestra eficacia cotidiana. Todos tenemos creencias que nos sirven como recursos, son las llamadas creencias potenciadoras, y también creencias que nos limitan nuestra conducta, nuestras acciones, nuestros pensamientos y sentimientos. Ellas son las llamadas creencias rígidas o limitantes.

Tipos de problemas que transfieren las creencias limitantes

- La desesperanza: cuando una persona está desesperada siente o cree que no hay ya solución posible, que no existe ya esperanza alguna. Es una creencia sobre el resultado. Nos deja en inacción. Paralizados. Imbuidos en pensamientos negativos que nos desgarran.
- La sensación de impotencia: sensación de no poder con algo, o con nada. Percepción de inutilidad, insuficiencia y defecto. Es la falta de no poder hacer o concebir algo.
- La sensación de no valer lo suficiente: cuando creemos que no merecemos una cosa y ello nos hace dejar de luchar y enfrentarnos. El

mayor agravia hacia unos mismo es cuando se lleva a una generalización extrema de "no valer para nada".

Las creencias, entonces, se forman a través de los valores, las experiencias, las expectativas y los estados internos referidos al conjunto de ideas y opiniones que una persona tiene sobre sí mismo y sobre su ecosistema psicosocial más próximo. Están unidas al sistema de valores del sujeto y constituye un paso intermedio hacia su comportamiento, pues son concretas y cercanas a la conducta.

Se construyen o se desarticulan en cierto período de tiempo por experiencias que uno va teniendo a lo largo de toda su vida y de la forma en como éstas son interpretadas e interiorizadas a la identidad personal.

Según Dilts (2003), a partir de las creencias formamos estructuras en nuestros pensamientos, acciones y palabras. Las creencias son, por tanto, juicios y valoraciones sobre nosotros mismos, los demás y el mundo que nos rodea. Así como interpretamos y sentimos el mundo, lo vemos, y construimos lo que creemos es la realidad. A veces la única realidad. En muchos casos, una realidad que nos hace daño y nos domina.

Se consideran generalizaciones fuertemente fijadas a nuestro sistema de valores e influyen directamente sobre nuestras experiencias y, peor aún, en nuestras expectativas.

Las creencias se instalan en nuestra mente a través de la intensidad de la experiencia y la repetición. A veces, una sola experiencia con gran valor emotivo negativo puede ser un episodio traumático o un miedo intenso. En otros casos, la repetición en el tiempo de tal experiencia, aunque no sea muy impactante, puede también fijar una creencia que nos condicione nuestra forma de vivir.

Las creencias, así mismo, pueden tener un efecto de complacencia sobre nuestros comportamientos y desviarnos la atención de unas áreas en vez de otras. De este modo, un deportista que cree que todo le sale mal, no aprovechará oportunidades que se le presenten, aunque sean fáciles de realizar en ejecución, ya que considerará que no merece la pena ningún esfuerzo y tomará instintivamente decisiones dictadas por esa creencia.

Por el contrario, si un deportista cree que todo le va a salir bien estará con una predisposición de gran eficacia a cualquier oportunidad de juego y logrará casí lo que se proponga.

La importancia de las creencias es tal, que pueden incluso provocar cambios fisiológicos en nuestro organismo. Las ultimas y novedosas investigaciones en neurociencia, así lo confirman. Y por la misma razón, las creencias limitantes se pueden cambiar, no son inamovibles ni se presentan o se perciben igual para todas las personas. Por ello, debemos trabajar en centrarnos en la modificación de los cimientos y estructuras que soportan dichas creencias.

Con persistencia, constancia, ilusión, tranquilidad, ganas, esfuerzo y ayuda externa profesional, se pueden conseguir cambios significativos y determinantes en la persona.

Las creencias limitadoras y potenciadoras

El poder de las creencias es tan grande que, cuando están muy fijadas en la identidad del individuo, son muy difíciles de cambiar. En mayor o menor grado tenemos creencias positivas que nos sirven como recursos, como fuerza de voluntad, y creencias limitadoras o negativas que nos impiden alcanzar nuestras metas. Trataremos de ello en este apartado.

Las creencias limitadoras, rígidas o negativas, se pueden dividir en tres grupos:

a) Creencias desesperantes: creemos que el objetivo no es alcanzable, hagamos lo que hagamos.
b) Creencias de impotencia: creemos que el objetivo es alcanzable pero no para nosotros.
c) Creencias de ausencia de mérito: creemos que no merecemos el objetivo deseado por alguna razón.

Creencias como "Soy un inútil jugando, todo se me da mal", "Lo he intentado todo y nunca conseguiré meter un penalti", "Es imposible que baje esta marca, soy muy lento", "No merezco que me quieran, soy egoísta y demasiado orgulloso".

Hay que evitar todas estas creencias pues solo contribuyen a limitar nuestras capacidades, y por ello debemos cambiarlas por otras que sean de sentido contrario que nos aporten esperanza, seguridad y sentido de pertenencia.

En ese sentido, no hay unas creencias más verdaderas que otras, por lo que algunas tienden a resultar más efectivas si las hacemos nuestras a la hora de enfrentarnos a nuestros objetivos en un proceso de cambio consiente. Lo que debemos, desde el principio, realizar es auto-programación de creencias para mayor éxito en desintegrar la creencia que nos limita.

Por tanto, debemos creer en soluciones a nuestros problemas y escoger lo que perseguimos como resultado. Elegir lo que queremos creer, elegir nuestras propias creencias.

El cerebro y las creencias

Las creencias están conectadas con el sistema límbico emocional, sistema situado en la base del cerebro llamado *"reptiliano"* e incluye varias estructuras como el hipotálamo, el hipocampo o la amígdala. Es el sistema encargado de controlar las emociones, los instintos y los sistemas básicos de autorregulación. Y tiene una estrecha conexión con el sistema endocrino y con el sistema nervioso central.

Las creencias actúan en nosotros como instintos poderosos en forma de pensamientos, sentimientos y acciones. Neurológicamente, las creencias se asocian a zonas profundas del cerebro que controla las funciones fisiológicas básicas como son el ritmo cardiaco, la temperatura y la presión sanguínea. La mecánica racional del hemisferio izquierdo nos fuerza a tener respuestas a todas nuestras preguntas e inquietudes, aun cuando estas estén fuera de nuestra comprensión.

La existencia de respuestas permitirá completar nuestro propio rompecabezas mental, independientemente de si somos más o menos felices y plenos con estas respuestas. Lo único importante para el hemisferio izquierdo es que la pieza se fije dentro del rompecabezas. Lo demás carece de importancia para el hemisferio izquierdo y constituye el ámbito de acción del hemisferio derecho.

Es en el hemisferio derecho donde se da valor a esta nueva creencia, se asigna una emoción y un sentimiento, se jerarquiza dentro del sistema de creencias y pasa a formar parte de nuestra propia identidad. De esta forma somos inconscientes de esta nueva creencia, aunque influirá en nosotros y condicionará nuestras acciones cotidianas.

El poderoso efecto emocional que producen las creencias es, por tanto, muy grande y por ello nos paraliza o nos impulsa hacia adelante con gran fuerza de voluntad. Se puede alcanzar el éxito si se imagina algo de una forma tan vívida como si hubiera tenido la experiencia real o tener un gran fracaso si creemos vívidamente que eso será así. La explicación está en que nuestro cerebro no puede establecer la diferencia entre algo imaginado vivencialmente y algo experimentado en la realidad. Con una intensidad emocional y una repetición suficientes (fuerza de voluntad), nuestros sistemas nerviosos experimentan algo como real, aun cuando no haya ocurrido todavía. De ahí la importancia de las dinámicas y ejercicios de práctica en imaginación y visualización para la generación de creencias positivas o para la desensibilización sistemática regresiva de creencias negativas.

Más aún, la mente puede utilizar el cerebro para generar, "moléculas de emoción" y liberarlas en el sistema mediante ejercicios de autoconciencia. El uso apropiado y deliberado de la conciencia puede proporcionar salud a un cuerpo enfermo y ocasionar que un cuerpo sano enferme.

Durante el proceso de aprendizaje condicionado, las rutas neurales establecidas entre los estímulos y las respuestas conductuales se estructuran para asegurar un patrón repetitivo. Estas rutas estructuradas son los hábitos y se arraigan mejor con gran fuerza de voluntad.

Elementos significativos en el cambio de creencias

1 El sistema de autoprotección de las creencias. Estrategias inconscientes que se ponen en marcha para evitar que la creencia sea puesta en cuestión ya que inconscientemente se considera a la creencia como algo necesario para sobrevivir. Estas estrategias de protección son principalmente tres:

a) Ante creencias de identidad dolorosas la persona se queda en blanco o se siente confusa, bloqueada o cambia de tema.
b) Tendencia a tratar de explicar lo que le pasa al otro como una demostración de la veracidad de nuestras propias creencias.
c) Intentar justificar nuestra conducta, lo que hacemos cuando actuamos guiados por la creencia, pero que en realidad nada tienen que ver con lo que está pasando.

Estas estrategias son auténticos obstáculos para definir la creencia limitante. Para superar estas dificultades es necesario afrontar cada una de ellas para ayudarla a ser consciente de los mecanismos inconscientes.

Una vez superado el sistema de autoprotección definimos verbalmente la creencia limitante. Esto es fundamental para poder hacer el proceso de cambio de creencias. Necesitamos poner la creencia en palabras mediante una frase sencilla que exprese y represente su estructura profunda.

La creencia debe tener tanta fuerza de convicción que parezca una realidad objetiva. Se consigue más y mejor cuanta más fuerza de voluntad tenemos.

2 Respetar la necesidad de sentirnos coherentes. Proceso de cambio de creencias "ecológico psicosocial" que significa que ha de ser coherente con los diversos aspectos de la vida de la persona. Que, esencialmente, sea tan positivo para nosotros como para las personas que nos rodean. La nueva creencia tiene que estar en sintonía con el valor o propósito de la antigua creencia. Y este propósito tiene que estar "a favor" del resto de valores de la persona. En el corazón de la creencia, tanto limitante como potenciadora, hay un valor o propósito.

3 La información no verbal. El lenguaje no verbal será determinante en el mejor cambio de la nueva creencia: cómo nos movemos, cómo miramos, nuestros movimientos oculares, nuestro tono de voz. Cuando una creencia está activa se expresa mediante todo ese sistema de comunicación.

4 El papel de los niveles lógicos. Los niveles lógicos básicos son el contexto, la conducta y las habilidades. Los intentos de cambiar una creencia solo funcionan modificando dichos niveles y cuestionando el núcleo de la creencia, imprescindible para abrir la creencia al cambio.

El proceso de cambio de creencias:

A veces, un proceso de cambio de creencias comienza cuando se llega al umbral de dolor, al límite en nuestra capacidad de sufrimiento. En ocasiones, en muchas ocasiones, esto es del todo necesario para tener la conciencia plena de que es esencial un proceso de cambio. Un cambio urgente y profundo. De esta manera el proceso de cambio tendrá la fuerza necesaria. Se cambia las creencias limitantes cuando se tienen suficientes motivos dolorosos para hacerlo. Se ha adquirido una gran fuerza de voluntad.

La actitud necesaria será por tanto la de estar abiertos a dudar de dicha creencia negativa. Y tener la actitud resuelta y decidida de estar abiertos a creer en la nueva creencia, en la creencia potenciadora que nos hará despegar. Sólo de esta forma se pone en marcha el proceso de cambio de creencias.

La mayoría de las personas que se enfrentan a un proceso de cambio para mejorar personalmente piensan que este será muy difícil y que les costará mucho esfuerzo o, en cualquier caso, lo pasarán mal al abandonar sus antiguos hábitos y creencias. Pero el proceso de cambio está en constante actualización. Lo hacemos a diario y de manera inconsciente y, en multitud de ocasiones, tiene éxito.

El proceso de cambio no se realiza a base de reprimir o atacar las creencias limitantes, sino enfrentándonos a ellas, con mucha fuerza de voluntad. La carga genética de todo ser viviente no sólo no determina las condiciones biológicas en la que se va a desarrollar, sino que ni siquiera es el factor condicionante fundamental. Lo que más condiciona al organismo vivo es su entorno físico y energético. La mente, en cuanto energía, y el cuerpo, en cuanto materia, están relacionados de una forma inherente, por naturaleza.

1. Identificación de la creencia limitante y formulación declarativa de la creencia.
2. Concienciarnos de los efectos nocivos y de si uno desea realmente cambiar de creencia.

3. Identificación del estado deseado con una representación clara en sub modalidades y declaración de creencia.
4. Identificación y puesta en marcha de recursos necesarios para realizar el cambio verdadero: estado interno, fisiología, información y habilidades.
5. Identificación y solución de las siguientes interferencias:
   - Ver si se quiere o no se quiere cambiar.
   - Ver si se hace idea de su comportamiento después del cambio.
   - Ver oportunidades de puesta en marcha de recursos necesarios para el cambio y si es posible hacer ese cambio.

Condiciones para que el cambio sea perdurable

1. Hay que creer, Algo tiene que cambiar. No verbalizar en condicional.
2. Tenemos que vernos como la fuente del cambio. Vernos cambiados.
3. Tenemos que creer verdaderamente que se puede cambiar. Imaginar y ver que se pueden cambiar y cumplir objetivos, sueños y deseos.

Mente consciente y mente subconsciente

Los actos de la mente subconsciente son de naturaleza refleja y no están controlados por la razón o el pensamiento. Desde el punto de vista físico, esta mente está asociada con las actividades de todas las estructuras cerebrales presentes en los animales que no han adquirido conciencia de sí mismos durante la evolución.

La mente subconsciente es también auto refleja, un órgano sensorial de evolución reciente que observa nuestros comportamientos y emociones. La mente subconsciente también tiene acceso a la mayor parte de datos almacenados en nuestra memoria a largo plazo. Esto nos permitirá considerar la historia de nuestra vida cuando proyectamos nuestro futuro de forma consciente.

La mente subconsciente es extremadamente poderosa, observa y programa nuestros comportamientos. Los evalúa y decide cambiar la programación de forma deliberada. Podemos decidir cómo reaccionar a la mayor parte de las señales del entorno.

El subconsciente funciona en el aquí y ahora, por lo que los conceptos equivocados de nuestro subconsciente no son monitorizados y pueden llevarnos a comportamientos desafortunados. Cuando la mente mejora la salud mediante la sugestión positiva, se le denomina efecto placebo. Cuando esa misma mente está llena de pensamientos negativos, los efectos negativos producidos se conocen como efecto "nocebo".

Los pensamientos positivos y negativos no sólo tienen consecuencias en nuestra salud, sino también en todos y cada uno de los aspectos de nuestra vida.

"Tus creencias se convierten en tus pensamientos, tus pensamientos se convierten en tus palabras, tus palabras se convierten en tus actos, tus actos se convierten en tus hábitos, tus hábitos se convierten en tus valores, tus valores se convierten en tu destino".

Gandhi

Los pensamientos, la energía de la mente, influyen de manera directa en el control que el cerebro físico ejerce sobre la fisiología corporal. El proceso natural para cambiar creencias consiste en dudar de las creencias limitadoras, en estar más abierto a pensar que se pueden conseguir los objetivos.

Echando la vista atrás y analizando como a lo largo de nuestra vida ha ido cambiando, podemos comprobar que desarrollamos creencias y valores que nos sirven o que no nos sirven para continuar en nuestro caminar más productivo.

Las fases en cambio de creencias son:

1. Querer creer. Expectativa de establecimiento de una nueva creencia. La nueva creencia nos va a aportar elementos positivos para alcanzar nuestro objetivo.
2. Abiertos a creer. Creer es estar metido en el resultado. Hay que "pensar como sí". Pensar y sentir que estamos más cerca. Imaginar ya la vida teniendo esa creencia.
3. Creyendo ya. Propiedad de auto cumplimiento. No hay que dudar de esa creencia positiva y darla como verdadera.
4. Abiertos a dudar. Nuevas creencias pueden entrar en conflicto con otras creencias viejas, y ello hay que asumirlo como normal.
5. Recordar lo que creíamos. Cuando se cambian creencias, las antiguas no desaparecen, sino que, a menudo, se vuelven a recordar. De nuevo normalizar esta fase y aceptarla.
6. Confianza. Fase decisiva en el proceso de cambio de creencias. La confianza se relaciona con la esperanza y sobrepasa a la propia creencia.

Todas las fases contienen la necesaria capacidad humana para esforzarse lo inexcusable para realizarlo. Esto es, tener fuerza de voluntad. Fuerza vital y necesaria para decidir.

Características de las creencias

1. Las creencias actúan como filtros de percepción. Las creencias seleccionan la información decidiendo lo que queda dentro o fuera de la percepción y después el sujeto redefine lo seleccionado para que se ajuste al sentido de la creencia.

2. Las creencias dan estabilidad a la persona. Las creencias nos aportan seguridad acerca de cómo nos vemos a nosotros mismos y el mundo que nos rodea. Las creencias aportan sensación de coherencia respecto al mundo que nos rodea y nuestro interior. Las creencias simplifican nuestra visión del mundo y de nosotros dándonos la sensación de un mundo manejable, sólido y estable.

3. Las creencias actúan como predicciones. Creencias en forma de pensamientos predictores que tienen muchas posibilidades de materializarse. Posible a través de las decisiones que tomamos guiados por la creencia.

4. Las creencias se resisten a ponerlas en duda. La creencia es, en esencia, y está muy anclada en anteriores experiencias de forma que ya no se presta atención a posibles cambios que puedan llegar sobre esa creencia.

5. Ocupan el lugar de la realidad. Las creencias la realidad por lo que creemos que es lo real. incluidos nosotros mismos.

6. Toda creencia tiene una intención positiva. Incluso la creencia limitante, además de los efectos negativos, tiene efectos positivos: sensación de seguridad y protección, evadir responsabilidades, protección de experiencias negativas. Búsqueda de placer y evasión del dolor, en definitiva.

Tipos de problemas en las creencias

1. La desesperanza. Cuando una persona está desesperanzada siente o cree que no hay ya solución posible.

2. La sensación de impotencia. Sensación de que tras las acciones hay un gran esfuerzo y aun así resulta difícil alcanzar el objetivo. Se sabe lo que hay que hacer, pero hay mucha incertidumbre sobre el resultado.

3. La sensación de no valer lo suficiente. Quien cree que no merece algo no se esfuerza por conseguirlo. Cuando creemos que lo merecemos, en cambio, luchamos por ello con todas las fuerzas.

Como se establece una creencia

Las creencias son esquemas mentales e interpretaciones de la realidad que es adquirido fundamentalmente en la primera infancia y que tiene que ver con la educación, con la transmisión de conocimientos, valores y patrones de conducta transferidos por profesores y padres fundamentalmente.

Lo que se me ha dicho repetidamente e inculcado con vehemencia puedo convertirlo en creencia, y como consecuencia voy a comportarme así perpetuándolo en el tiempo. A través de nuestra educación, de lo que nos inculcan nuestros padres, nuestra familia, de aquello que vivimos, nos vamos creando una serie de esquemas que sustentan nuestra forma de ver el mundo, a los demás y a nosotros mismos. Las experiencias que vivimos nos determinan.

En ocasiones, las creencias que nos vamos formando son acertadas y nos pueden ayudar a desenvolvernos. Son creencias potenciadoras, que nos ayudan a desarrollarnos, sentirnos bien y luchar por lo que queremos.

"Las creencias son una fuerza muy poderosa en nuestras vidas"

Robert Dilts

Una creencia lleva a tener un potencial de actuar, que lleva a actuar, lleva a resultados.

Por ejemplo:

- Creencia: creo que puedo terminar un maratón.
- Potencial: esta creencia crea el potencial o posibilidad de poderlo terminar.
- Acción: corremos el maratón.
- Resultado: lo terminamos.

Si la creencia hubiese sido "creo que no puedo terminar el maratón", ni siquiera hubiéramos tenido el potencial de comenzarlo, lo cual no hubiera llevado a ninguna acción ni a ningún resultado.

La característica de estas creencias es que son inconscientes y están influyendo en nuestro comportamiento y en nuestra vida y, la mayoría de las veces, sin darnos cuenta.

TIPOS DE CREENCIAS

Creencias sobre la causa

Se tienen creencias acerca de lo que causa algo. ¿Cuál es la causa de que no consiga perder peso? La respuesta que des a la pregunta será una declaración de creencia.

Creencias sobre el significado

Se pueden tener creencias sobre el significado. ¿Qué significa que no consiga perder peso? ¿Significa que soy débil? ¿Significa que soy un fracasado? Las creencias sobre significado se traducirán en comportamientos congruentes con la creencia.

Si uno cree que las dificultades para perder peso se derivan de variar la dieta y entrenamiento, probablemente se trabajará para integrarlo; si uno cree que significa que se es débil, quizá no se haga ninguna acción.

Creencias sobre la identidad

Las creencias sobre la identidad engloban causa, significado y límites. ¿Cuáles son mis límites personales? Cuando cambias tus creencias acerca de tu identidad, te conviertes de algún modo en una persona distinta.

Las creencias pueden ser de significado, de identidad y de causa. Pueden referirse al mundo exterior, incluyendo a las demás personas, o pueden tener que ver con su propio "yo" y su identidad. Las creencias son en gran medida procesos inconscientes de pensamiento organizado, pues son principalmente inconscientes y resultan difíciles de identificar.

LAS CREENCIAS POTENCIADORAS Y LIMITANTES.

a) Las **Creencias Potenciadoras** nos potencian la confianza en nosotros mismos y en nuestras capacidades, permitiéndonos afrontar con éxito situaciones complejas.
b) Las **Creencias Limitantes** nos restan energía y nos incapacitan para afrontar determinadas situaciones.

Creencias potenciadoras

Las creencias potenciadoras, nacen de la imaginación, nacen de la creatividad, de crear un mundo mejor para nosotros o adecuado a nuestro sentido de lo que es la felicidad. Nos apoyamos para ello en nuestras habilidades, aquello que se nos da bien y atrapamos nuestras actitudes, deseos, ambiciones para tender puentes que nos lleven hasta nuestra autorrealización.

Todo parte de la imaginación. Si lo podemos ver y crear mentalmente, si lo puedes sentir se puede luego finalmente a cabo. Solo hay que construir creencias poderosas, creencias capaces de convertir ideas en creencias que nos transportan a nuestro mundo ideal. En esto se basa la ley de la atracción. Atraer hacia nosotros aquello que queremos en nuestra vida, creándolo primero en nuestra imaginación con creencias potenciadoras, luego sintiéndolo para terminar, reflejándolo en proyecto real.

Te capacitan para conseguir lo que imaginas, te elevan, te hacen ser superior, te hacen fuerte, te hacen tener suerte, llegar donde quieres. Es el filtro limpio y claro con lo que ves la realidad.

Las creencias potenciadoras, pues, son aquellas creencias que mejoran el rendimiento, que motivan y ayudan a lograr los sueños. Las creencias son literalmente puertas gigantes que abren el potencial, la capacidad y los talentos, lo único que se necesita es analizar, desafiar y cambiar las creencias que nos limitan por creencias potenciadoras, aquellas que motivan y ayudan a lograr los objetivos.

Si queremos reescribir nuestro código de la realidad, debemos tener una buena razón para transformar lo que creíamos como bueno o malo del pasado. Cambiar nuestras creencias es más que una simple cuestión de tomar la decisión de cambiar, o de poner la voluntad de hacerlo. Cambiar nuestra creencia, invita a cambiar nuestra identidad. Para cambiar nuestra percepción tenemos que salir de nuestra zona de confort, del lugar que nos hace estar seguros en el mundo, para cambiar nuestras creencias precisamos un detonante, al menos, tan fuerte como nuestra propia seguridad. La diferencia entre una creencia y un valor, está en que las creencias se sustituyen y los valores se cambian de orden de preferencia.

Las creencias se sustituyen no se eliminan debido a que nuestro cerebro es incapaz de sentir el vacío. Todo es un proceso de cambio desde que tenemos una Creencia Limitante hasta que la convertimos en creencia potenciadora. Eso favorece la actitud positiva y desarrolla nuestra actitud proactiva. Es fundamental que nuestra creencia se mantenga estables ante los ataques del entorno.

Creencias limitantes

Son aquellas creencias que nos hacen sentirnos poco valiosos y socavan nuestra autoestima y ello pasa cuando tenemos creencias limitantes, que en muchas ocasiones se dieron por aquello que nos dijeron padres o educadores, quedó fuertemente arraigada en nuestro subconsciente y así creamos nosotros la idea de lo que podíamos o no conseguir o para qué valíamos y para que no. En otras ocasiones nuestras propias experiencias nos hicieron llegar a conclusiones erradas de nosotros mismos.

Martin Seligman, en *"Optimismo adquirido"* muestra cómo las creencias limitadoras pueden destruir prácticamente cualquier aspecto de nuestras vidas. Nos aporta lo que llama *"meta-creencias"*, creencias sobre el problema en sí.

Seligman describe tres tipos de meta creencias:

1) La permanencia: creer que un problema es para siempre y por tanto no podemos hacer nada para cambiarlo.
2) La omnipresencia: creer que este problema estropea *"toda mi vida"*.
3) Lo personal: creer que el problema sucede por ser como soy (*"Eso me pasa por ser tan…"*).

Estas meta-creencias son problemas añadidos a la propia creencia limitante y han de ser abordadas en el proceso de cambio de las mismas. Ni siquiera somos conscientes de las mismas, lo que complica la posibilidad de cambiarlas.

Los deportistas desarrollamos con frecuencia creencias limitadoras acerca de qué somos capaces, por lo que nos incapacitan y evitamos volver a intentarlo surgiendo el temor al fracaso, al sufrimiento, dudas y no sentirte bien consigo mismo. Como no se ha alcanzado éxito en el pasado, creemos que no podremos alcanzarlo en el futuro.

La mayoría de quienes dicen una y otra vez seamos realistas está viviendo en realidad en el temor, en el miedo de volver a fallar y así es mejor crear la creencia limitante y no volverlo a intentar. Muchos grandes inventos surgieron por no ser realistas sus creadores. No siempre hay que ser realista.

Estas creencias limitantes actúan por debajo de la racionalidad y tienen un gran poder de arrastrarnos a comportamientos indeseados. Ocurre incluso aunque racionalmente estemos convencidos de lo contrario.

Las creencias nos guían hacia el dolor o hacia el placer. Buscamos placer para evitar el dolor, pero curiosamente esas situaciones pueden ser placenteras a corto plazo y dolorosas a largo plazo.

La mayoría de nosotros no decidimos conscientemente en qué vamos a creer y nuestras creencias se basan a menudo en una mala interpretación de experiencias pasadas. Así mismo, una vez que adoptamos una creencia, olvidamos que sólo se trata de una interpretación. Cuidado pues con considerar nuestras creencias como si se tratara de realidades, cuando son negativas. Las creencias tienen el poder de crear y de destruir. Los seres humanos tenemos una imponente habilidad para tomar cualquier experiencia de nuestras vidas y crear un significado que nos incapacita o que puede salvar literalmente nuestras vidas.

Se ha demostrado que las creencias afectan a nuestro sistema inmunológico. Y, lo que es más importante, que pueden darnos la resolución para emprender una acción, o debilitar y destruir nuestro impulso. Impiden conseguir lo que deseas, permanecer paralizado, tener el mismo miedo a las mismas cosas, poner las mismas excusas, no conseguir resultados.

Las creencias limitadoras básicamente son aquellas que no permiten que progrese. En ese sentido lo que se busca es deshacerse de este tipo de creencias, hay muchas formas de hacerlo, pero la más importante de todas es la primera: reconocerlas.

Nuestras creencias con respecto a las heridas emocionales no resueltas pueden producir efectos físicos que pueden hacernos daño, e incluso matarnos. Las creencias que tenemos arraigadas pueden ser tanto nuestras como heredadas de nuestros antepasados, ahora bien, tenemos la posibilidad de curarlas y evitar que se sigan transmitiendo a las generaciones venideras. Si no somos conscientes de tus creencias limitantes, entonces nunca podremos deshacernos de ellas y, como consecuencia, siempre daremos dos pasos hacia adelante y tres pasos hacia atrás.

Tu mente siempre luchará por evitar el dolor y buscar el placer. Si en tu mente, conseguir algo te causará dolor o evitará que consigas placer, nada de lo que hagas valdrá la pena porque encontrarás una forma de sabotearte a ti mismo.

Las creencias limitadoras suelen tener que ver con:

- Posibilidad. Creemos que alcanzar el objetivo es imposible.
- Capacidad. Creemos que no somos capaces de lograrlo.
- Merecimiento. Creemos que no nos merecemos conseguirlo.

Coaching y creencias

Es difícil hablar de coaching sin hablar de creencias. Una norma que se utiliza en los procesos de coaching es convertir en temporal cualquier creencia negativa y convertir en permanente cualquier creencia positiva. Desde el punto de vista del coaching es vital tener en cuenta las creencias del coachee, ya que serán el filtro que determine la consecución de su objetivo.

Un entrenador o un deportista pueden tener presente una serie de creencias que les hará rendirse en los malos momentos o mantenerse centrado en los momentos de grandes éxitos.

Hay muchísimos deportistas campeones por tener estas creencias, las incorporan en su vida y sus entrenamientos y son coherentes con ellas. Muchos ayudados por sus coach.

Los deportistas de alto nivel son coherentes y poseen:

- Coherencia entre sus valores y las decisiones que toman en su vida.
- Coherencia entre aquello que quieren y aquello que hacen para conseguirlo.
- Coherencia entre el nivel de ambición de sus objetivos y el nivel de compromiso con sus medios

El coaching también ha recibido una importante influencia desde la psicología del deporte a través Gallwey, considerado por muchos el padre del coaching deportivo, quien desarrolló una metodología de entrenamiento denominada "The Inner Game" (el juego interior). El coaching aporta el concepto de juego interno como condición de desarrollo de las acciones externas.

Por su parte, el Dr. Bruce Lipton con su obra *"Biología de la Creencia"* vincula las creencias y la biología. Lipton se centró en los patrones químicos y electromagnéticos a través de los cuales la energía en la forma de nuestros pensamientos y creencias puede afectar nuestra biología, incluyendo el genoma humano.

Es una realidad que en la actualidad la humanidad está atravesando crisis de todos los tipos y en diferentes ámbitos, estamos dirigiéndonos a la extinción y destrucción del medio ambiente, comprometiendo la vida de plantas, animales y gente en el planeta.

La ciencia ha encontrado de responsable a la conducta humana y Lipton analizó el por qué se ha ido en dirección incorrecta llegando a la conclusión que el mundo está basado en la creencia de la ciencia, buscamos la verdad en la ciencia y tomamos esa verdad científica para crear un mundo basado en esa verdad. Cuatro creencias erróneas que al ser tomadas como verdaderas están produciendo la destrucción de nosotros mismos y nos está dirigiendo a nuestra propia extinción:

1. Creemos que la biología está controlada por la física Newtoniana
2. Los genes controlan nuestra vida

3. La supervivencia de los más aptos
4. La evolución es un proceso al azar

Según Lipton, si se puede cambiar la mente, se puede cambiar el cuerpo y, por tanto, controlar la salud. Asegura también, que los genes no controlan la biología, la vida está controlada por las percepciones del mundo, si cambio mi percepción cambio mi biología, el control no está en los genes sino sobre los genes, son las señales las que controlan al gen. La función de la mente es crear coherencia entre lo que crees y la realidad. La creencia envía la química, el cerebro libera neuroquímicos según la percepción, si cambio mi percepción cambio la química.

El gran aporte del Dr. Lipton:

a) El ser humano tiene la capacidad de enviar poderosos mensajes a partir de nuestros pensamientos positivos y negativos, por ende, nuestro cuerpo puede cambiar realmente si reeducamos nuestra forma de pensar.

b) Los seres humanos como organismos vivos, tampoco estamos determinados por nuestros genes, sino condicionados por el entorno y sobre todo por nuestras «creencias», somos dueños absolutos de nuestro destino.

c) La mente es energía. Cuando piensas, transmites energía, y los pensamientos son más poderosos que la química. Las propias creencias se convierten en un campo energético, una transmisión, y esta se transforma en una señal que es capaz de cambiar el organismo.

d) Nuestras creencias interactúan con la infinitud de probabilidades del universo cuántico, y éstas afectan a las células de nuestros cuerpos, contribuyendo a la expresión de diferentes potenciales genéticos.

e) El subconsciente es millones de veces más poderoso y más importante que la mente consciente. Utilizamos el subconsciente el 95 % por ciento del tiempo con los hábitos que tengo desde mi niñez, mientras que los pensamientos positivos y el conocimiento sólo funcionan el 5% del tiempo, por esta razón los pensamientos positivos no son suficientes.

f) Somos lo que la "programación" de nuestra mente subconsciente perciba que seamos.

g) El subconsciente se puede reprogramar. Al cambiar estos programas erróneos en el subconsciente, puedes recrear toda tu vida. La información del subconsciente se recibe en los primeros seis años de vida, eso que aprendiste en esos años se convierte en el conocimiento fundamental de tu vida. Por tanto, hay muchos estudios que demuestran que las enfermedades que tenemos de adultos, como el cáncer, tienen que ver con la programación y el entorno que vivimos en los primeros años de vida.

h) La manera de reprogramar es repetir y repetir hasta que se crea un hábito.

i) Todo sigue igual hasta que no cambias el subconsciente. Técnicas de psicología basadas en la energía como la hipnosis o el Psych-K son una manera de cambiar el subconsciente, es como un aprendizaje rápido.

j) La mente consciente es creativa y la subconsciente trata todos los hábitos. Si le enseñas al subconsciente algo diferente, se lo enseñas también a la consciente, pero no al revés.

5.3. LAS INTELIGENCIAS DE LA FUERZA DE VOLUNTAD

"La función principal de la inteligencia es dirigir bien el comportamiento, aprovechando, para ello su capacidad de asimilar, elaborar y producir información".

(J. A. Marina, 2010).

Como dice Marina en su libro *"La educación del talento"*, no es lo mismo el tener inteligencia que aplicar la inteligencia en el sentido de qué se hace con ella. En ese sentido, el gran talento utiliza bien las destrezas y capacidades para dirigir la acción hacia una vida lograda. Sabe aprovechar los recursos sociales y culturales que hay a su alcance e intenta que ese entorno sea lo más rico posible, justo y estimulante posible. Yo soy yo y mi circunstancia (Ortega y Gasset) y, si no mejoro mi circunstancia, no mejoro yo.

Se proponen, en la obra de Marina, lo que él llama las dos inteligencias de la Fuerza de Voluntad (Marina, 2010):

1. Inteligencia Generadora: fuente y matriz de toda nuestra vida consciente
2. Inteligencia Ejecutiva: que dirige la acción

Desde estas dos concepciones y dicotomías de la inteligencia, se cita a Sternberg y su inteligencia exitosa (talento) el cual propone las características de un talento básico:

1. Saben automatizarse, no dependen de motivaciones externas
2. Aprenden a controlar sus impulsos
3. Saben perseverar, pero también saben cambiar de objetivo
4. Juegan bien sus cartas
5. Traducen pensamiento en acción
6. Se proponen objetivos concretos
7. Completan las tareas

8. Tienen iniciativa
9. No tienen miedo al fracaso
10. No dejan las cosas para "mañana"
11. Aceptan las críticas justas
12. Rechazan la autocompasión
13. Son independientes
14. Tratan de superar las dificultades personales
15. Se concentran en sus objetivos
16. Tienen capacidad para aplazar la auto gratificación (tolerancia a la demora)
17. Saben ver al mismo tiempo el bosque y los arboles
18. Tienen buen nivel de autoconfianza
19. Equilibran el pensamiento analítico, el creativo y el practico

Detectar el tipo de inteligencia en que destaca el alumno, para facilitar su desarrollo y ayudarle a alcanzar los fines vocacionales y aficiones que se adecuen a su espectro de inteligencia (Gardner. Inteligencias múltiples).

La inteligencia generadora, tiene que ver, entonces, con los sentimientos evalúan la situación y tienen una función adaptativa. El progreso desde esta concepción es la suma de habilidades innatas, proyecto y entrenamiento. Donde la inteligencia humana es creadora porque descubre continuamente posibilidades de la realidad: pedagogía de la posibilidad.

Muchos de los problemas emocionales y psicológicos son aprendidos, resultado de la experiencia fundamentalmente en edades tempranas. Aportamos desde aquí cinco principios sobre el aprendizaje:

1. Todos los procesos mentales son neuronales
2. Los genes condicionan las conexiones neuronales
3. La experiencia modifica la expresión genética
4. El aprendizaje cambia las conexiones neuronales
5. La psicoterapia (y la educación) altera la experiencia genética

Los procesos biológicos del cerebro originan acontecimientos mentales, así como los factores sociales modulan la estructura biológica del cerebro. (Vigotsky, el lenguaje por interacciones sociales). El inconsciente es instintivo y hay que adiestrarlo con socialización, con incremento de madurez, con tendencia al gran talento.

Debemos hacer que el niño sienta que progresa, porque es el mejor premio para que siga avanzando. Creación de situaciones de éxito, que termine su día de actividad pensando y sabiendo que algo ha hecho bien, que se vaya con más autoestima.

La autoestima se relaciona directamente con las grandes competencias emocionales (Salovey):

1. El conocimiento de las propias emociones
2. La capacidad de controlarlas
3. La capacidad de motivarse uno mismo: mental + fisiológica + verbal (pensamiento + acción + lenguaje)
4. Reconocer las emociones ajenas (empatía)
5. Control de las relaciones humanas

La competencia se define como conjunto de conocimientos, actitudes, procedimientos y destrezas necesarias para responder a una situación de cierta complejidad. Motivación de competencia, entonces, es el deseo de tratar competente y eficazmente con el ambiente.

Y aquí aparecen los esquemas emocionales, que son mecanismos productores de sentimientos. Son estructuras neuronales llenas de información adquirida por la experiencia. Esquema interpretativo de la realidad. En la mayoría de los casos inculcados por los adultos de influencia a través de la transmisión por esquemas mentales rígidos.

De esta manera, si cambio los esquemas emocionales cambiare mi modo de interpretar afectivamente lo que me pasa.

La inteligencia generadora se compone, a su vez, de los siguientes esquemas emocionales:

1. Situación real del organismo (metáfora de globo aerostático)
2. Los deseos y proyectos (metáfora del faro)
3. Las creencias sobre el mundo y las personas. Nuestra interpretación de la realidad. Nuestra representación del mundo (metáfora del mapa)
4. Las creencias sobre nosotros mismos y sobre nuestra capacidad para enfrentarnos a los problemas. El estilo afectivo. (autoconcepto + autoestima + autoconfianza) (metáfora de la brújula)

Donde la autoconfianza se puede especificar con la integración de seguridad básica unida a adquisición de competencias y sumada al sentido de la dignidad propia. Es importante, en esta parte, que los niños tengan experiencias reales de éxito. Para que el niño sepa realizar una óptima gestión emocional (manejar la brújula) debe mejorar el estilo afectivo de interacción personal:

- Establecer relaciones de apego estables y seguras
- Fomentar la autoconfianza
- Proporcionarles ejemplos cercanos de enfrentamiento a problemas y de respeto

- Que vea y sienta la necesidad de la dignidad de las personas.

Así mismo, padres, profesores y entrenadores son, fundamentalmente, los referentes emocionales del niño, por lo que es necesario:

- Ser consciente de sus emociones
- Ver la emoción como una oportunidad para la enseñanza
- Escucharle con empatía y valorar sus sentimientos
- Ayudar al niño a verbalizar sus emociones
- Fijar límites mientras se le ayuda a resolver el problema

Y enseñar siempre:

- Autonomía: no depender excesivamente del juicio ajeno
- Actitud proactiva
- Autoconfianza
- Asertividad
- Optimismo
- Tolerancia a la frustración

En todo este proceso, la memoria es la esencia de nuestra inteligencia generadora. Las ideas las pensamos, en las creencias vivimos que diría Ortega y Gasset. Si cambias tú modo de pensar, cambiaras tu modo de sentir y tu forma de actuar.

Por su parte desde la inteligencia ejecutiva es desde donde se producen las destrezas en el niño: inhibir el impulso, deliberar, decidir, ejecutar. Siguiendo este proceso, la libertad es la posibilidad de decir no. Tener asertividad y fuerza de voluntad. Deliberar, entonces, supone buscar.

Cobra especial importancia en este período la capacidad de retrasar la recompensa y la capacidad de soportar el esfuerzo. Adquirir de forma permanente tolerancia a la demora y tolerancia a la frustración. Un pobre control de impulsos en la infancia es un buen predictor de conductas desajustadas.

La inteligencia ejecutiva es la inteligencia de autorregulación emocional como habilidad para anular un impulso al servicio de una meta. Y donde las virtudes de la acción pasan por alcanzar altas cotas de perseverancia, emprendimiento y riqueza de proyectos.

El buen carácter debe estar formado por el conjunto de fortalezas psicológicas y morales.

La enseñanza de la inteligencia generadora y de la inteligencia ejecutiva debe estar dirigida a facilitar la realización del proyecto individual y del proyecto social que son la felicidad subjetiva y la felicidad objetiva. La felicidad objetiva es la que aparece como gran proyecto de la inteligencia, necesariamente compatible con el resto de la sociedad. Y la felicidad subjetiva sería ese estado agradable, de felicidad cotidiana, de donde no quiero salir porque estoy muy a gusto. Muy relacionado, en este sentido, con el placer y las ganas que te produce algo. Por ello es cada vez más necesario estar socialmente vinculados en cuanto seres humanos sociales, ya que la interacción de las inteligencias produce fenómenos de racionalidad emergente.

5.4. EL MÉTODO DE AUTODISCIPLINA DE LOS NAVY SEALS PARA LIDERAR Y VENCER

El método de los Navy Seals está basado en su compromiso desde de disciplina personal y actitud ética. Su método requiere de gran autodisciplina, liderazgo y fuerza de voluntad. En los Navy Seals hay que llegar a ser compañero de equipo antes que líder.

Determinante del método Navy Seals es el Kokoro, término y concepto que significa fundir cuerpo y mente en acción. Es el estado de fluencia estar equilibrados en sincronía con nuestro interior y con la naturaleza.

La clave para obtener resultados extraordinarios es cambiar los hábitos viejos por nuevas formas de pensar, actuar y creer. Se trata de crear carácter, autocontrol y crecimiento en las cinco montañas de los Seals:

- física
- mental
- emocional
- intuitiva
- espiritual

Para conseguir el éxito entonces hay que unir valores y objetivo, blindar la misión, hacer hoy (ya), fortalecerse mental y emocionalmente, innovar y tener siempre sentido de anticipación.

Se trata de realizar proyecciones mentales reales para crear deber creer y hacer que ocurra. Fundamental de la adquisición de fuerza de voluntad. Donde blindar la misión implica:

- Seleccionar objetivos de gran valor retos
- Explorar todas las opciones
- Comunicar la visión a los demás
- Implicarse a tope en la misión

Otra condición esencial en el método Navy Seals es comunicar la visión de los demás. Las imágenes deben ser claramente insertadas en el plan de misión y de acción. Describir lo mejor posible el plan para hacer sentir el proyecto. Los desafíos deben estar muy estructurados y se presentan en el largo plazo, en el alto rendimiento y en el reto en sí mismo

Para todo ello emocional y mental que procure y proporcione una espiral ascendente. Para ello disciplina, dinamismo y determinación que generan las cinco competencias del método Navy Seals de Fortaleza Mental. Las Cinco montañas del ex Seals Taylor:

1. Autocontrol
2. Observación. Estado de alerta
3. Resiliencia emocional
4. Metas efectivas
5. Visualización intensa

"Los Seals tienen la capacidad de automotivarse, son ambiciosos, inconformistas y decididos"

Scott Taylor. Ex Seals.

Se preparan mentalmente para resistir todo tipo de negatividad, toxicidad, abatimiento, desmotivación o cualquier síntoma de fracaso y desmoralización. Mentalmente buscan desarrollar la disciplina personal y mejorar la capacidad de concentración, la paciencia y la humildad.

En el aspecto físico trabajan el cuerpo para que pueda ser capaz de resistir todo tipo de climas, climas tan adversos como las junglas del Sudeste Asiático, la fría tundra del Ártico, el desgastante desierto árabe, incluso los entrenan para soportar torturas y maltratos.

En el plano espiritual, buscan su crecimiento interior, conocerse a sí mismos y a su propia naturaleza para ser primero buenos compañeros y después encontrar a ese líder que llevan dentro.

Poseen la capacidad de controlar sus emociones y sus acciones ante cualquier circunstancia, lo que los hace diferentes. Ante la adversidad perseveran y nunca renuncian. En los momentos más difíciles están preparados para mantenerse con la mayor fortaleza mental y física.

El Decálogo del método de los Navy Seals especifica de forma excelente la referencia de fuerza de voluntad en Coaching Compartido:

1. Concordancia líder-equipo en objetivos, misión, tareas e instrucciones.
2. No hay un mal equipo con un buen líder y el esfuerzo es de todos.
3. El ego es un peligro.

4. Trabajo en equipo. Trabajar unidos es la única vía del éxito.
5. Lo simple es lo mejor.
6. Descentraliza el mando. Los detalles de la ejecución se dejan a las personas en el terreno.
7. Necesaria la planificación.
8. Liderar hacia abajo y hacia arriba.
9. Toma de decisiones sin miedo. Los errores son aprendizajes continuos que trazan el camino hacia la victoria.
10. La disciplina genera libertad. Cuanto más se conozcan las instrucciones para una misión, mejores decisiones se tomarán.

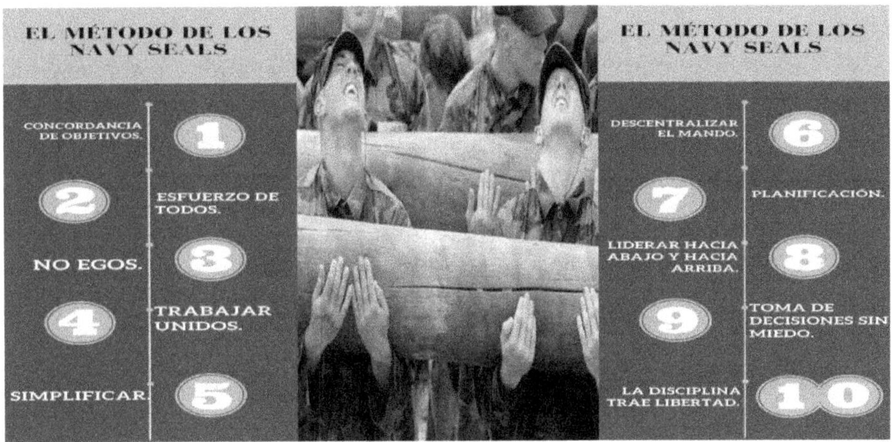

El resultado final es extraordinario. Si se carece de un compromiso interno con el autocontrol, el crecimiento y el incremento de cambio aportado por la fuerza de voluntad, ni la mejor teoría te ayudará a lograr el éxito personal o de tu equipo.

Las Cinco montañas del programa del ex Seals Taylor, representan el desarrollo de competencias en los terrenos físico, mental, emocional, intuitivo y espiritual; la integración de esas competencias da como resultado un crecimiento más equilibrado de la persona en su totalidad. En pensar como los mejores guerreros centrándonos fundamentalmente en lo mental, lo emocional y lo intuitivo.

El Método de los SEALS está basado en su compromiso de desarrollar plenamente disciplina personal y actitud ética. Donde kokoro significa *fundir cuerpo y mente en la acción*. Implica que estamos equilibrados y centrados, cosa que nos permite operar en sincronía con nuestro ser interior, con los demás y con la naturaleza. Cuando nos comprometemos con el desarrollo integral y nos guiamos por kokoro, somos plenamente conscientes y poderosos.

Tenemos integridad a todos los niveles, personal, de equipo y de organización, tenemos las tres esferas de la fuerza de voluntad.

5.5. LA ASERTIVIDAD

La conducta asertiva requiere de fuerza de voluntad. Controlar nuestra forma de comunicarnos pasa por tener autocontrol de nuestros actos, de nuestra relación interpersonal. Se trata de tener un comportamiento de comunicación madura en el que la persona no sea agresiva ni se somete a la voluntad de otras personas, sino que exprese sus convicciones y defienda sus derechos. Esta forma de comunicación se necesita mucho en estos tiempos de distanciamiento social.

La asertividad permite decir lo que uno piensa y actuar en consecuencia, haciendo lo que se considera más apropiado para uno mismo, defendiendo los propios derechos, intereses o necesidades sin ofender a nadie, ni permitir ser violentado o incomodado y evitando situaciones que causen ansiedad.

La asertividad es una actitud intermedia entre una actitud inhibida y la agresiva, que además de reflejarse en el lenguaje hablado se manifiesta en el lenguaje no verbal, como en la postura corporal, en los gestos del cuerpo, en la expresión facial y en la voz.

Una persona asertiva es más tolerante, acepta los errores, propone soluciones factibles sin ira, se encuentra segura de sí misma y frena pacíficamente a las personas que les atacan verbalmente. Es un estilo de comunicación abierto a las opiniones ajenas, dándoles la misma importancia que a las propias. Parte del respeto hacia los demás y hacia uno mismo, aceptando que la postura de los demás no tiene por qué coincidir con la propia y evitando los conflictos sin por ello dejar de expresar lo que se quiere de forma directa, abierta y honesta.

Tener habilidades sociales y comunicación asertiva es un componente esencial para el equilibrio en las relaciones humanas. Más aún en estos momentos de nueva forma de interacción en el que debemos autocontrolar formas cercanas de interacción y, además, controlar ciertas interacciones de los demás que nos invadan nuestro espacio personal o incluso que lo agredan. Agresiones que en algunos casos pueden llevar a contagios víricos mortales.

Asertividad es autoafirmación, es la expresión íntegra de mis sentimientos. Se asertivo es expresar las opiniones y defender los derechos sin imposición ni sometimiento, y sin provocar rechazo en los demás, a los que escucha y atiende. Tiene comunicación fluida y solución de conflictos, genera un clima favorecedor de relaciones armónicas y satisfactorias.

Clave, entonces en estos tiempos de distanciamiento social, donde los espacios personales y la interacción están condicionadas por dicho distanciamiento preventivo. Es una adquisición de habilidades sociales que nos aporten el conjunto de competencias y conductas necesarias para afrontar esta nueva práctica en las relaciones interpersonales.

Comunicación asertiva es saber decir no. Es la respuesta oportuna y directa, que respeta la posición propia y la de los demás, que es honesta y mesurada para con los involucrados. En este sentido, los niños por excelencia son muy asertivos, van directo a sus necesidades y sentimientos, y se caracterizan por ser descriptivos en sus percepciones u opiniones, de ahí que no hagan juicios o evaluaciones de la conducta de los otros, solo la describan. De ellos hay que aprender.

La comunicación asertiva es manifestar la negativa con serenidad, no con enfado ni agresivamente, es repetir las expectativas de forma persistente, es evitar dejarse convencer por argumento irrelevantes, es comunicarnos casi exigiendo con afectividad que se admita y acepte la verdad, sabiendo que los demás también tienen su verdad, pues tener identidad asertiva es saber que lo primero son las personas y después las ideas.

Por ello hay que salvar las llamadas barreras en la comunicación que tienen carácter psicológico (emociones, valores, hábitos de conducta, percepciones, físicas) y carácter semántico (símbolos por palabras, imágenes y acciones con diferentes significados). En esta nueva situación de interacción por distanciamiento social conviene pues seguir unas pautas a seguir para ganar asertividad y para adquirir entendimiento del nuevo orden espaciotemporal.

Puedo cambiar mi modo de pensar. Tengo derecho a cometer errores porque la pauta ensayo-error está inscrita en mi biología (rectificar es de sabios). Debo vigilar y priorizar mis objetivos, viviendo el aquí y el ahora sin referencias al pasado, sin culparme, ni preocuparme gratuitamente pensando en un futuro por muy incierto que sea.

Tengo que celebrar cuanto hago, pensarlo y sentirlo sin martirizarme por lo que me falta por hacer. Y, siempre, convirtiendo mi vida, cada circunstancia o problema en oportunidades de crecimiento y aprendizaje. Busco equilibrio en mi conciencia, en mis sentimientos y en mis emociones.

LA EFECTIVIDAD DE CAMBIO

6.1. LA EFECTIVIDAD DE CAMBIO. FUERZA EXISTENCIAL

LA FUERZA EXISTENCIAL

Efectividad de cambio: hallarse en lugar-no pensar facilidad

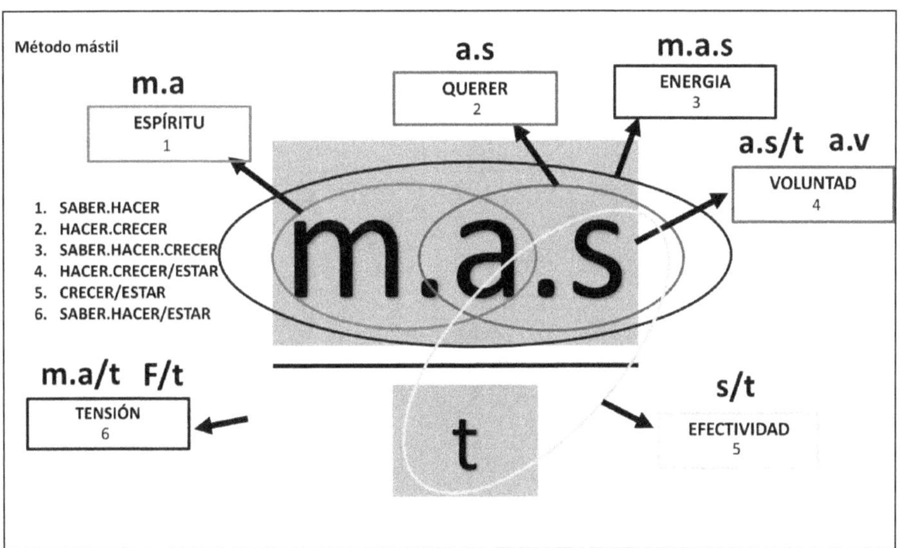

La *Fuerza Existencial* se genera del cociente **espacio** y **tiempo** y, por tanto, es pura velocidad de acción, es un estado en el que la persona se encuentra completamente absorta en una actividad. Acciones, pensamientos y movimientos se suceden para su propio placer y disfrute. No existe el sujeto conscientemente.

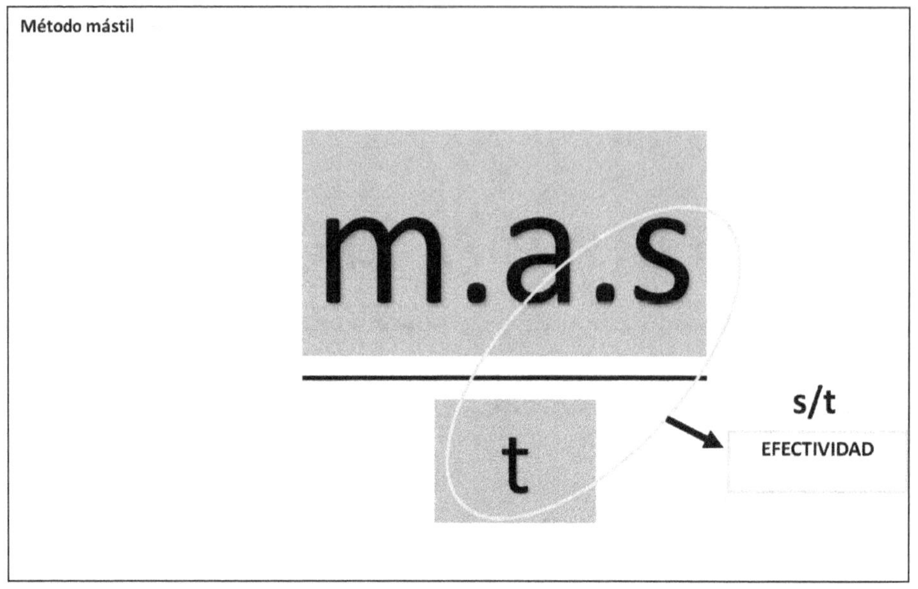

Con *Fuerza Existencial* el ser humano se deja llevar y mientras sucede la acción el tiempo vuela, todo ocurre sin pausa. Todo el ser está envuelto en esta actividad. La persona utiliza sus destrezas y habilidades llevándolas hasta el extremo. Pleno estado de fluidez estando absorto en el espacio y el tiempo.

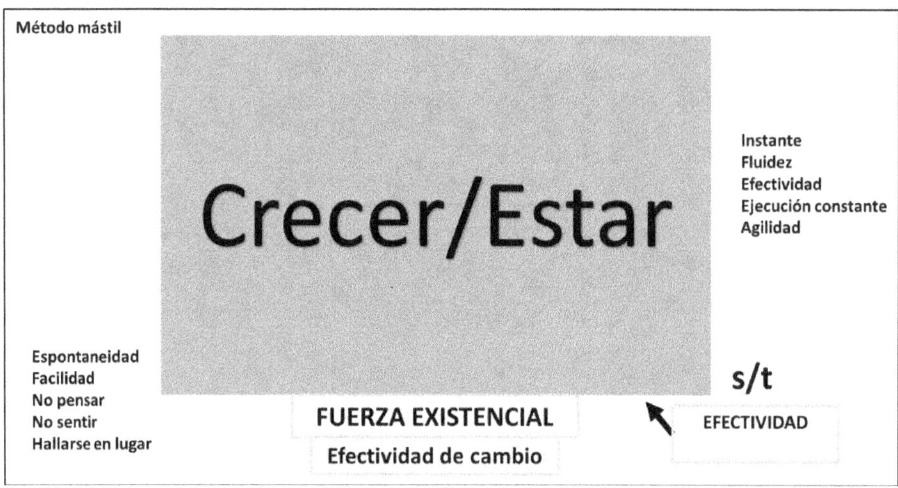

La *Fuerza Existencial* es total efectividad de cambio. Es puro instante y fluidez. La ejecución se convierte en agilidad mental y de ejecución. **CRECER ESTANDO** propicia espontaneidad y facilidad para la acción sin ser pensada. No se siente lo de alrededor, ni siquiera la persona se siente a ella mismo. Está del todo *"enchufado"*, en el mayor estado de fluidez, de estado de rendimiento óptimo. La relación de efectividad de cambio con el pensamiento, lenguaje y acción, hace necesaria la contribución de la programación neurolingüística y el estado de "flujo" para entender mejor la *Fuerza Existencial.*

6.2. LA PROGRAMACIÓN NEUROLINGÜÍSTICA (PNL)

La Programación Neurolingüística (PNL) constituye un modelo de la comunicación y de la conducta humana que integra 3 grandes elementos:

1. El establecimiento de rapport y la comunicación con la otra persona
2. El modo efectivo de recoger la información acerca del universo mental de otra persona
3. Estrategias para producir cambios en la conducta

Es una ciencia que trata de cómo el cerebro codifica el aprendizaje y la experiencia. Un proceso que analiza la excelencia en el comportamiento humano para que sea referencia en el desarrollo de otras personas.

Es por tanto un excelente instrumento para la gestión de la conducta en cualquier ámbito: educativo, familiar, organizacional, deportivo, etc.; ya que utiliza modos conscientes e inconscientes de relacionarse y comunicarse con otras personas.

La PNL ha desarrollado ideas y técnicas que nos permiten identificar y describir pautas en la conducta verbal y no verbal en las personas. Nos ha aportado unas herramientas que sirven para alcanzar nuestros objetivos y mejorar la calidad de vida.

El lenguaje crea de forma activa en el cerebro de las personas imágenes mentales y circuitos neuronales un aprendizaje significativo. La programación neurolingüística, por tanto, es el estudio de cómo afecta el lenguaje y la acción al sistema nervioso central.

Las palabras originan representaciones internas y desencadenan procesos mentales. Por lo que necesitamos usar las palabras correctas para generar el mejor resultado del proceso mental. De esta manera la PNL se configura como un método de comunicación efectiva aplicable a distintos ámbitos donde se desarrolla el ser humano.

Según algunos autores (Carter, 1998) "la adquisición del lenguaje transforma el paisaje del cerebro de forma significativa". Incluso después de haber adquirido el lenguaje, las palabras pueden seguir alterando la estructura física del cerebro, los surcos y circuitos neuronales.

Las palabras bien elegidas activan de forma eficaz, al igual que un fármaco, áreas del cerebro, tanto en quien las emite como en quien las escucha.

Por lo tanto, lo que decimos y cómo lo decimos puede producir cambios en la conducta del oyente.

La PNL, pues se basa en el conocimiento de que el lenguaje determina en gran medida el desarrollo de los circuitos neuronales y por lo tanto se programa en nuestro cerebro gran parte de nuestra conducta. La fisiología del cerebro por medio del lenguaje fortalece las conexiones neuronales.

El aprendizaje de las estrategias y herramientas de la PNL nos puede ayudar a:

- Desarrollar competencias de relación y de influencia por medio del rapport o acompasamiento con os demás
- Utilizar pautas lingüísticas fácilmente identificables para potenciar la comunicación
- Reconocer las pautas motivacionales de las personas, para responder a su conducta de manera más efectiva.

Es un aprendizaje que modifica conductas, emociones, creencias y valores, mediante los sentidos y el lenguaje para alcanzar el mejor desarrollo personal. No es direccional, sino bidireccional: se trata tanto de aprender, de cómo de aprehender(agarrar) y cómo de desaprehender.

Las técnicas de la PNL relativas a la mejora de la comunicación se han aplicado a proyectos de enseñanza y aprendizaje como los de Jacobsen (1983), Grinder (1991) y Blackerby (1996), y se ha comprobado que constituyen modos muy efectivos de mejorar la motivación de las personas, y con ello, su conducta, su aprendizaje y su desarrollo personal.

Los pioneros de la PNL son Grinder y Bandler y sus sus ámbitos de aplicación son:

- Terapia personal, familiar, de empresa, de coaching
- Los negocios para la mejora de objetivos, rendimientos y ventas
- Salud: depresión, fobias, miedos y adicciones.
- Arte y teatro
- Educación: aprendizaje, fracaso escolar, creatividad, memoria
- Jurídico
- Comunicación

Cimientos de la PNL

En cuanto a la base donde se sustenta o los llamados cimientos de la PNL son 4:

1) Los pilares. 2) Las presuposiciones. 3) Las premisas. 4) Las reglas de la mente.

1) Pilares de la PNL.

Objetivos:

- Medible (cuanto)
- Alcanzable (cuando, donde)
- Realista (que, cual)
- Tangible (como, métodos)
- Específico que, quien, con quien)
- Satisfactorio (que cubra necesidades, para que, por que, valores)

Agudeza visual. VAK. Visual, Auditivo, Kinestésico

Flexibilidad. Disposición al cambio

Compenetración

2) Presuposiciones

1. *el mapa no es el territorio.* Mi verdad no es la certeza absoluta ni siquiera la verdad. El mapa es mi verdad, mi realidad, pero no la realidad. Mapa es el conjunto de creencias, valores, conductas, emociones de un ser humano. Mapa es unión de experiencias y formación esenciales a la identidad del ser humano interiorizadas por su relación con el medio.
2. *flexibilidad*
3. *toda experiencia tiene una estructura*
4. *toda conducta tiene una intención positiva*
5. *mi conducta no es mi identidad*

El lenguaje se aprende e instala para alcanzar objetivos. La mejor comprensión del pasado, de su historicidad y de su experiencia será definitivo en la mejor reprogramación neuronal. Dar significado positivo a hechos pasados con conceptualizaciones verbalizadas y auténticas es una de las claves de la fuerza existencial. El Viaje del Héroe, visto en el capítulo de Liderazgo Compartido, tiene que ver con ello.

La aceptación y el perdón son, en esta etapa, determinantes. Relacionado también con la Palanca de Arquímedes, del mismo capítulo Liderazgo Compartido.

3) Premisas

Gestión de emociones. Tomar conciencia de donde estoy y a donde voy

4) Las reglas de la mente

Asertividad como regla de la mente es responsabilidad de respetar el proceso del otro y mi propio proceso. Actitudes de confianza, amistad, conformación, cariño, cuidar, confianza, comunicación.

Siete leyes:

1. Ley del mínimo esfuerzo
2. Ley de atracción: la mente busca satisfacción
3. Ley de la rectificación: cambiar acciones, cambiar conductas
4. Ley de la conservación de la especie: adaptación y cambio
5. Ley del esfuerzo decreciente: trabajo y esfuerzo
6. Ley de la evolución constante
7. Ley del equilibrio

6.3. LOS NIVELES NEUROLÓGICOS

Herramientas del proceso de cambio con PNL como Fuerza Existencial

A. Programación: niveles neurológicos y metaprogramas
B. Neuro: sistema representacional, estrategias (VAK: Visual, Auditivo, kinestésico), emociones y anclaje.
C. Lenguaje (comunicación): calibración y rapport, trance, metáfora, metamodelo (preguntas, metapreguntas y reencuadre)

A. Programación

La programación hace referencia al proceso que sigue nuestra mente para organizar sus estrategias operativas o formas de pensamiento. Es el método para modelar la mente a través del lenguaje.

Se establece con la programación de conductas, emociones, creencias y valores, a través del lenguaje verbal y no verbal, así como con el sistema neuro-representacional, que es la forma de sentir y percibir la realidad desde lo visual, auditivo y kinestésico. Observar, escuchar y sentir. Se trata de estructurar la conducta para facilitar el aprendizaje. Pensamientos y emociones configuran la conducta y la actitud a través de los sentimientos.

La Fuerza Existencial ayuda a que la inconsciencia se convierta en consciencia, en autoconocimiento. Existen filtros a partir de la inconsciencia.

Se realiza para ejercer un cambio a través de:

a. La toma de conciencia
b. La modificación de hábitos
c. La confianza
d. La motivación
e. La comunicación
f. La creatividad

- *¿Por qué?:* para cubrir necesidades de autoestima, de relaciones y de sentido de vida
- *¿Con qué?:* con técnicas y herramientas (aptitudes) y disciplina y esfuerzo (actitudes) por ello aquí se une a la Fuerza de Voluntad.
- *¿A quién trasciende?:* a nosotros mismos, a nuestra familia y amigos, a nuestro entorno de trabajo, a la propia sociedad, en suma.

La personalidad se define como suma de temperamento (genético) + carácter (aprendido). Experimentar el modelaje. Los valores por grado de priorización de conducta-acción convergen en experiencias, por referencias de modelos, por interiorización. Las actitudes unidas a la emoción, habilidades y pensamientos posibilitaran el mejor plan de acción.

Los metaprogramas se relacionan directamente con los niveles neurológicos desde el estímulo y la acción, con iniciativa e intuición en modo proactivo y, observando y reaccionando, en modo reactivo.

En cuanto a los procesos, se afrontan o eluden los problemas con interacciones con los demás. Las opciones de creatividad en este sentido se determinan en:

- Procedimientos: ejecutar proyectos
- Cambio: igualador (gestionar cambios) / diferenciador (crear cambios)
- Reacción: sentimental (emocional), elección (neutro), pensamiento (racional).

La Inteligencia emocional desde los metaprogramas se precisa en el sumatorio de aprender + esfuerzo + paciencia.

B. Neurológico

Hace referencia al sistema nervioso y a la actividad mental que es origen de toda acción o conducta. Todos tenemos recursos. Desde el modelaje podemos aprender a incorporar recursos de otros. Modelos competentes y modelos cercanos. A mayores recursos, mayor flexibilidad.

Debemos tener la capacidad de procesar con todos los sentidos. Aquí entra en juego el VAK, lo visual, lo auditivo, lo kinestésico (sentido, olfato, gusto). Es lo que se llama la aplicación del filtro sensorial a la información que nos llega del exterior. El filtro es nuestra percepción y depende de la capacidad de desarrollo de nuestros sentidos. En el proceso interno de codificación de la información, se establece una representación interna que se hace consciente a través de preguntas sobre el pasado, la educación y la experiencia (quién he sido), sobre preguntas de las creencias, valores e identidad personal (¿quién soy?), y con preguntas referentes a lo que yo puedo ser (quién puedo llegar a ser).

Sistema representacional:

- ruta neuronal: percepción, entorno
- mapa: construimos la realidad =/= realidad
- expresión, experiencia: interna/externa

C. Lenguaje

Es la exteriorización de la actividad neurológica y del pensamiento humano a través de la Fuerza Existencial por medio de la palabra y por el lenguaje no verbal. Nos comunicamos siempre. No hay posibilidad de *"no comunicación"*.

Hay que observar en los demás la Fuerza Existencial de uno mismo. Efecto de espejo. No hay fracasos en la Fuerza Existencial, hay resultados. Siempre hay feedback, para el cambio. Intención positiva.

Sinestesia: lenguaje verbal + lenguaje no verbal (LNV + LV)

- LNV: gestos, micro gestos, voz
- LV: predicado

La conducta se expresa a través del lenguaje verbal por la forma del predicado y del lenguaje corporal o no verbal por las posturas, movimientos, gestos y voz, principalmente. Importante, tener la mayor agudeza sensorial desde el sistema representacional, percibiendo nuestra forma de sentir y la de los demás. Por lenguaje verbal y no verbal. Hacer consciente lo inconsciente.

- Observar   V
- Escuchar   A
- Sentir   K

Cuadro de los niveles neurológicos

ORDEN	1	2	3	4	5	6
Niveles neurológicos	Entorno (lugar-tiempo)	Comportamiento-Conducta (hago)	Capacidades-Habilidades (soy capaz)	Creencias-Valores (creo)	Identidad (soy)	Espíritu (trasciendo)
Teoría psicológica	Ecología-Sociocultural	Conductismo	Cognitivismo-Constructivismo	Humanismo	Psicoanálisis	Psicología alternativa
Grado de liderazgo	MONITOR	ENTRENADOR	MAESTRO	TUTOR-MENTOR	CONSEJERO PERSONAL	GUÍA ESPIRITUAL
Estilo de soporte	Cuidado del medio	Refuerzos de conducta	Conocimiento-intelecto	Inspiración	Individuo	Visionario
Objeto de liderazgo	Contexto	Acción	Competencia	Valores	Misión	Visión
Posición del coachi	Poder aprender	Querer aprender	Saber aprender	Demostrar aprendido	Ser excelente	Innovar-Trascender
Acción del coach	Habituar	Instruir	Enseñar	Formar	Educar	Alumbrar-Revelar
Proceso de aprendizaje	Incompetencia in-consciente	Incompetencia consciente	Competencia consciente	Competencia consciente -in	Competencia inconsciente	Comp. Trascendental. Consciencia Espiritual
Pregunta de vida	DONDE?	QUÉ?	CÓMO?	POR QUÉ?	QUIEN?	CUANTO?

Herramientas a utilizar

1) **Entorno**: Psicogeografía, Sociograma, Metapersona, Cartógrafo, Metáforas.
2) **Comportamiento**: Feedback, Contraste, Anclaje.
3) **Capacidades**: Preguntas VAK, Visualización, Circulo excelencia, Modelado, Aprendizaje cooperativo.
4) **Creencias**: Moldeamiento, Acción de valores, Establecimiento Objetivos, Autoafirmaciones, Creencias limitantes.
5) **Identidad**: Fuente de recuperación, Escucha activa, Veo-siento.
6) **Espíritu**: Sueño activo, Despertar.

6.4. ESTADO DE FLUIDEZ EXISTENCIAL

Estado de fluidez o de "Flujo", es el estado mental en el cual las personas se sienten concentradas en una tarea y disfrutan con ella en grado extremo, desconectando de todo lo que está alrededor y perdiendo casi por completo la sensación de tiempo y espacio.

Esta noción de experiencia óptima o estado de "flow" fue popularizada por el psicólogo y autor del libro Fluir, Flow, Mihaly Csikszentmihalyi profesor de psicología en la Universidad de Claremont (California).

Csikszentmihalyi identificó varios aspectos que caracterizan a las personas que están muy motivadas, o como él denomina, en un estado de flujo.

- Hacen las cosas porque les parecen divertidas
- Ponen el foco no en lo que hacen sino en cómo lo hacen
- Tienen claras las metas intermedias del proceso
- Equilibran perfectamente las dificultades y sus destrezas
- Excluyen las distracciones
- No tienen miedo al fracaso
- Distorsionan su sentido del tiempo
- La actividad se convierte en autotélica

El término "flow" se eligió porque era utilizado por las personas de las muestras estudiadas en las investigaciones para describir esta clase de experiencias y por su corta pronunciación (Csikszentimihaly, 1998).

Fluir en el deporte es sentirse completamente en sintonía con lo que se está haciendo, saber que uno es fuerte y capaz de controlar su destino al menos por un momento, y conseguir un sentido del placer independiente de los resultados.

Se trata de un estado psicológico óptimo, en el que los deportistas consiguen abstraerse completamente en la ejecución de su propio rendimiento, hasta el punto de llegar a experimentar sus propias sensaciones, percepciones y acciones de una forma extraordinariamente positiva y aparentemente lograr efectuar un buen rendimiento en forma casi automática.

Cuando hablamos de estado de flow, se pueden emplear otros términos como:

- estar en la zona
- sentir "éxtasis"
- "plenitud"
- experimentar un sentimiento superior
- estar totalmente centrado.
- fluir
- es una burbuja
- focalizado
- sosegado
- ideal
- imparable
- en sintonía
- flotando
- en la brecha
- no importa nada más
- supervivo
- control total
- satisfacción completa
- ritmo óptimo
- en la onda

Fluir nos permite mejorar nuestro desempeño y crecer a nivel personal.

- Es un estado psicológico que implica control mental y atencional.
- Demanda energía para invertir en la concentración.

El modo en que percibimos nuestro potencial para desarrollar estas destrezas en los marcos específicos deportivos en los que participamos tiene una profunda influencia en lo que finalmente realizamos y cómo nos sentimos acerca de ello.

Tanto desafíos, como habilidades son elementos que se pueden entrenar y subjetivos.

- A medida que mejoramos las habilidades, los desafíos van en aumento.

- Sentimos que hay un equilibrio entre ambos cuando creemos que podemos lograr la meta que nos hemos marcado nuestra mente está concentrada en esa actividad concreta y damos lo mejor de uno mismo-a.
- Cuando desafíos y habilidades van más allá de las posibilidades del nivel de la persona, partimos hacia la fluencia.
- El equilibrio permite sentir disfrute y calidad óptima.
- Podemos generar desafíos desarrollando aquellas áreas por las que tengamos interés. Crear y encontrar oportunidades para actuar y perfeccionar la actividad.

Claves que aporta Csikkszentmihalyi:

- **Olvidarte de ti mismo**. Es la atención del yo. Cuanto mayor es la atención que invertimos en el cuerpo y en su actividad, menor es la que queda para pensar en salvar nuestra imagen o impresionar a los otros. En este punto, olvidas la parte de la conciencia que cuestiona o juzga. No ser consciente de uno mismo nos lleva a la no preocupación de las críticas, ni por nosotros mismos ni las provenientes de los demás.
- **Dejar a los oponentes que se preocupe de sí mismos**. Comparar implica invertir energía en los demás y en detrimento de la de uno mismo. Atención ineficaz. Ni podemos ni debemos controlar lo que los otros hacen, tan solo responsabilizarnos de nuestra parte.
- **Aceptar el ambiente como algo determinado de antemano**. Son factores que además no podemos controlar y no dependen de uno mismo. Los espectadores y presencia de otras personas, las interacciones entre miembros del equipo y el entrenador, todo ello influye en el marco social de la actividad deportiva, pero no debemos estar atento a ello.
- **Concentrarse en el proceso**. Prestar atención a la estrategia, técnica y acciones en la actividad y marcarse metas para ello.

Componentes fundamentales del estado de flujo

La experiencia de fluir de acuerdo a los expertos está compuesta por nuevos componentes fundamentales:

1. Equilibrio desafío-habilidad
2. Fusión acción- atención
3. Metas claras
4. Feedback sin ambigüedad
5. Concentración en la tarea encomendada
6. Sensación de control
7. Pérdida de la conciencia del propio ser

8. Transformación del tiempo
9. Experiencia autotélica

1. ***Equilibrio desafío-habilidad.*** Esta es la razón fundamental de la fluencia, la base en la que se centra pasa por un reto que constituya una verdadera motivación para el deportista, que despierte el interés al punto de encender la pasión por conquistarlo en el tiempo que sea necesario, sin embargo, tiene que ser un reto que siempre se mantenga en las posibilidades de alcanzarlo, que sea consciente de que el entrenamiento y esfuerzo adecuado lo puede alcanzar. Que se convierta en un verdadero desafío.

2. ***Fusión Acción-Atención.*** Experimentar la fusión acción-atención significa la posibilidad de que mente y cuerpo se unan en uno. Este proceso ocurre sin ser forzado, y ocurre cuando se llega a estar absorto en la actividad que se está realizando, lo cual es posible en complementación del anterior componente. Cuando se logra dominar el desafío confiando en habilidades, se logra dominar la acción-atención.

3. ***Metas Claras.*** En cualquier ámbito de la vida, y más aún en el alto rendimiento es necesario tener las metas claras, y el plan de acción para dirigirnos a esa meta. Esto permitirá tener un punto de palanca, ante cualquier despiste que se pueda tener en el proceso. Las metas claras dirigen la acción y aportan un objetivo, de forma tal que el deportista sepa exactamente lo que debe hacer, además tenga conocimiento en que parte del proceso se encuentra y si está cumpliendo con las metas de procesos que le van orientando su camino.

4. ***Feedback sin ambigüedad.*** El feedback es un elemento clave dentro del proceso de lograr fluir. Constantemente los deportistas reciben feedback interno y externo. Dentro del interno pueden tener su propio cuerpo, sus sensaciones y sus emociones, entre otras. En la parte externa está el entorno, la normativa propia del deporte y de la competición, los tiempos de ejecución, las reacciones que se producen en el público, entre otras. Es necesario saber cómo van las cosas, mientras se está realizando la acción.

5. ***Concentración en la tarea encomendada.*** Es necesario concentrarse en lo que se tiene que hacer. La concentración es básica en la fluencia, alejar todos los pensamientos extraños que puedan interferir y evadirte de la situación en la que estás en el momento. Los deportistas tienen muchos factores que los pueden desconcentrar en la ejecución de una prueba como el público, las condiciones del escenario y árbitros.

6. ***Sensación de control.*** La sensación de control proviene de tener la seguridad en las capacidades que se tienen para la tarea que se le ha encomendado. Va más allá del hecho de ganar o perder, es la virtud de no caer en la ansiedad que genera la competición.

7. ***Pérdida de la conciencia del propio ser.*** La pérdida de la conciencia del propio ser pasa por concentrar la atención en lo importante, en lo que se está haciendo. No debe quedar energía para pensar o preocuparse de cualquier otra cosa que sea la competición.

8. ***Transformación del tiempo.*** La fluencia tiene el poder de liberarnos del poder del tiempo. Los deportistas de élite repetidamente al comentar sus experiencias en competición plena, señalan que el tiempo se reproduce en otra dimensión, que pasa muy rápido y a la misma vez muy lento.

9. ***Experiencia Autotélica.*** Es estar *"en la zona"*. Un sentimiento donde todo fluye de manera que lo hemos planificado, aparece sin necesidad de ser forzado.

Lograr la experiencia de fluir en el deporte, supone un ejercicio de conocimiento profundo, que debe comenzar por lograr identificar tus creencias limitantes como punto de partida para lograr acallar las voces que continuamente tienden a decir que hacer y cómo hacer en forma acusadora.

Se trata de potenciar sentimiento de fuerza, control sin esfuerzo, rendimiento máximo y superación del ego limitado. El tiempo casi desaparece, y con él los conflictos emocionales. Se trata de aprender a ser creativos y alcanzar la genuina calidad de vida en la ejecución fácil.

La satisfacción de una tarea correctamente ejecutada es un factor motivador para la persona. Favorece el rendimiento pues genera una satisfacción en la persona y se va retroalimentando constantemente.

Las tareas que son de bajo nivel de reto y poca demanda de habilidad pueden generar apatía ya que van tremendamente ligadas a la rutina. Si la persona posee poco nivel de habilidad y la tarea es altamente retadora generará en la persona elevados niveles de ansiedad ya que se percibe y sabe poco capacitado para afrontar la tarea.

Cuando alguien está en "estado de flujo" entiende su trabajo como una diversión de la cual disfruta profundamente sin tener consciencia del esfuerzo que le pueda suponer. Está súper motivado.

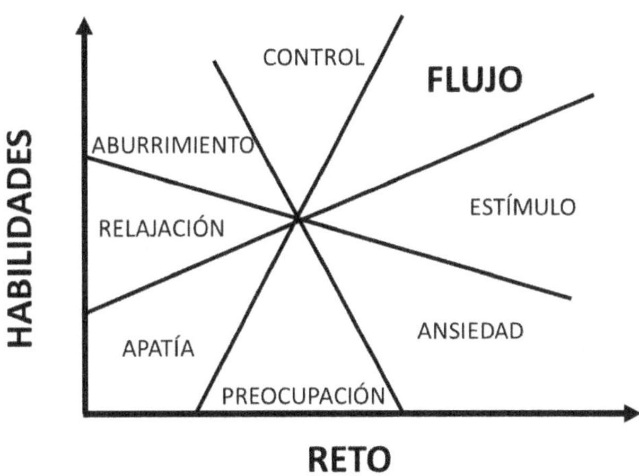

Las tareas de personas altamente cualificadas que supongan poco reto generan un estado de aburrimiento ya que su capacidad no precisa de reto. El estado de flujo óptimo se da cuando las personas con alta capacidad en una tarea son expuestas a situaciones o tareas de alto reto.

Experimentamos estados de fluidez cuando estamos totalmente concentrados en afrontar un desafío o descubrir algo nuevo. Fluimos cuando nuestra conciencia está ordenada y todo se mueve en la misma dirección. Podemos experimentar estados de fluidez en cualquier sitio y en cualquier momento.

Según el autor podemos llegar a alcanzar este estado mediante un entrenamiento de la atención. Pero este esfuerzo que le estamos pidiendo a nuestro cerebro no debe ser forzado ya que eso implicará un mayor desgaste y por tanto se activarán muchas áreas no necesarias del cerebro que nos impedirán alcanzar este nivel de flujo.

Podríamos definir el acto de motivar por parte del entrenador como el conseguir que sea importante para el deportista lo que es importante para el entrenador, siempre teniendo en cuenta criterios morales, éticos, de valores, técnico-tácticos acordes con el nivel de rendimiento y personales, etc. En ese sentido el desarrollo del talento sería pues el facilitar el camino del éxito a la persona que se entrena, alinear sus competencias a sus deseos (objetivos).

Fundamental en este punto será el tener en cuenta los parámetros de motivación al logro o resultado, y motivación a la tarea o acto de ejecución específico que se realiza. Tan importante es uno como el otro sabiendo que en edades de desarrollo debemos hacer mayor hincapié en la realización técnica, en la tarea, por tanto.

Un estado en el que la persona se encuentra completamente absorta en una actividad para su propio placer y disfrute, durante la cual el tiempo vuela y las acciones, pensamientos y movimientos se suceden unas a otras sin pausa. Todo el ser está envuelto en esta actividad, y la persona utiliza sus destrezas y habilidades llevándolas hasta el extremo. La persona está en flow cuando se encuentra completamente absorbida por una actividad durante la cual pierde la noción del tiempo y experimenta una enorme satisfacción.

La forma de estructurar el entrenamiento y la competición precisa de lo que podemos denominar como clima motivacional contextual. En ellos deben darse situaciones caracterizadas por la competición interpersonal, la evaluación pública y retroalimentación normativa sobre el desempeño de las tareas que ayuden a que aparezca un estado de implicación personal. El clima motivacional situacional es el responsable de la aparición del estado de implicación referido a criterios de éxito. Estos entornos que enfatizan el proceso de aprendizaje, la participación, el dominio de la tarea y la resolución de problemas tienden a fomentar la aparición de una implicación a la tarea.

6.5. EL DIÁLOGO INTERNO

Diálogo interno es existencialidad. Diálogo interior es espiritualidad.

Denominamos diálogo interno al conjunto de conversaciones que mantenemos con nosotros mismos cuando ejecutamos una acción determinada.

Es una comunicación con nuestro yo interno en estado de ejecución y lo queremos diferenciar, por tanto, del diálogo interior o reflexión que se produciría en estado de no desplazamiento, de no necesidad de toma de decisiones en un tiempo concreto ni para una acción concreta.

El diálogo interior es el que se produce desde la posición de fuerza espiritual y por ello ya lo hemos tratado anteriormente en su capítulo correspondiente. Diálogo interior es espiritualidad y **diálogo interno es existencialidad**.

El diálogo interno es el diálogo que se produce de forma espontánea por las diversas experiencias personales que todo ser humano deportivo, en este caso, se hace continuamente. Está enfocado a la toma de decisiones, en la mayoría de los casos, en tiempo corto y muy determinado. Está guiado por nuestro subconsciente cuando realizamos ciertas acciones.

Ese diálogo interno puede ser estéril o prolífico, destructivo o constructivo, obsesivo o tranquilo dependiendo de cómo lo planteemos. Si tenemos un mundo interno sano y, ese diálogo será positivo y proporcionará iluminación en nuestra interpretación de la realidad. Si una persona, por el contrario, posee un mundo interno oscuro y deshecho, el diálogo que establecerá consigo mismo se convertirá en una obsesiva repetición de problemas.

Por todo ello, la relación con uno mismo mejora al ritmo del grado de madurez alcanzado por cada persona. Las valoraciones que nos hacemos de forma madura, tanto sobre nuestra realidad como sobre la ajena, generará valoraciones más realistas y ajustadas. Los deportistas maduros saben no exagerar los obstáculos que encuentra ante los proyectos que se propone. Su diálogo interno es sereno y objetivo, de modo que nada les desconcierta. Mantiene una relación consigo mismo que afectiva y exigente a la vez. Raramente se crea conflictos internos, porque sabe solventar sus preocupaciones buscando la solución adecuada. Tiene confianza en sí mismo y, si alguna vez se equivoca, no se vence ni pierde su equilibrio interno.

Un deportista maduro y equilibrado tiende a mirar siempre con afecto la propia vida y la de los otros. Contempla toda la realidad con deseo de enriquecimiento interno y descubre siempre algo bueno en el objeto de su visión. Es más optimista, más alegre, más humano, más cercano a la realidad, tanto a la del resto de personas como a la de las cosas.

La manera en la que nos hablamos a nosotros mismos, por lo tanto, es determinante, más aún en competición. Exigiéndonos al máximo podemos dar lo mejor de nosotros mismos, pero sin martirizarnos. Es clave la importancia que tiene nuestro diálogo interno, tanto en la vida como en las competiciones deportivas. Sólo mejorando nuestro diálogo interno podemos comprendernos, alentarnos y decirnos lo que precisamos, en energía y acciones. La forma en que nos comunicamos con nosotros mismos influye en gran medida en la consecución de tus resultados.

En este diálogo se funda nuestra conciencia, pero también nuestra fuerza de voluntad, nuestra capacidad para sobreponernos a las dificultades, para perseverar en nuestras metas y para alcanzar lo que deseamos. Nuestro diálogo interno debe ser, por tanto, constructivo y alentador. El diálogo interno positivo aporta energía y vitalidad para la competición deportiva y la para la vida.

Análisis del diálogo interno

Nuestra mente no para de charlar con nosotros mismos. Sobre todo, en partidos y competiciones que generan cierto estrés. Esto, en principio, es algo normal, siempre que controlemos ese estrés. El problema está cuando lo utilizamos para criticarnos a nosotros mismos, para pelear con nuestros pensamientos, nuestras sensaciones e incluso con nosotros mismos. Escuchamos en nuestra mente palabras como:

- *"Que cansado estoy"*
- *"Ya estoy otra vez con lo mismo"*
- *"No seas vago"*
- *"Nunca lo conseguiré"*
- *"Soy un desastre"*
- *"No valgo para nada"*

En realidad, dentro de nosotros viven muchos personajes, y algunos de ellos los reconocemos e identificamos con nosotros mismos, a veces demasiado. Cuando hacemos de una parte de nosotros una sombra de lo que somos, esta sombra se dedica a criticarnos todas aquellas partes que no nos gustan.

El problema de un diálogo interno negativo es que termina por hacernos mucho.

Técnicas para mejorar el diálogo interno

El diálogo interno es esa voz que nos habla a todas horas, para bien o para mal, eso dependerá de la conciencia y aprendizaje que tengamos de esa voz en nuestra mente, nuestros pensamientos y nuestra conducta. El diálogo interno convierte pensamientos en afirmaciones constantes, positivas o negativas y éstas, a su vez, se transforman en creencias, también positivas o negativas que influirán de esa manera en nuestro comportamiento. Así que, para atraer hacia nosotros todo lo bueno, hay que asegurarse de no tener pensamientos, afirmaciones o creencias que limitando nuestra atracción auténtica.

Si sembramos la costumbre de gestionar el diálogo interno de manera más positiva, conllevará los beneficios como mejora de la autoestima, mejora del autoconocimiento, así como pensamientos efectivos. La clave reside en cambiar ese diálogo interno una vez analizado. Ser conscientes de nuestros pensamientos y ser consciente de que lo que hacemos es importante.

Esto significa que el tono de voz con el que nos hablamos se puede cambiar para bien. Siendo conscientes de nuestros propios pensamientos, los podemos cambiar en tono de voz crítica por un tono más sereno y positivo.

Cambiar expresiones negativas y construirnos otras positivas y alentadoras que nos generan mayor autoestima y autoconfianza:

- "que cansado estoy" sustituir por "mi cuerpo necesita recuperarse"

- "ya estás otra vez con lo mismo" sustituir por "es normal que piense en eso"
- "no seas vago" sustituir por "he trabajado duro todo el día y toca descansar"
- "nunca conseguiré esto" sustituir por "casi siempre acabo las cosas que me propongo"
- "soy un desastre" sustituir por "no soy perfecto, pero me esfuerzo"

Técnicas para poder controlar nuestro diálogo interno

Para silenciar

1. Cuestionar lo que pensamos.
2. Identificar lo negativo y analizarlo de manera objetiva y sosegada.
3. Dirigir los pensamientos de la manera más positiva y efectiva para nosotros. No permitir que nos abrumen los pensamientos negativos. No permitir que nuestra mente funcione en modo de piloto automático.
4. Aplicar la técnica del contraste. Transformar todo lo negativo en positivo.
5. Desafiar las creencias. Elegir una creencia, desafiarla, y generar evidencias que rompan eso que creemos.
6. Utilizar la atención dirigida o presencia plena con estrategias de concentración y meditación.

Para confiar

- Querernos un poco más
- Aprender a relajarnos.
- Dialogar con nosotros mismos diciéndonos todas las cosas positivas que tenemos en nuestras vidas
- Buscar evidencias de que estamos consiguiendo tales cosas. Buscar pensamientos de presencia y descartar los de carencia. Si orientamos los pensamientos hacia lo positivo, emitiremos vibraciones más positivas y atraeremos pensamientos semejantes.
- Relajarnos. Lo importante es que durante un rato dejemos de lado el diálogo interno.

Acciones para el diálogo interno constructivo

- crear un contenido positivo de nuestra consciencia eliminando el ruido de pensamientos automáticos negativos
- aportar consciencia a nuestra acción
- ser constructivos en nuestra actitud: realmente construimos nuestra realidad

- vivir con plenitud y mantener esta acción
- relacionarnos con nosotros mismos consciente en el aquí y ahora
- llevar a la práctica la autoestima en el momento presente
- aumentar el grado de eficacia de nuestras acciones, y de percepción de eficacia
- aprovechar mejor el tiempo vital
- comprensión de la vivencia meditativa llevada a la vida cotidiana
- convertir situaciones difíciles, en retos y oportunidades
- reforzar el autoconcepto
- ser dueños de nuestra vida en todo momento

Un diálogo interno positivo es un piloto automático para el éxito, algo que nos permite vivir mejor y confiar en nosotros mismos y en nuestra habilidad para llevar a cabo nuestros proyectos. El diálogo interno, cuando está bien estructurado y apunta hacia el triunfo nos permite continuar y seguir adelante a pesar de imperfecciones y caídas. El diálogo interno positivo es una habilidad que se crea con el tiempo.

Las creencias limitantes se adhieren a nuestro carácter, y determinan los resultados que tenemos. Por ello, es necesario analizarse y tomar decisión consciente de cambiar los pensamientos negativos por unos que no limiten nuestra conducta y tendencia a mejorar.

Los seres humanos, somos muy dados a la costumbre y ello puede ser la clave del éxito. Prepararnos con influencias positivas repetidas hacen que nuestra costumbre se torne positiva y nos ayude a conseguir el éxito. Hay que dejar de lado el conformismo.

Se trata de moldear y crear nuevos hábitos, hábitos positivos y constructivos que permitan crecer como persona y dar lo mejor de uno mismo a nuestra circunstancia.

EL MOMENTO DE CAMBIO

7.1. EL MOMENTO DE CAMBIO. FUERZA TEMPORAL

LA FUERZA TEMPORAL

Momento de cambio: presente intemporal

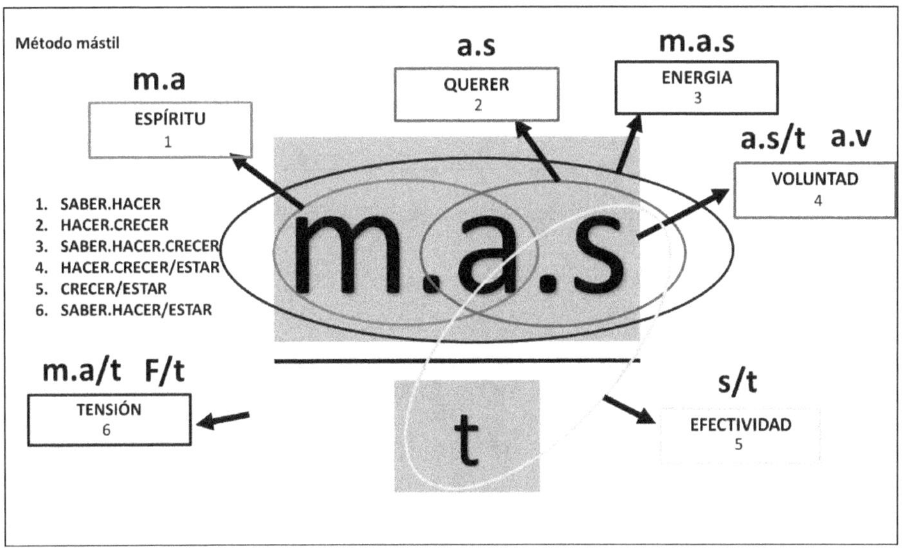

La *Fuerza Temporal* es tensión, es la presión de una fuente de energía. Es fuerza en un tiempo determinado. Es instante de transformación.

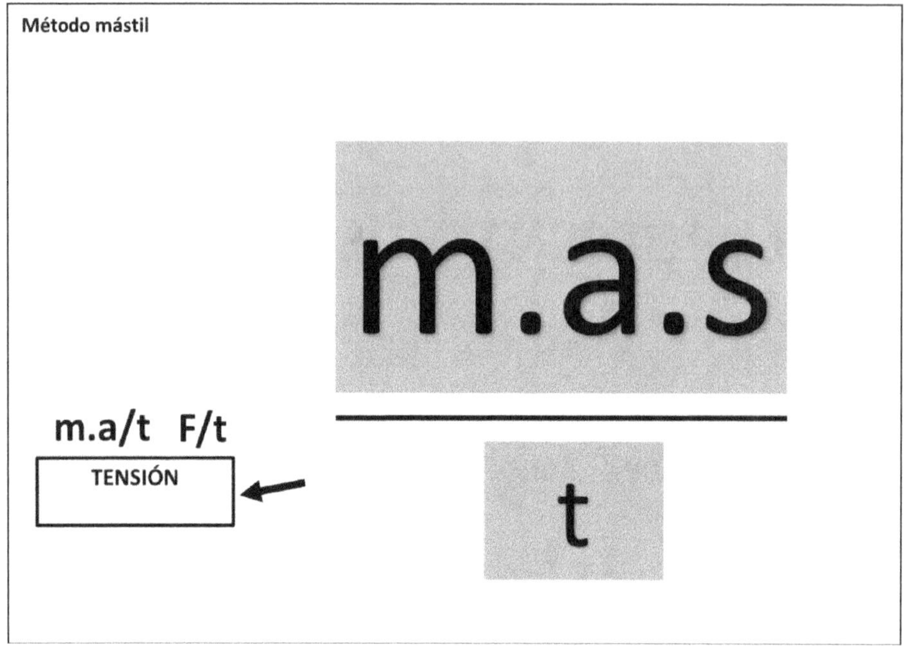

Tensión que deriva luego en activación y generación de estrés positivo para que el momento de cambio sea eficaz y productivo como parte de la potencia de la persona en proceso de crecimiento.

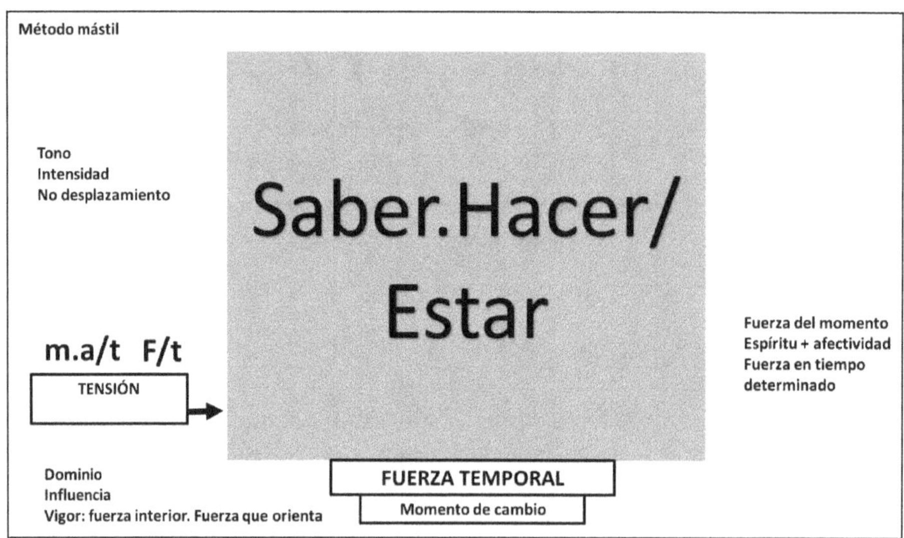

SABER.HACER ESTANDO, crea en el ser humano una *Fuerza Temporal* que es el momento de cambio. Es la tensión, el tono, la intensidad del momento.

Espíritu unido a **afectividad** generan un **tiempo** determinado, explícito y una influencia de **vigor** que orienta nuestra conducta con dominio y liderazgo, interiormente y hacia afuera. El momento de cambio se fundamenta en gran medida en la posesión de competencias emocionales.

7.2. COMPETENCIAS EMOCIONALES EN EL DEPORTE

Inteligencia Emocional es un concepto que popularizó el psicólogo norteamericano Daniel Goleman en 1995 a través del libro "La inteligencia emocional", best seller de ventas durante varios meses en todo el mundo. Sin embargo, las teorías que reúne dicho libro no son realmente originales, sino el conjunto de una nueva psicología, que preconiza la percepción y las habilidades de los sentimientos y las emociones en contra de una excesiva valoración de la inteligencia analítica y racional que miden los test convencionales. En síntesis, Inteligencia Emocional es saber manejar los propios sentimientos y reacciones ante las circunstancias y las personas con las que se relaciona uno: *"Las habilidades interpersonales son las que nos permiten relacionarnos con los demás, motivarles, inspirarles, persuadirles, influirles y tranquilizarles"*, indica Daniel Goleman. Esta nueva psicología permite sacar lo mejor de uno mismo y de los demás, mejorar las relaciones intrapersonales e interpersonales y salir siempre airoso, íntegro, incluso cuando las cosas se tuercen y no conseguimos aquello que deseamos.

La experiencia emocional ha desempeñado un papel fundamental en la evolución de la especie humana. Son las emociones las que permiten afrontar las situaciones verdaderamente difíciles. El bagaje emocional ha sido determinante en la supervivencia de la especie, hasta tal punto que las emociones han terminado integrándose en el sistema nervioso central en forma de tendencias a las acciones innatas y automáticas. La reacción emocional es prácticamente instantánea, por lo que el mecanismo racional que produce los pensamientos no llega a alcanzar a lo emocional.

La mente emocional se caracteriza por su rapidez, en detrimento de su precisión, mientras que la mente racional tiene la capacidad de emitir respuestas más elaboradas. Las serotoninas, endorfinas y adrenalina son agentes bioquímicos que el organismo libera para provocar ciertas reacciones. Aplicar las razones emocionales permite vivir mejor las razones emocionales permite vivir mejor.

Sentimientos y pensamientos

Nuestro pensamiento depende de nuestro estado emocional, porque las emociones inclinan a la acción hacia una dirección. Para Goleman el sentimiento es la experiencia particular de la emoción. Lo que importa a la mente emocional es como se perciben las cosas.

La mente racional es capaz de descubrir las conexiones lógicas entre las causas y sus efectos. La mente racional puede cambiar una creencia por otra, porque razona apoyándose en evidencias objetivas.

La mente emocional, por su parte, considera sus creencias como realidades o verdades absolutas. En la mente emocional prevalece el pasado sobre el presente. Por esto el coach debe guiar hacia un estado emocional más propicio al cambio.

La fuerza temporal proporciona la posibilidad de generar emociones que nos motiven, que motiven a los demás. Se crean estados de flujo para generar eficacia y creatividad. Conciben placer inmediato e instantáneo por lo que se hace y concentración. A veces el coach debe imponer un mapa ajeno para que entre en estado motivacional. Incluso la memoria depende de nuestro estado de ánimo y este ánimo puede generar recuerdos más o menos positivos en función de su estado.

Autoestima

La forma de percibir lo que nos sucede determina en gran medida el éxito o el fracaso en una acción; es lo que los expertos denominan "realidad percibida". En primer lugar, hay que aprender a estimarse a sí mismo, tener amor propio, porque el concepto de uno mismo es el destino o, más exactamente, tenderá a serlo. Si uno no se estima a sí mismo, no podrá querer a los demás.

Pero quererse a sí mismo no significa consentirse todos los caprichos y abandonarse sin control a los deseos que se tengan. Para conseguir resultados en todos los campos es necesaria una buena dosis de disciplina, de fuerza de voluntad, tanto para ejercer la autoestima como para perseverar en el tiempo y en el esfuerzo hasta obtener las metas deseadas. La autoestima requiere además tener la capacidad de renuncia y elección, de saber aplazar los deseos momentáneos de satisfacción inmediata en favor de otros muchos mayores en el futuro, y a la vez, saber elegir de entre las muchas posibilidades, la más acertada al momento y a la ocasión.

Es en definitiva una inteligente mezcla de libertad, flexibilidad, capacidad de aprender de las situaciones negativas y de los propios errores; no hundirse ni dejarse abatir cuando llegan las situaciones adversas, que llegarán, incluso a los más preparados. La vida tiene que ver con grandes retos y exigencias personales, que requieren de la mayor fuerza temporal y fuerza del querer. A mayor libertad, mayor responsabilidad. La disciplina, genera libertad.

"Entre los distintos aspectos del conocimiento de sí mismo, quizá ninguno influya tanto en la vida diaria como la opinión que se tenga de la propia eficacia personal"

Albert Bandura

Autocontrol

Si no se controla lo que se hace, uno queda a la contingencia de sus propios impulsos, reacciones y de la influencia consciente o inconsciente que los demás ejercerán sobre la persona. No hay que reprimir las emociones ni los sentimientos, sino canalizarlos adecuadamente.

Ya Baltasar Gracián en el año 1647 alababa este concepto de autocontrol: *"La finalidad principal de la prudencia es no perder nunca la compostura. Las pasiones son los humores del ánimo; cualquier exceso en ellas perjudica a la prudencia; y si el mal llega a los sabios, la reputación peligrará. Uno debe ser tan dueño de sí que ni en la mayor prosperidad ni en la mayor adversidad nadie pueda criticarle por haber perdido la compostura. Así será admirado como superior"*.

Daniel Goleman lo expresa así: *"Ser consciente de lo que uno siente es el primer paso para conseguir un cierto autocontrol. No se trata de reprimir los sentimientos sino de canalizarlos adecuadamente"*.

Por su parte, un maestro en la práctica oriental del zen aconseja que *"hay que tener conciencia de lo que sentimos para saber qué pensamos, qué decimos y qué hacemos"*.

La perseverancia es uno de los factores importantes incluidas tanto en la fuerza temporal como en la fuerza de voluntad. La variable tiempo determina la necesidad de alargar en el espacio temporal nuestro estado de conciencia y contención de los actos. Hay que ser constante y mantener el esfuerzo de forma continuada, pero con estrategia e inteligencia. Muchas personas abandonan antes de alcanzar lo que desean.

Perseverancia no significa cabezonería, ni mucho menos falta de estrategia. Insistir no siempre es lo recomendable para solucionar los problemas o emprender acciones de éxito. Pero lo cierto es que muchas veces no se consigue lo que se desea porque abandonamos antes de tiempo, porque no existe una verdadera apuesta personal y un autocompromiso por conseguir lo que deseamos. Perseverancia y persistencia se relaciona con la razón y con procesos psicosociales ecológicos, tanto para uno mismo como para los demás. Cabezonería, terquedad, obcecación, obsesión y testarudez se relacionan necesariamente con falta de razonamiento y con agresión psicosocial hacía uno mismo e incluso hacía los demás. Es una conducta del todo viciosa y negativa para la persona.

Las cosas realmente valiosas de la vida exigen esfuerzo, tienen su precio. El fundador de McDonald´s, Ray Kroc ya dijo que *"perseverancia y determinación son las únicas virtudes omnipresentes"*.

Por su parte, Bill Gates indica que *"La determinación es un ingrediente importante del éxito, pero no le des demasiada importancia. La determinación por sí sola no garantiza nada. Debes estar motivado por algo más que el puro deseo de conquista"*.

Los grandes motivadores unen las voluntades y esfuerzos de todos. Propician fuerza del querer desde su fuerza transformacional. Todo el mundo quiere a su lado alguien que entusiasme e ilusione, que les motive y anime a mejorar. Todos escogemos seguir a personas positivas, entusiastas, que saben ver el lado bueno de las cosas, incluso de las aparentemente negativas.

El auténtico líder transformador es así mismo potenciador de la fuerza temporal y sabe crear a su alrededor una sinergia para que todos alcancen lo que desean, explicándoles cómo hacerlo y cuáles son las mejores opciones. El motivador es portador de fuerza transformacional, fuerza del querer y fuerza temporal. Un integrador de esfuerzos y voluntades, descubridor, en muchos casos, de talentos. Hay que dejar de lado el interés propio en beneficio del interés común y lograr metas comunes.

Lao Tse en su obra Tao Te Ching: *"El hombre sabio se coloca en el último lugar y, sin embargo, es el primero. Porque no piensa en sí mismo, por eso sobrevive. Es gracias a su desinterés como su propio interés se realiza"*.

7.3. DESARROLLO DE COMPETENCIAS EMOCIONALES PARA EL ENTRENAMIENTO Y LA COMPETICIÓN.

El Desarrollo de Competencias emocionales para el entrenamiento y la competición tiene el objetivo de dar respuesta a la necesidad de maduración emocional del deportista y del equipo-grupo al que pertenece, algo cada vez más demandado desde los clubes deportivos. El propósito tiene, por tanto, doble vertiente:

- Por un lado, la aplicación de la inteligencia emocional en el ámbito deportivo se hace imprescindible pues proporciona mejoras generales en el rendimiento deportivo. Hace que el deportista joven madure emocionalmente de forma más rápida y segura. Permite tomar conciencia de las emociones en este entorno, comprender los sentimientos de los demás, tolerar las presiones y frustraciones, acentuar la capacidad de trabajar en equipo y adoptar una actitud empática y social. Se trata de potenciar las competencias emocionales en relación con el entrenamiento y la competición deportiva.

- Por otra parte, los agentes de influencia del deportista y las instituciones deportivas deben velar por el bienestar psicosocial y de salud física de los más jóvenes embarcados en competiciones de un nivel de rendimiento deportivo que demandan, en la mayoría de los casos, un requerimiento físico, técnico y socioemocional muy elevado. Tanto, a veces, que el estrés que se genera obliga a potenciar el nivel de madurez emocional de los participantes para contrarrestarlo.

El rendimiento deportivo y las competencias emocionales están tan interrelacionados, que hace posible conseguir que el rendimiento en el entrenamiento y en la competición mejore en mayor medida cuando el deportista está motivado, controla sus impulsos, tiene iniciativa, es responsable y sabe manejar la frustración y el estrés de la mejor manera. Es decir, si tiene competencias emocionales. En este sentido, la inteligencia emocional es esencia y la competencia emocional es presencia, es aplicabilidad y practicidad de la inteligencia emocional.

Diversas investigaciones con adolescentes sugieren que la autovaloración positiva estimula el sistema emocional y motivacional de tal forma que las creencias positivas sobre sí mismo se asocian con un mayor afecto positivo y una persecución de objetivos importantes. Desde este punto de vista, una mayor autoestima puede funcionar como amortiguador de situaciones generadoras de estrés y ansiedad.

El objetivo es desarrollar y potenciar, desde un programa estructurado y sistematizado, las competencias emocionales básicas y específicas relacionadas con el entrenamiento y la competición deportiva en deportistas jóvenes de equipos con niveles de cierto rendimiento deportivo:

- habilidades de afrontamiento para el estrés y la ansiedad precompetitiva y la propia de competición.
- habilidades de afrontamiento para superar situaciones de frustración y ansiedad y por consiguiente potenciar un mejor estado de salud y bienestar (optimismo, minimizar lo negativo, disfrutar de las relaciones de apoyo mutuo)

Aplicación de la inteligencia emocional y desarrollo del talento deportivo. Aprendizaje Social y Emocional (ASE)

Los programas de práctica deliberada de la educación emocional permiten a los niños la mejora de la capacidad de pensar, razonar, hablar y escuchar. Y desarrollan un conjunto de competencias de conocimiento socioemocional que hacen madurar notablemente al niño y conseguir un mayor equilibrio emocional.

Objetivos generales:

Familiarizar, desarrollar y perfeccionar los fundamentos técnicos y tácticos del juego, tanto individuales como colectivos.

- Participar activamente en las actividades deportivas.
- Desarrollar hábitos deportivos correctos como el fair play, la competitividad o el compañerismo.
- Mantener durante todo el campus unos hábitos dietéticos e higiénicos adecuados.
- Desarrollar la confianza en uno mismo.
- Potenciar la flexibilidad para afrontar cambios personales del individuo.
- Despertar la agudeza sensorial.

Contenidos

Los contenidos comprenden un conjunto de habilidades que permiten comprender, expresar y regular de forma apropiada los fenómenos emocionales. Incluye conciencia emocional, control de la impulsividad, trabajo en equipo, cuidarse de sí mismo y de los demás. Esto facilita desenvolverse mejor en las circunstancias de la vida tales como procesos de aprendizaje, relaciones interpersonales, solución de problemas y adaptarse mejor al contexto.

Dimensiones y competencias específicas a desarrollar. Conocimientos, conceptos, actitudes y habilidades.

Aspectos generales para el mejor manejo de las emociones:

- Reconocer y aceptar las emociones
- Saber manejar las propias emociones
- Ponerse en el lugar del otro
- Crear buenas relaciones sociales

- Tener y generar una comunicación adecuada desde un estilo asertivo
- Saber gestionar el conflicto
- Trabajar desde el aprendizaje cooperativo

Los contenidos básicos coinciden del todo con el planteamiento dimensional de Goleman (1995) que propone 5 factores:

1. Autoconciencia emocional
2. Autocontrol de las emociones
3. Automotivación
4. Empatía
5. Habilidades sociales

En cuanto a aptitudes personales (Inteligencia intrapersonal)

1. AUTOCONOCIMIENTO

- Conciencia emocional. Identificar sentimientos y emociones
- Autoevaluación.
- Autoconfianza
- Autoestima

2. AUTOCONTROL

- Autorregulación
- Asertividad
- Adaptabilidad. Innovación. Creatividad
- Control de pensamientos y dominio de pensamientos negativos
- Enfrentarse al estrés

3. AUTOMOTIVACIÓN

- Afán de triunfo
- Compromiso
- Iniciativa y optimismo

En cuanto a aptitudes sociales (Inteligencia interpersonal)

4.. EMPATÍA

- Comprensión del otro
- Ayuda al otro. Solidaridad
- Aprender a escuchar. Escucha activa

5. HABILIDADES SOCIALES

- Influencia-liderazgo
- Comunicación
- Manejo de conflictos. Aprender a resolver conflictos
- Interacción social. Colaboración-cooperación
- Trabajo en equipo. Trabajo cooperativo

La competencia es el conjunto de conocimientos, capacidades, habilidades y actitudes necesarias para realizar actividades diversas con un cierto nivel de calidad y eficacia. Competencias socio-emocionales específicas de cada factor a trabajar en las sesiones:

1. Autoconciencia emocional

- Autoconocimiento personal general
- Conocimiento de las fortalezas y debilidades personales
- Toma de conciencia de las propias emociones
- Capacidad de percibir sentimientos y emociones
- Identificación y etiquetado de emociones y sentimientos
- Conocimiento y utilización del vocabulario emocional
- Capacidad de expresión emocional en grupo
- Conocimiento de la interacción emoción-pensamiento-comportamiento
- Autoconciencia de valores morales y ética personal y grupal

2. Autocontrol de las emociones

- Conciencia y capacidad de autocontrol y regulación emocional
- Aumento de la tolerancia a la frustración
- Aumento de la tolerancia a la demora
- Autocontrol de la impulsividad (ira, violencia, comportamientos de riesgo)
- Habilidad para afrontar emociones negativas

3. Automotivación

- Competencias para autogenerar emociones positivas
- Potenciar la Autoestima: tener una imagen positiva de sí mismo
- Potenciar la capacidad para automotivarse y tener una actitud positiva
- Potenciar el afrontamiento de retos
- Potenciar la capacidad de autoeficacia emocional (aceptación de la experiencia emocional)

4. Empatía
   - Respeto por los demás: intención de aceptar y apreciar las diferencias individuales y grupales y valorar los derechos de todas las personas.
   - Potenciar un comportamiento prosocial y de cooperación
   - Aumento de la Comunicación receptiva
   - Compartir emociones
   - Conseguir un verdadero comportamiento de asertividad: capacidad para defender y expresar los propios derechos, opiniones y sentimientos, sin herir el de los demás.

5. Habilidades sociales
   - Asumir la responsabilidad en la toma de decisiones
   - Potenciar su capacidad de crítica constructiva
   - Capacidad de identificar apoyos y recursos
   - Aumento de las habilidades sociales básicas: escuchar, dar las gracias, pedir un favor, pedir disculpas, actitud dialogante, etc.
   - Capacitarle para la resolución de problemas interpersonales y sociales. Capacidad de negociación.
   - Mejora de la comunicación interpersonal horizontal y vertical.
   - Capacidad para fijar objetivos positivos y realistas.
   - Mejora de la capacidad de influencia. Conciencia y generación de liderazgo.

Metodología. Cómo se ha realizado el Aprendizaje Social y Emocional (ASE)

De forma indirecta

A través del entrenador

- En la propia acción y proceso de instrucción (de forma verbal y con lenguaje no verbal). **Exigencia + afectividad.**
  - Explicación de ejercicios
  - Corrección de ejercicios
  - Establecimiento de límites. Llamadas de atención
  - Aplicación de Refuerzos y castigos
  - Feedback e instrucciones técnicas y tácticas
  - Asignación de responsabilidades
- Dinámicas dirigidas en descansos
  - Dinámicas propias o/y aportadas por los coordinadores del curso

A través de los padres

- Limites, refuerzos, castigos, responsabilidades, etc., en la vida cotidiana tanto en el contexto de casa como fuera de él.

De forma directa

A través del coordinador del ASE-IE

- Dinámicas dirigidas en la cancha
- Dinámicas dirigidas en aula
- Tareas para casa, individuales
  - o Introspección: DIARIO EMOCIONAL
  - o Actividades de identificación
- Tareas en subgrupos para descansos activos en campus
  - o Actividades de habilidades sociales: rol playing, enseñanza recíproca, grupos de trabajo
  - o Actividades de expresión de sentimientos
  - o Actividades de resolución de conflictos, planteamiento de tema y resolución, identificar distintos liderazgos, etc.
  - o Actividades para controlar emociones, estrés, etc.

Para qué la inteligencia emocional

- Para aprender a identificar mis estados de ánimo y responsabilizarme de ellos

AUTOCONOCIMIENTO

Establecimiento de límites
- Para mejorar mis relaciones interpersonales desde la empatía y la asertividad

Entendimiento de/con los demás
- Para ser capaz de expresar de la mejor manera mis sentimientos

Comunicación

Pautas para desarrollar la autoestima en los niños

- Reforzar todo aquello que hagan bien, y hacerlo en su justa medida
- Reforzar y valorar el esfuerzo
- No hacer comparaciones con otros niños, menos de la misma familia o equipo.
- No realizar reprobaciones indignantes hacia la persona ("eres un desastre")

- Reprobar la conducta indeseada, no a la persona
- No enfadarse con el niño, no hacer chantaje afectivo
- No humillar ni ridiculizar
- Dar explicaciones razonables y argumentar en la justa medida
- No sobreproteger
- Proporcionar normas claras y suficientes. Coherentes.
- Si se castiga, hacerlo de forma mesurada y proporcionada
- No castigar con dejarle sin actividad.

Que motiva a los niños:

- La atención personal a ellos y a sus trabajos
- Hacer saber a sus padres la buena realización de una tarea
- Estar disponible al 100%
- Felicitarles, valorarles
- Que vean el motivo de su acción
- Premiar el esfuerzo
- Confiar en su mejora
- Exigencia y afectividad (firmeza y flexibilidad)
- Ilusionarles con proyectos compartidos

Desarrollo de la voluntad

- Voluntad o fuerza para hacer una tarea o proyecto. Supone esfuerzo. Se aprende desde el orden, la constancia, la obediencia (no sumisión).
- Con la voluntad se supera la ignorancia, la pereza, la cobardía, los egoísmos.
- La disciplina es lo que consigue transformar la animalidad en humanidad.
- El niño aprende a ser libre, siendo disciplinado. Contradicción o argumento.

Enemigos de la voluntad.

- Caprichos
- Cambios constantes de tareas sin acabar
- No acabar las tareas
- La sobreprotección
- Egocentrismo
- Desobediencia
- Ambiente desmotivador

Autoimagen: sentimiento de la propia competencia y la autoestima.

- **Sentimiento de competencia** depende de opiniones externas
- **Autoestima** depende de la popularidad ante los demás.

Autoconcepto: suma de las percepciones que se tiene de sí mismo. Competencialidad + estima personal

- El autoconcepto es una variable crítica que **influye en el aprendizaje** y en el rendimiento.
- El autoconcepto **no es innato, se construye** (y se destruye) y define a lo largo del desarrollo por las personas significativas del microsistema del niño-joven. Como consecuencia principalmente de las propias **experiencias de éxito y fracaso.**
- El autoconcepto influye poderosamente en el comportamiento
- Las personas con buen autoconcepto ven más rasgos + que – en los demás
- Tiene una presencia más agradable y viva
- Genera a su alrededor un tono **más + y creativo** de vida

En dicho programa de competencias emocionales específicas para el rendimiento deportivo, el número de sesiones adecuado es de 6-10 sesiones. Se deben realizar con cada grupo-equipo una al comienzo de la temporada, 4 en la mitad y otra al finalizar el período de competiciones. Se deben hacer el máximo de sesiones pudiendo llegar en todo caso a 10 acciones.

En cuanto a la temporalización, las sesiones tendrán una duración de entre 50 minutos y 1 hora y media según necesidades y posibilidades del equipo. Se realizarán principalmente en aula amplia para poder hacer diversas dinámicas y a la vez poder realizar visionados de videos y tareas con lápiz y papel. En algunos casos se efectuarán en espacios abiertos como canchas varias y zona verde.

La metodología debe ser en todo momento activa, participativa, experiencial y apoyada en dinámica de grupos coordinados por profesionales titulados y con formación y experiencia en estas dinámicas. Con aplicación de herramientas tanto de la psicología cognitiva, humanista y conductual, como del Coaching Deportivo más actual. Metodología vivencial constructivista, por tanto. Elías y Butler (1999) proponen una serie de pasos para la adquisición de competencias socio-emocionales y que nosotros llevamos a cabo en nuestras sesiones:

1) Romper el hielo. Actividad introductoria y orientadora para distender el grupo.
2) Introducir conceptos y definiciones previas. Repaso breve de los puntos esenciales de las clases anteriores, relacionándolos con situaciones de la vida real.
3) Introducir la habilidad a adquirir y motivar para que sea utilizada.

4) Describir y modelar la habilidad descomponiéndola en sus componentes elementales.
5) Memorizar los pasos elementales de la habilidad.
6) Practicar la habilidad con feedback continuo.
7) Transferir la habilidad a las situaciones de la vida cotidiana. Esto implica asignar tareas para realizar en todos los microcontextos donde se mueven los jóvenes y especialmente en el entrenamiento y la competición.

Los participantes son, por tanto, equipos o grupos de deportistas (en el caso de deportes individuales) de categorías con edades comprendidas entre los 12 y 18 años del mayor nivel de rendimiento del club al que pertenezcan. En cualquier caso, siempre serán deportistas que participen en competiciones de un nivel de rendimiento deportivo lo suficientemente alto como para requerir este tipo de intervención psicosocial.

En cuanto al de cada equipo-grupo estará comprendido entre 10-20 deportistas para asegurar una adecuada calidad en los procesos de dinamización de las sesiones y por tanto de transmisión de los contenidos.

La inteligencia emocional en el deporte es importante ya que:

a) A nivel emocional: propicia la mejor orientación al logro de los objetivos, la competitividad, la identificación de valores del deporte y los personales, la autovaloración, el trabajo en equipo, el liderazgo, la empatía, el control de las reacciones y emociones negativas, entre otros.

b) A nivel físico: para saber organizarse, no obsesionarse con el deporte, tener momentos de descanso, gestionar el tiempo y los hábitos adecuados de alimentación.

c) A nivel social: para saber relacionarse mejor con el equipo, entrenadores, preparadores, y todas las personas que forman parte de un entorno sociodeportivo de cierto nivel de rendimiento.

d) A nivel racional: para mejorar el entendimiento del propio juego, así como de los aspectos técnicos y tácticos.

En el entrenador, los objetivos que se persiguen con la implantación de la Inteligencia Emocional son:

- Ser capaces de detectar casos de bajo desempeño en el área emocional.
- Identificar las emociones de los deportistas
- Establecer relaciones positivas entre ellos
- Enseñar a que identifiquen sus emociones
- Prevenir conflictos interpersonales. Negociación de conflictos

- Potenciar la escucha activa
- Realizar un adecuado establecimiento de límites
- Saber utilizar los refuerzos y castigos
- Mejorar el empleo de los feedback e instrucciones

En el deportista, los objetivos que se persiguen con la implantación de la Inteligencia Emocional son:

- Tener relaciones positivas
- Conocer cuáles son las emociones y reconocerlas en los demás
- Tomar decisiones responsables
- Modular y gestionar la emocionalidad. Clasificar sentimientos, estados de ánimo.
- Desarrollar la tolerancia a la frustración.
- Desarrollar la tolerancia a la demora. Saber esperar. Tener paciencia
- Adoptar una actitud positiva ante la vida. Adquirir escucha activa y empatía
- Saber resolver conflictos. Tener asertividad

Todos los ejercicios, dinámicas y herramientas a trabajar en el Aprendizaje Social y Emocional (ASE) están contenidos en la Roseta de los Vientos del Rendimiento Deportivo y se desarrollan y explican en el último capítulo del libro.

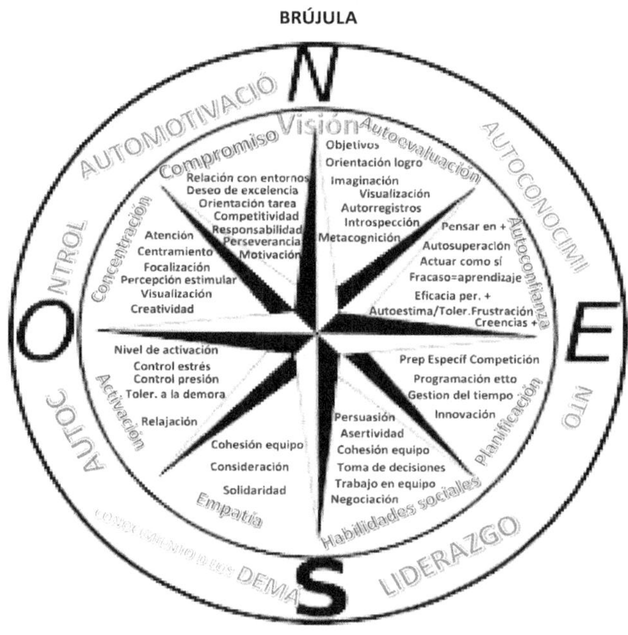

"Las personas con habilidades emocionales bien desarrolladas tienen más probabilidades de sentirse satisfechas y ser eficaces en su vida, y de dominar los hábitos mentales que favorezcan su propia productividad, su capacidad de concentrarse en el trabajo y de pensar con claridad ".

Daniel Goleman

7.4. EL MÉTODO BASADO EN LA PERSONA DE CARL ROGERS

Carl Rogers desarrollo su trabajo a través de la Terapia Humanista con el fin de ayudar a las personas con problemas de índole psíquica. Gran parte de sus ideas tuvieron un lento desarrollo a partir de sus experiencias, debido a una niñez separada de la sociedad que más tarde en su época de estudios universitario fue variando lenta, pero satisfactoriamente en el desarrollo de su trabajo posterior, relacionado con el servicio y desarrollo de la persona.

Al inicio de su trabajo reconoce al yo, estableciéndolo como algo vago y ambiguo. Por lo que el individuo al hablar de sus problemas y se refiere a ellos como algo desconocido. Dejándolo como un elemento importante definiéndolo como un auto concepto dentro de un patrón organizado y consistente de características del yo.

Es aquí luego de variedad de trabajos Rogers desarrolla el método centrado en la persona lo que implica el cómo dirigimos a los otros y preparándolo a reconocer y dar soluciones a diferentes problemas. En su trabajo utiliza tres categorías con las que se adquiere el desarrollo integral de la persona. Estas permiten un alto desarrollo del ser humano completo, abriendo sus sentimientos. Adquiriendo más empatía, autenticidad y a no ser posesiva.

Es Fuerza Temporal, fuerza del momento ***espíritu + afectividad***, fuerza en tiempo determinado. Dominio, influencia, vigor, fuerza interior, fuerza que orienta a la persona en su proceso de desarrollo. Es y está en su ***momento de cambio***.

Este es un método desarrollado por Carl Rogers y, es por esta razón, que a veces es llamada asistencia, ayuda o terapia Rogeriana.

Con el centramiento en la persona podemos poner a todo ser en desarrollo, en condiciones de crecer, desenvolverse y trabajar sobre cualquiera de los problemas que tenga. Todo acercamiento que verdaderamente ayude a las personas, debe involucrar estar trabajando en esta misma forma.

La primera cualidad es empatía. Es, tal vez, la más importante de todas las formas de acercamiento. La persona se siente aceptada y comprendida. Dos cosas son necesarias en este paso: que la empatía sea aceptada, y que sea conocida por el cliente. Ambas son destrezas que se pueden y deben aprender por parte del coach o asesor y hacen una enorme diferencia en la relación entre el cliente y el consejero o terapeuta.

La segunda cualidad es la autenticidad, sinceridad. Si la empatía tiene que ver sobre la escucha al cliente, la autenticidad se basa sobre la escucha a uno mismo. Si realmente me sintonizo con mi interior y me entero de todo lo que está sucediendo en mi interior. Esto significa estar abierto a mi propia experiencia, sin interrumpir nada de lo que ocurre. Y esto significa dejar de ver una forma en que el cliente puede obtener beneficios de esto. La sinceridad es más firme que la empatía porque implica mucho autoconocimiento, lo cual, puede realmente ser obtenido por completo con un completo y profundo proceso de ayuda.

La tercera es no ser posesiva, tener cercanía y calidez. Esto significa que el cliente debe ser percibido en toda su humanidad. En una atmósfera así, se desarrollará la confianza y la persona se sentirá capaz de abrirse a sus propias experiencias y sentimientos.

Se trata, con este acercamiento, de que las personas sean capaces de hacerse cargo de sus propias vidas y realmente ser ellos mismos completamente funcionales.

Rogers, en su trabajo, evidencia una clara preocupación por la vivencia de las experiencias pasadas para definirse a sí mismo para terminar de lograr con ello una redefinición del autoconocimiento del sujeto.

En su propuesta resalta tres categorías de relevancia:

1. la empatía reconocida y vivenciada por el cliente, que brinda una mejor recepción entre el paciente y el terapeuta
2. la autenticidad que desarrolla el cliente frente a sus mensajes internos, pudiéndose oír y aceptarlo sin recelo
3. la calidez que irradiamos hacia los otros como un ser humano integro

Los fundamentos Rogerianos, del método centrado en la persona, establecen un marco de referencia mediante el cual las personas pueden idear y modificar la opinión que tienen de sí mismos y a través de esta visión y de su nivel de autoconocimiento permitir desarrollar internamente un renovado y positivo autoconcepto y autoestima del cliente que recibe la terapia o el asesoramiento.

El momento de cambio, articulado desde una orientada fuerza interior produce tono emocional e intensidad de autoconocimiento positivo terminando por fortalecer el espíritu unido a afectividad.

El camino del Ser es fuente central de energía en el organismo humano. Tendencia a la realización, a la actualización, al mantenimiento y enriquecimiento del organismo. Sintonizamos con una potente tendencia creativa del universo.

El sujeto, como ser integrado, supera a la dualidad mente-cuerpo y el psiquismo como la suma de funciones. La persona descrita como totalidad indivisible y trascendente. Posibilidad de despliegue de las potencialidades por capacidad de actualización. No hay nada en nosotros bueno o malo, simplemente es. La aceptación y despliegue de todos los aspectos de nosotros mismos depende de nuestra integridad, desarrollo pleno y congruencia.

Ser en el mundo. Somos en el mundo y, por lo tanto, estamos en permanente integración, interrelación y transformación a raíz de un contacto con el medio. La constitución de sí mismo es consecuencia del vínculo con los demás.

Debe de haber un predominio de lo subjetivo, forma de percibir lo que determina mi relación con la realidad. Conozco de acuerdo a mis creencias. El vínculo de persona a persona nos modifica a ambos, estar con el otro nos modifica. El vínculo significa una transformación. Donde hay encuentro, no hay manipulación.

La configuración de la estructura experiencial determina el vínculo basado en enfoque centrado en la persona y desestima los diagnósticos tradicionales, no clasifica, ni predefine. Estar abiertos a la experiencia implica suspender juicios y valoraciones. La forma en la cual se "*organiza*" el encuentro está determinada por lo que acontece, por el estar presente.

La conciencia vuelta sobre sí misma, es la capacidad de "discriminación sin representación consciente". Posibilidad humana de experimentarse a sí mismo, ser "testigo" de sí mismo, muy diferente a la conciencia moral. Despliegue de la tendencia que nos actualiza precisamente desde esta actitud contemplativa y de aceptación que inhibe los prejuicios.

Lo fenomenológico, descripción y corroboración perceptual es "realidad experiencial" y me dejo impresionar por la subjetividad del otro, sin querer cambiar su significado. Trato de determinar si mi comprensión del mundo interno del cliente es correcta, si estoy viendo esto como él está experimentando esto en éste momento.

Las realidades psíquicas constituyen el marco de referencia interno. No buscamos saber si es real o verdadero, aceptamos que su verdad interna es verdad para él.

Ser en el mundo como individuo consciente de su pertenencia al universo, capaz de actuar desde el lugar de un ser responsablemente libre, en busca de sentido. Ser humano comprometido solidariamente como forma de funcionamiento y en respuesta de sentido.

La conducta de una persona es causa y efecto simultáneamente. Causa-efecto tiene sentido por facilitar la comprensión. La comprensión empática y una comunicación profunda con gran significación. La habilidad de comunicar la compresión empática permite manejar nuestros sentimientos sin dejarnos conducir por ellos en el comportamiento, afirmándolos.

El comportamiento asertivo hace respetar nuestros derechos de una forma que no viola los derechos del otro:

- Irreversibilidad de la transformación
- Importancia del concepto de proceso: la psicoterapia como un proceso. Es un recorrido, una tendencia evolutiva.
- Ser persona: cuando se refiere a persona, un yo en proceso de una mayor integración.
- Validación positiva incondicional: aceptación del ser del otro. Validación referida a su ser y a su experiencia, no implica aprobación o rechazo de su conducta.
- Estar presente íntegramente: en el vínculo, congruente, cálido y aceptante.
- Libertad y creatividad: con principios filosóficos.

7.5. LA TERAPIA FOCALIZADA EN LA EMOCIÓN (TFE) APLICADA AL COACHING

La Terapia Focalizada en las Emociones (TFE) es un tratamiento experiencial empírico (Elliott, Greenberg & Lietaer, 2004) que integra elementos de las prácticas centradas en el cliente (Rogers, 1961) y Gestalt (Perls, Hefferline, & Goodman, 1951) con la moderna teoría de las emociones y una meta-teoría dialéctico-constructivista. El enfoque fue originalmente llamado terapia de proceso experiencial (EP) (Greenberg, Rice & Elliott, 1993) reflejando un enfoque humanístico experiencial. No es Coaching, pero se pueden realizar aplicaciones al coaching con ejercicios y dinámicas adaptadas a los sujetos, a los coachees.

"La TFE sostiene que las emociones mismas tienen un potencial adaptativo innato que si es activado puede ayudar a los clientes a cambiar estados emocionales problemáticos o experiencias personales no deseadas".
Greenberg, L., Elliott, R., Pos, A.

La emoción, en su esencia, es un sistema adaptativo que se ha desarrollado para ayudarnos a sobrevivir y vivir. Las emociones están conectadas a nuestras necesidades más esenciales. Nos alertan, preparan y guían en situaciones importantes, para que podamos llevar a cabo acciones que hagan concretar nuestras necesidades.

En la TFE el mecanismo central del cambio es el procesamiento emocional y los procesos emergentes de dar sentido. El cambio ocurre al dar sentido a las emociones propias a través de la toma de conciencia, la expresión, regulación, reflexión y transformación de la emoción en el contexto de una relación empáticamente que facilita dichos procesos. Los principios del cambio emocional son:

1. Toma de conciencia y simbolización de la experiencia emocional básica en palabras
2. Expresión de la emoción para superar la evitación y experimentarla fuertemente y expresar emociones previamente coartadas
3. Regulación de la emoción facilitando la habilidad para tolerar y regular la experiencia emocional
4. Reflexión sobre la experiencia emocional para encontrar el sentido de experiencia y asimilar por narrativa permanente. Lo que hacemos de nuestra experiencia emocional nos hace lo que somos. La reflexión nos ayuda a crear un nuevo significado y a desarrollar una nueva narrativa para explicar la experiencia
5. Transformación de la emoción por la emoción. Transformación de emociones desadaptativas primarias como el miedo y la vergüenza (Greenberg, 2002). Un estado emocional desadaptativo puede ser transformado anulándolo, al activar otro estado emocional más adaptativo.

La TFE activa la emoción durante el tratamiento para producir un cambio profundo en el funcionamiento automático de los esquemas emocionales, que son frecuentemente la fuente del problema.

No hay que considerar que existan emociones positivas o negativas, más bien lo que me gusta más o menos. Lo cognitivo, lo conductual se queda corto y la implementación con tratar la emoción y transformarla es importante y necesario.

Argumentar lo vivido para desplegar las emociones y contarlas con una gramática. Hay que especificar y definir la emoción para empezar a abordarla. La psicología cognitivo-conductual tiene una concepción mecánica de la emoción y la emoción es progreso, nuestra historia se despliega cuando damos o sentimos cariño desde lo emocional.

El modelo experiencial o procesual de gestión emocional se multiplica cuando se integra por práctica personal. Hay que sentir lo negativo también. Esta es una premisa fundamental de la TFE. Existe yo objeto y yo sujeto, pero determinado desde lo cognitivo-conductual y la psicodinámica.

Debemos tender a la actualización de persona como organismo complejo, sistémico y reflexivo en continuo proceso de equilibrio y autorregulación dentro de una dimensión existencial. Somos experiencia y necesitamos dar significado a lo que nos pasa. Estado propositivo continuo o de estabilización e intencionalidad. Vivir la emoción con un propósito. Experiencia emocional unida a manejo de la emoción. El cuerpo es una parte fundamental para ello.

Por esto, la importancia de las competencias diagnósticas. Diagnóstico de proceso donde la empatía es el pilar básico. Sin empatía no existe un proceso adecuado de focalización de la emoción. La experiencia intrapersonal es muy importante y llevar a ello desde la empatía, definitivo.

Lo emocional es una información muy rápida y potente. Parte del interior contextualizado e informa del estado de nuestras necesidades desde ese contexto. La emoción es un motivador. Continuamente estamos aprendiendo a emocionarnos. Es necesario sentir lo que nos emociona para transformarlo. El dolor hay que vivenciarlo para poder cambiarlo.

El esquema de emoción se basa en que el yo está incluido en el mundo por la experiencia. El estado emocional presente provoca esquemas del mismo tipo. Activación del yo según el esquema que luego se desactiva: organizadores de la experiencia. Los esquemas de emoción permiten la reorganización.

Las personas se organizan según sus interpretaciones. Hay que detectar las incongruencias por lenguaje verbal y lenguaje no verbal. Nuevos esquemas de emoción por nuevas experiencias. Terapia verbal y corporal.

Se trata de crear esquemas para mayor riqueza personal. proporcionar significado simbolizado. Hablar de sí misma de modo conectado, de su yo en el mundo.

El esquema de creencias sobre los conceptos e identidades se basa en la simbolización, en poner nombre a las cosas que se sienten:

- A nivel de pensamiento no se presenta el esquema completo

- Activar esquemas de emoción para que interactúen. El lenguaje de la emoción es más corporal
- Como activar emociones en otro. . .por significados, por lo corporal, etc.

Las vías de entrada son múltiples. Hay que detectar cuál es la típica del sujeto y cuál le falta. Ver y saber el perfil típico de la persona. Algo similar a la observación del sistema representacional de la PNL. Las vías de acceso a la emoción pasan por recorrer desplegar cómo se vive la emoción.

La meta del proceso, es la reorganización emocional. Cuál es la emoción más nuclear y los esquemas más desadaptativos. Qué esquema queremos cambiar. Para ello hay que activar todos los elementos del esquema.

Poder experimentar todas las emociones negativas internas posibilita vivenciándolas el mayor crecimiento y madurez emocional. Una manera de transformar las emociones es completarlas, recorrer su camino entero.

Evitar la evitación:

- consciencia
- expresarlo
- incrementar la regulación emocional
- reflexionar sobre la emoción
- cambiar la emoción con emoción
- experiencia interpersonal

Terminando por realizar una nueva síntesis emocional, parecida a enfrentarte a un perro que te quiere morder. Generalización por reflexión, introspección, no de forma automática. Esa parte del proceso depende de lo nuclear, de que sea esa emoción la que se trabaje, no la persona en su globalidad.

Se trata de generar significado desde lo experiencial. Comprenderse, posibilitar autoempatía. Ofrecer maneras de facilitación, entendiendo y metiéndote en el otro. Una buena escucha activa que evoque la emoción en la persona.

La empatía se presentará aquí como una zona intermedia entre los dos. Frontera de contacto. Empatía, hecho visualizado y sentido de la relación.

Los modos intencionales de respuesta empática son: seguimiento, evocación, exploración y afirmación:

- No abrir el mapa es no gestionar las emociones
- Puedo enfadarme sin llegar a tener ira.
- Expectación: nerviosismo positivo. Expectación, porque necesito lograr algo.

- Interrelación vs no relación
- Dar razón del aprendizaje

7.6. LA TENSIÓN EN EL DEPORTE: NIVEL DE ACTIVACIÓN, ATENCIÓN, ESTRÉS, ANSIEDAD Y MIEDO.

La atención

La atención es una variable decisiva para detectar e interpretar las demandas de cada situación y tomar las decisiones oportunas. La atención es determinante en todo lo que conlleva:

- Estar alerta
- Recibir y asimilar información
- Analizar datos
- Tomar decisiones
- Actuar a tiempo
- Actuar con precisión

La atención en la competición por su influencia en el rendimiento la atención adquiere una enorme importancia en la competición:

- En los momentos previos, puede ayudar a poder ultimar los detalles de la competición
- Durante la competición es clave en momentos de mayor actividad.
- Después de la competición puede contribuir a un análisis más adecuado de lo sucedido.

Durante la competición la atención debe ser automática para controlar y neutralizar las interferencias atencionales

El nivel de activación

Nivel de activación es la respuesta fisiológica y cognitiva determinada positivamente por la fuerza del querer o negativamente por el estrés. El nivel de activación influye en los dos aspectos centrales del rendimiento deportivo: la toma de decisiones y la ejecución motora. Afectando al funcionamiento mental y físico de los deportistas.

Su control constituye uno de los objetivos fundamentales, tal vez el más importante, en la intervención psicológica para la competición. El extremo inferior a la activación corresponde a un estado de máxima calma y relajación en el que el estado de alerta, la tensión y la excitación se encuentran prácticamente ausentes. Tanto la ausencia de activación como la activación demasiado elevada perjudicarán el rendimiento, mientras que un cierto nivel de activación lo favorecerá notablemente. La práctica continuada de los deportistas, autoevaluando su propia activación, desarrollará una habilidad para identificarla y cuantificarla con la fiabilidad apropiada.

De todas formas, el nivel de activación óptimo para rendir mejor no será necesariamente el mismo siempre, sino que dependerá de la situación, tarea a realizar, toma de decisiones, nivel de atención requerido, etc., de tal forma que el deportista debe aprender a identificar el nivel más apropiada en su caso particular.

La activación también puede medirse de forma objetiva a través de variable psicofisiológicas (tasa cardiaca) estableciendo una relación concreta del nivel de activación a través de estas medidas.

La activación puede manifestarse de distintas formas:

- manifestaciones psicofisiológicas (tensión muscular, tasa cardiaca) (a través de aparatos)
- manifestaciones conductuales directamente observables (impulsividad en acción, aceleración de voz, etc.)
- manifestaciones cognitivas o actividad mental encubierta (pensamientos, imágenes, auto diálogos internos, etc.)

De las formas de manifestación apuntadas anteriormente destacaremos las psicofisiológicas y las manifestaciones mentales. La ansiedad conlleva activación, pero también conlleva, en muchos casos de forma positiva, un aumento de la fuerza del querer e interés por el reto o la hostilidad. Esto es, la activación negativa y la activación positiva.

La activación negativa suele estar propiciada por:

- el miedo al fracaso
- la incertidumbre del resultado
- dudas del propio rendimiento
- insatisfacción y frustración durante la competición

Tanto la activación negativa como la positiva pueden ser beneficiosas o perjudiciales para el rendimiento, por exceso o por defecto, según las circunstancias en que los deportistas tienen que rendir. Con la activación negativa generamos mayor estado de alerta y atención con mayor facilidad, pero también estamos expuestos a pasarnos y rebasar la línea que lleva al estrés perjudicial. Con la activación positiva está determinada por la fuerza del querer y la autoconfianza aumentamos la activación de forma más segura, aunque más lentamente. Las dos formas son necesarias en la competición por lo que deberemos entrenarlas para su correcta utilización.

Factores de influencia del nivel de activación:

- *Sobre la atención:* un aumento del nivel de activación favorece que se produzca una mayor selectividad atencional, lo que contribuye a que el deportista centre su atención en los estímulos más relevantes para realizar su tarea.
- *Sobre la toma de decisiones y la interpretación de la información:* la activación elevada puede bloquear mentalmente al deportista, dificultando la toma de decisiones o, por el contrario, acelerarles tomando determinaciones impulsivas e incorrectas.
- *Sobre la tensión muscular y la movilización de energía física:* una tensión mayor o menor que la apropiada en cada músculo y para cada tarea perjudicará la ejecución y por tanto el rendimiento. En cuanto al grado de tensión muscular, deberemos utilizar la dosis apropiada de energía en cada momento.

Concluyendo, podemos decir que, el nivel de activación óptimo es aquél que corresponde al mejor estado de activación que favorece el mejor estado físico y mental del deportista para que rinda al máximo de sus posibilidades.

Estrés, ansiedad y miedo

El estrés es la respuesta del organismo de movilización de recursos fisiológicos y psicológicos para poder hacer frente a situaciones externas e internas que resultan amenazantes. Es por tanto una respuesta adaptativa que puede resultar beneficiosa para la salud.

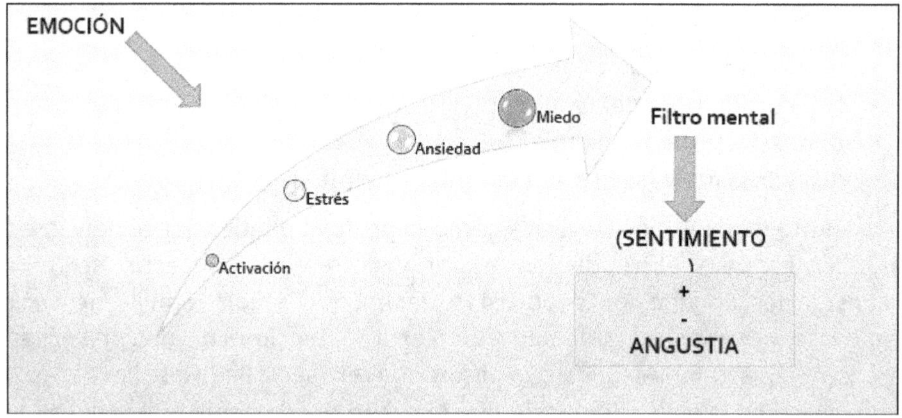

Cuando el organismo percibe la presencia de una situación amenazante, se pone en estado de alerta y busca los recursos necesarios para hacer frente a tal demanda. Si no se dispone de estos recursos aparecerán reacciones como la ansiedad, ira incontrolada, depresión o/y agotamiento psicológico.

La puesta en funcionamiento de recursos para controlar estos efectos, supone la movilización de un extra de energía física y mental que en algunos casos estabilizará al organismo, pero en otros el desgaste de energía agotará inevitablemente el rendimiento y tal vez la salud.

Situaciones potencialmente estresantes en alto rendimiento deportivo y tiempos de distanciamiento social:

- Incertidumbre respecto al futuro
- Incertidumbre respecto a la renovación de contratos laborales
- Adaptación a convivir en los diversos microentornos
- Estilo de vida atípico (distanciamiento social)
- Deficientes relaciones entre iguales

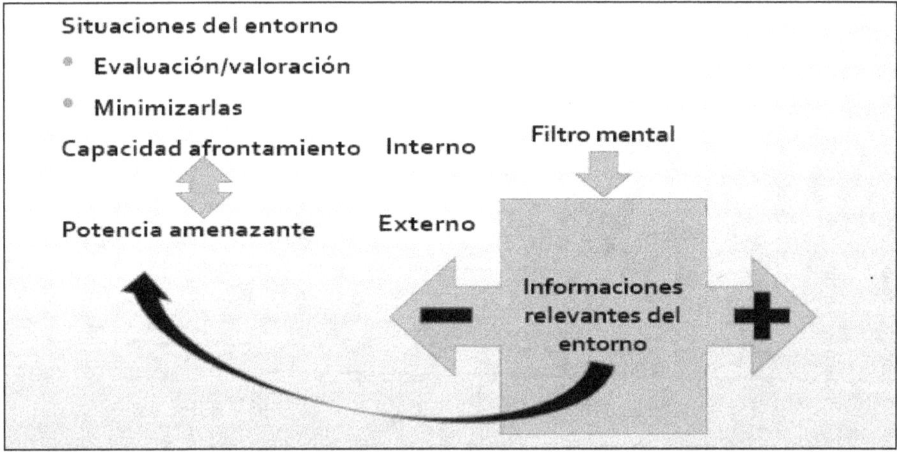

Debemos tener en cuenta estos factores para favorecer el autocontrol de esta carga psicológica desde la autodisciplina y organizando nuevos recursos y nuevas habilidades de conducta. Es decir, hacerse más fuertes psicológicamente mejorando las posibilidades de interrelación social.

No obstante, el estrés en sí mismo no es ni bueno ni malo; es algo con lo que debemos contar y que debemos controlar en la dirección adecuada para nuestro rendimiento. De esta manera el estrés puede ser beneficioso si se controla convenientemente:

- Gracias a este estrés, estaremos más alerta y motivados por los retos y conductas de liderazgo y autodisciplina.
- A partir de aquí si el estrés aumenta considerablemente, llegará un momento en que dejará de ser beneficioso para convertirse en perjudicial.
- El estrés perjudicial coincide con la activación de creencias, valores y actitudes más estables en la persona que propician una visión sesgada de la realidad y por tanto de las experiencias que nos pueden provocar estrés y de los propios recursos disponibles, haciendo ineficaz nuestra capacidad de afrontamiento.

El estrés tiene que ver con la mala valoración que se realizan de lo vivido hasta ahora unido a la incertidumbre de la nueva situación social. Por ello habrá que elegir el momento más oportuno para realizar la evaluación y de la manera más objetiva posible para que el análisis sea más productivo.

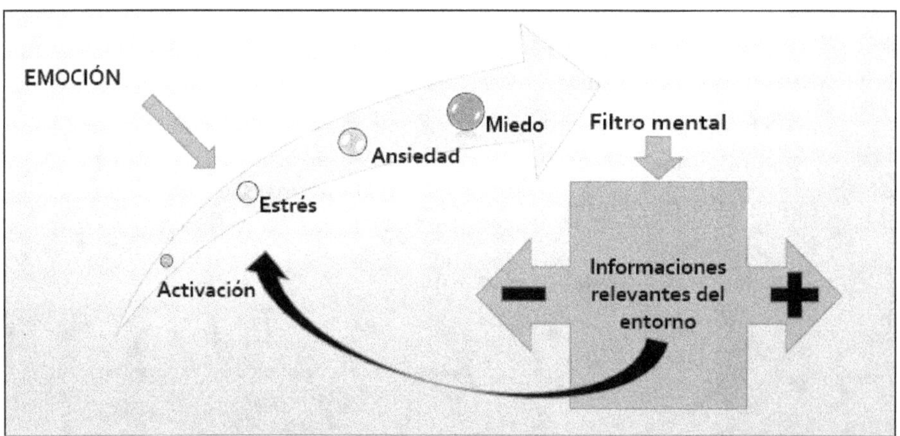

El afrontamiento activo, la búsqueda de soluciones racionales, el autocontrol, y la re-evaluación positiva reducen claramente la vulnerabilidad ante focos de estrés.

Respuestas al estrés.

Esta fase hace referencia a las respuestas fisiológicas y psicológicas ante los procesos de percepción de la situación. Estas respuestas son fruto del posible desequilibrio entre las demandas y la capacidad autopercibida para dar una respuesta efectiva. Cuando el desequilibrio es significativo, se produce:

- Sensación de amenaza
- Incremento de los niveles de ansiedad estado

- Incremento de los estados cognitivos de ansiedad (preocupación; variación en los niveles de concentración y atención) y de los estados fisiológicos (manifestaciones somáticas y físicas; incremento de la tensión muscular).

Consecuencias a nivel de conducta

Tiene que ver con los cambios y modificaciones de determinados comportamientos como fruto de las fases anteriores. Dependiendo del resultado obtenido (adaptativo o desadaptativo), estas consecuencias siempre van a servir de bucle para la primera fase.

Las respuestas amenazantes tienen por objetivo la movilización de recursos fisiológicos y psicológicos para evitar o hacer frente a la situación amenazante.

Dentro del estrés diferenciamos el *eutrés* y *distrés*. El *eutrés* es el "estrés positivo", es decir, aquel estrés asociado a respuestas emocionales positivas. Por el contrario, *distrés* se relaciona con el *"estrés negativo"*, y es el equivalente al término "estrés" utilizado en el lenguaje común. A nivel de conducta sociorelacional, determinados niveles de estrés pueden beneficiar los procesos de salud y las interacciones de distanciamiento social. Por el contrario, el exceso en los niveles de estrés puede ser contraproducentes.

El Agotamiento psicológico

Aunque se dispongan de recursos para afrontar el estrés, no quiere decir que se resista el exceso de estrés. En los procesos de estrés, existe una movilización de energía, física y mental superior al nivel base o normal. Esta movilización de recursos es especialmente elevada en el contexto de incertidumbre. En este ámbito puede haber una movilización puntual y adaptativa, o una movilización prolongada temporalmente o desadaptativa. Cuando la movilización es prolongada temporalmente, aparece el agotamiento.

El control de esa movilización de recursos debe ser controlada a través de autodisciplina y preparación específica de competiciones. Algunas medidas para intentar prevenir el agotamiento son:

- Tener suficiente descanso
- Microcontextos de baja intensidad
- Alimentación adecuada.
- Complementos vitamínicos
- Meditación y práctica de Dialogo Interior

Periodos previos a la competición e interactuar en distanciamiento social genera numerosas situaciones amenazantes. Sin embargo, estas situaciones amenazantes no siempre provocan problemas de estrés. Desde esta perspectiva, todos podemos estar sometidos a los mismos estresores y sin embargo algunos sufrir problemas de estrés y otros no. Este efecto diferencial, se debe en parte a dos variables psicológicas:

- Denominación correcta: *"Situaciones potencialmente estresantes"*.
- Importancia de la personalidad y las diferencias: interacción entre situaciones amenazantes y características individuales.
- Estrés y características individuales.
- Diferencias en intensidad, frecuencia y severidad del estrés.

Ansiedad y agotamiento emocional

Es importante potenciar los procesos de autodisciplina desde la organización del propio entorno. El aporte adecuado de rutinas. Es importante que prestemos atención a nuestra propia competencia emocional y de interacción con los demás e intentar tener más empatía y capacidad de afrontamiento.

En el caso de menores que han estado expuestos a competiciones estresantes, el aumento de la ansiedad se eleva y puede desencadenar:

- Propensión a un nivel elevado de rasgos de personalidad.
- Baja autoestima.
- Bajas expectativas de ejecución.
- Preocupaciones frecuentes sobre el fracaso.
- Preocupaciones frecuentes sobre las expectativas de los adultos y la evaluación social de los demás.
- Menor diversión percibida.
- Menor satisfacción con la propia ejecución.

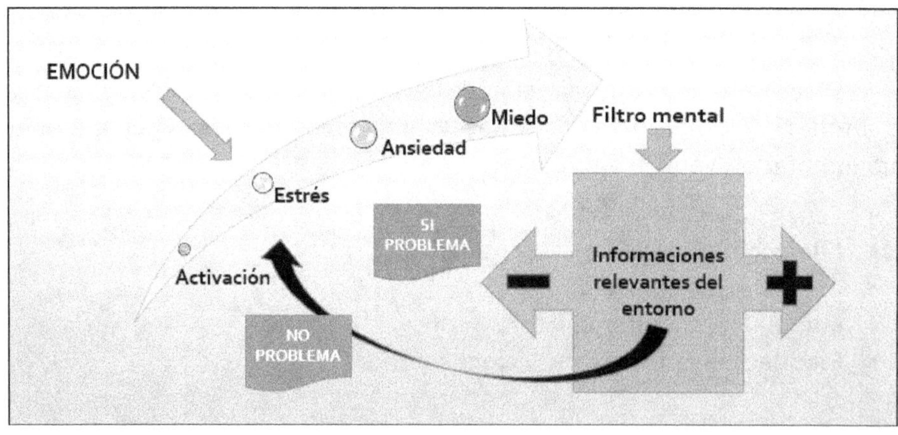

Cuando se produce una falta grave de control de estrés aparece la ansiedad, con unos efectos negativos que se relacionan tanto con factores fisiológicos, como factores mentales y de capacidad de una socialización y rendimiento adecuados. En este momento las informaciones relevantes del entorno, valoradas como positivas y negativas por parte del sujeto, pasan el filtro cognitivo y unido a las experiencias pasadas pueden terminar generando miedo. Miedo que, en muchos casos, en el ámbito de relaciones personales, puede ser desajustado y pernicioso para la persona y para la socialización. El rendimiento deportivo se puede resentir mucho si no se controla el nivel de ansiedad desde la fase de control de estrés.

8.

HERRAMIENTAS DE COACHING DEPORTIVO

8.1. Listado total de herramientas
8.2. Listado de herramientas por factores de Inteligencia Emocional
8.3. Listado de herramientas por Fuerzas del Poder Personal
8.4. Descripción de las herramientas de Coaching

8.1. LISTADO TOTAL DE HERRAMIENTAS

Nº	HERRAMIENTA	ACCIÓN-TAREA
1	VIAJE DEL HÉROE	HISTORIOGRAFÍA DE NACIMIENTO A ACTUALIDAD
2	TIMÓN DE LA VIDA	VER ÁREAS DE LA VIDA. CREAR PALANCA
3	TU PÚBLICO	HOJA REGISTRO EMOCIONES
4	LÁMPARA ALADINO	LISTA DE DESEOS
5	PROYECTO-DESEO	ALINEAR FARO BRÚJULA MAPA
6	MI ISLA DE COMPETENCIA	A QUÉ SOY BUENO
7	IKIGAI	MI ELEMENTO-MI PASIÓN
8	OBJETIVOS TEMPORADA	HOJA ARRUZA DIFICULTAD + CONFIANZA
9	CAMINO-DESTINO	PROCESO POSITIVO NEGATIVO RESULTADO POSITIVO NEGAT
10	GAFAS MÁGICAS	IMAGEN-RECORRIDO VISUALIZACION
11	MOMENTOS	LISTA MOMENTOS POR HACER 100 MENOS EDAD
12	TORMENTA DESIERTO	ÉXITO LOGROS Y VIVENCIAS
13	MI VIDA IDEAL	PRESENTE-FUTURO. CONTADO REDACTADO
14	MI LIBRETA DE ÉXITO	BALANZA TORMENTA-ARENA FINA
15	OBJETIVOS 5-3-1	ESTABLECIMIENTO OBJETIVOS REGRESIVO
16	SMART	HOJA SMART
17	MEKONG	OBJETIVO+TAREAS+TIEMPO
18	LISTA RETOS	PEQUEÑOS Y GRANDES
19	LISTA DE BIENVENIDA	A QUIEN QUIERO CONOCER
20	MI VUELTA AL MUNDO	FOTOS EN UN MAPAMUNDI
21	LISTA TAREAS	PEQUEÑAS TAREAS NO POSTERGACIÓN

Nº	HERRAMIENTA	ACCIÓN-TAREA
22	YO SOY	REDACCIÓN DE PÁRRAFO QUE TE IDENTIFIQUE
23	FILTRO EMOCIONAL	CONCEPTO NEGATIVO Y CAMBIARLO A POSITIVO
24	CENTRAMIENTO	POSICIONAMIENTO CUERPO-RESPIRACION
25	MEDITACIÓN	POSICIONAMIENTO CUERPO-RESPIRACION
26	SEMANA ASERTIVIDAD	UNA SEMANA ASERTIVO
27	ANCLA	CREAR UN ANCLA VAK
28	CATEDRAL	TAREA-OBRA-PROYECTO GLOBAL
29	ATRÉVETE	COMPROMISO SORPRESA
30	LISTA HHSS	LISTADO HABILIDADES SOCIALES
31	LA DEDICATORIA	DEDICO A. MUEVE PUNTO APOYO DE PALANCA
32	MI REGALO	A QUIÉN REGALARÍAS UNA MASCARILLA FFP2-3
33	COHESION EQUIPO	HOJA COHESIÓN EQUIPO
34	NAVY SEALS	EVOCAR TRABAJO EQUIPO PASADO
35	DAFO MATRIZ	CUADRANTE SITUACIÓN ACTUAL
36	ERAC MATRIZ	CUADRANTE SITUACIÓN ACTUAL
37	LA AFIRMACIÓN	YO SOY... UNA FRASE CORTA
38	SOLTAR LASTRE	SOLTAR LASTRE-DISMINUYE CARGA
39	LISTA DE EXPERIENCIAS	LISTA DE EXPERIENCIAS HECHAS
40	CREENCIAS LIMITANTES	DESAFIO-EVIDENCIAS
41	QUIERO/TENGO/PUEDO/HAGO	SECUENCIA LÓGICA
42	VERBOS CONJUGAR	VERBOS CONJUGAR
43	LIMPIAR	LIMPIAR MIEDO-CULPA-JUSTIFICACIONES-RESENTIMIENTOS
44	VERMIRAD	VER-MIRAR-ADMIRAD
45	NO MIRAR NO ADMIRAR	VER-NO MIRAR-PARA NO ADMIRAR
46	LISTA DE PERDÓN	LISTA PERSONAS A QUIENES PIDES PERDÓN
47	LISTA DE AGRADECIMIENTO	LISTA PERSONAS A QUIENES AGRADECES
48	LA LLAMADA	LLAMAR A PERSONA SIGNIFICATIVA POR TELÉFONO AHORA
49	LOS PRISIONEROS	NEGOCIACIÓN TOMA DE DECISIONES
50	LA NASA	NEGOCIACIÓN TOMA DE DECISIONES
51	CONFERENCIA	COMUNICACIÓN
52	SHACKLETON	HISTORIA DE LIDERAZGO
53	HUNDIR LAS NAVES CORTÉS	DESCRIBIR RETO POR EL QUE SEGUIR SÍ O SÍ
54	JEFE/LIDER	CARACTERISTICAS
55	APROBACIÓN	QUIEN TE HA DADO PALMADA ESPALDA
56	NO POSTERGACIÓN	ESCRIBE 1ª ACCIÓN PROYECTO
57	NAUFRAGO	COSAS A UNA ISLA DE NAUFRAGO-APEGO
58	OVILLO	HILO ATADO A MUÑECA OVILLO Y DESATAR
59	ENCHUFADO	RECORDAR SITUACIÓN DE ESTADO DE FLUJO
60	CÍRCULO EXCELENCIA	CIRCULO Y ANCLA ASOCIAR-DISOCIAR

8.2. LISTADO DE HERRAMIENTAS POR FACTORES DE INTELIGENCIA EMOCIONAL

AUTOCONOCIMIENTO

Nº	HERRAMIENTA	FACTOR DE INTELIGENCIA EMOCIONAL	FUERZA DEL PODER PERSONAL
1	VIAJE DEL HÉROE	AUTOCONOCIMIENTO	ESPIRITUAL
2	TIMÓN DE LA VIDA	AUTOCONOCIMIENTO	ESPIRITUAL
3	TU PÚBLICO	AUTOCONOCIMIENTO	ESPIRITUAL
6	MI ISLA DE COMPETENCIA	AUTOCONOCIMIENTO	ESPIRITUAL
7	IKIGAI	AUTOCONOCIMIENTO	ESPIRITUAL
9	CAMINO-DESTINO	AUTOCONOCIMIENTO	ESPIRITUAL
11	MOMENTOS	AUTOCONOCIMIENTO	ESPIRITUAL
12	TORMENTA DESIERTO	AUTOCONOCIMIENTO	ESPIRITUAL
13	MI VIDA IDEAL	AUTOCONOCIMIENTO	ESPIRITUAL
14	MI LIBRETA DE ÉXITO	AUTOCONOCIMIENTO	ESPIRITUAL
20	MI VUELTA AL MUNDO	AUTOCONOCIMIENTO	ESPIRITUAL
22	YO SOY	AUTOCONOCIMIENTO	ESPIRITUAL
24	CENTRAMIENTO	AUTOCONOCIMIENTO	ESPIRITUAL
25	MEDITACIÓN	AUTOCONOCIMIENTO	ESPIRITUAL
28	CATEDRAL	AUTOCONOCIMIENTO	ESPIRITUAL
30	LISTA HHSS	AUTOCONOCIMIENTO	ESPIRITUAL
30	LISTA HHSS	AUTOCONOCIMIENTO	TEMPORAL
35	DAFO MATRIZ	AUTOCONOCIMIENTO	ESPIRITUAL
36	ERAC MATRIZ	AUTOCONOCIMIENTO	ESPIRITUAL
39	LISTA DE EXPERIENCIAS	AUTOCONOCIMIENTO	ESPIRITUAL
42	VERBOS CONJUGAR	AUTOCONOCIMIENTO	ESPIRITUAL
43	LIMPIAR	AUTOCONOCIMIENTO	ESPIRITUAL
57	NAUFRAGO	AUTOCONOCIMIENTO	ESPIRITUAL

AUTOCONTROL

Nº	HERRAMIENTA	FACTOR DE INTELIGENCIA EMOCIONAL	FUERZA DEL PODER PERSONAL
3	TU PÚBLICO	AUTOCONTROL	VOLUNTAD
5	PROYECTO-DESEO	AUTOCONTROL	VOLUNTAD
8	OBJETIVOS TEMPORADA	AUTOCONTROL	VOLUNTAD
10	GAFAS MÁGICAS	AUTOCONTROL	VOLUNTAD
11	MOMENTOS	AUTOCONTROL	VOLUNTAD
13	MI VIDA IDEAL	AUTOCONTROL	VOLUNTAD
15	OBJETIVOS 5-3-2	AUTOCONTROL	VOLUNTAD

Nº	HERRAMIENTA	FACTOR DE INTELIGENCIA EMOCIONAL	FUERZA DEL PODER PERSONAL
16	SMART	AUTOCONTROL	VOLUNTAD
17	MEKONG	AUTOCONTROL	VOLUNTAD
18	LISTA RETOS	AUTOCONTROL	VOLUNTAD
21	LISTA TAREAS	AUTOCONTROL	VOLUNTAD
23	FILTRO EMOCIONAL	AUTOCONTROL	VOLUNTAD
25	MEDITACIÓN	AUTOCONTROL	TEMPORAL
26	SEMANA ASERTIVIDAD	AUTOCONTROL	VOLUNTAD
27	ANCLA	AUTOCONTROL	VOLUNTAD
29	ATRÉVETE	AUTOCONTROL	VOLUNTAD
40	CREENCIAS LIMITANTES	AUTOCONTROL	VOLUNTAD
41	QUIERO/TENGO/PUEDO/HAGO	AUTOCONTROL	VOLUNTAD
45	NO MIRAR NO ADMIRAR	AUTOCONTROL	VOLUNTAD
56	NO POSTERGACIÓN	AUTOCONTROL	VOLUNTAD

AUTOMOTIVACIÓN

Nº	HERRAMIENTA	FACTOR DE INTELIGENCIA EMOCIONAL	FUERZA DEL PODER PERSONAL
4	LÁMPARA ALADINO	AUTOMOTIVACIÓN	VOLUNTAD
4	LÁMPARA ALADINO	AUTOMOTIVACIÓN	QUERER
5	PROYECTO-DESEO	AUTOMOTIVACIÓN	TRANSFORMACIONAL
6	MI ISLA DE COMPETENCIA	AUTOMOTIVACIÓN	QUERER
7	IKIGAI	AUTOMOTIVACIÓN	QUERER
8	OBJETIVOS TEMPORADA	AUTOMOTIVACIÓN	QUERER
10	GAFAS MÁGICAS	AUTOMOTIVACIÓN	QUERER
11	MOMENTOS	AUTOMOTIVACIÓN	QUERER
11	MOMENTOS	AUTOMOTIVACIÓN	QUERER
12	TORMENTA DESIERTO	AUTOMOTIVACIÓN	QUERER
13	MI VIDA IDEAL	AUTOMOTIVACIÓN	QUERER
15	OBJETIVOS 5-3-1	AUTOMOTIVACIÓN	QUERER
16	SMART	AUTOMOTIVACIÓN	QUERER
18	LISTA RETOS	AUTOMOTIVACIÓN	QUERER
19	LISTA DE BIENVENIDA	AUTOMOTIVACIÓN	QUERER
21	LISTA TAREAS	AUTOMOTIVACIÓN	QUERER
23	FILTRO EMOCIONAL	AUTOMOTIVACIÓN	QUERER
27	ANCLA	AUTOMOTIVACIÓN	EXISTENCIAL
29	ATRÉVETE	AUTOMOTIVACIÓN	TEMPORAL
35	DAFO MATRIZ	AUTOMOTIVACIÓN	QUERER
36	ERAC MATRIZ	AUTOMOTIVACIÓN	QUERER
37	LA AFIRMACIÓN	AUTOMOTIVACIÓN	VOLUNTAD
38	SOLTAR LASTRE	AUTOMOTIVACIÓN	VOLUNTAD

Nº	HERRAMIENTA	FACTOR DE INTELIGENCIA EMOCIONAL	FUERZA DEL PODER PERSONAL
40	CREENCIAS LIMITANTES	AUTOMOTIVACIÓN	QUERER
41	QUIERO/TENGO/PUEDO/HAGO	AUTOMOTIVACIÓN	QUERER
43	LIMPIAR	AUTOMOTIVACIÓN	VOLUNTAD
48	LA LLAMADA	AUTOMOTIVACIÓN	VOLUNTAD
52	SHACKLETON	AUTOMOTIVACIÓN	VOLUNTAD
53	HUNDIR LAS NAVES CORTÉS	AUTOMOTIVACIÓN	VOLUNTAD
55	APROBACIÓN	AUTOMOTIVACIÓN	EXISTENCIAL
56	NO POSTERGACIÓN	AUTOMOTIVACIÓN	VOLUNTAD
59	ENCHUFADO	AUTOMOTIVACIÓN	EXISTENCIAL
60	CÍRCULO EXCELENCIA	AUTOMOTIVACIÓN	EXISTENCIAL

EMPATÍA

Nº	HERRAMIENTA	FACTOR DE INTELIGENCIA EMOCIONAL	FUERZA DEL PODER PERSONAL
19	LISTA DE BIENVENIDA	EMPATÍA	TEMPORAL
22	YO SOY	EMPATÍA	TEMPORAL
24	CENTRAMIENTO	EMPATÍA	TEMPORAL
26	SEMANA ASERTIVIDAD	EMPATÍA	TEMPORAL
31	LA DEDICATORIA	EMPATÍA	TEMPORAL
31	LA DEDICATORIA	EMPATÍA	TRANSFORMACIONAL
31	LA DEDICATORIA	EMPATÍA	QUERER
32	MI REGALO	EMPATÍA	QUERER
32	MI REGALO	EMPATÍA	TRANSFORMACIONAL
32	MI REGALO	EMPATÍA	TEMPORAL
33	COHESION EQUIPO	EMPATÍA	TRANSFORMACIONAL
34	NAVY SEALS	EMPATÍA	TRANSFORMACIONAL
38	SOLTAR LASTRE	EMPATÍA	TEMPORAL
44	VERMIRAD	EMPATÍA	QUERER
44	VERMIRAD	EMPATÍA	TRANSFORMACIONAL
46	LISTA DE PERDÓN	EMPATÍA	TEMPORAL
47	LISTA DE AGRADECIMIENTO	EMPATÍA	TEMPORAL
48	LA LLAMADA	EMPATÍA	TEMPORAL
49	LOS PRISIONEROS	EMPATÍA	TEMPORAL
50	LA NASA	EMPATÍA	TEMPORAL
54	JEFE/LIDER	EMPATÍA	TEMPORAL
55	APROBACIÓN	EMPATÍA	TEMPORAL

LIDERAZGO

Nº	HERRAMIENTA	FACTOR DE INTELIGENCIA EMOCIONAL	FUERZA DEL PODER PERSONAL
5	PROYECTO-DESEO	LIDERAZGO	TRANSFORMACIONAL
7	IKIGAI	LIDERAZGO	TRANSFORMACIONAL
8	OBJETIVOS TEMPORADA	LIDERAZGO	TRANSFORMACIONAL
10	GAFAS MÁGICAS	LIDERAZGO	EXISTENCIAL
11	MOMENTOS	LIDERAZGO	TRANSFORMACIONAL
18	LISTA RETOS	LIDERAZGO	TRANSFORMACIONAL
20	MI VUELTA AL MUNDO	LIDERAZGO	TRANSFORMACIONAL
21	LISTA TAREAS	LIDERAZGO	TRANSFORMACIONAL
22	YO SOY	LIDERAZGO	EXISTENCIAL
23	FILTRO EMOCIONAL	LIDERAZGO	TRANSFORMACIONAL
23	FILTRO EMOCIONAL	LIDERAZGO	EXISTENCIAL
24	CENTRAMIENTO	LIDERAZGO	EXISTENCIAL
25	MEDITACIÓN	LIDERAZGO	EXISTENCIAL
26	SEMANA ASERTIVIDAD	LIDERAZGO	EXISTENCIAL
27	ANCLA	LIDERAZGO	EXISTENCIAL
28	CATEDRAL	LIDERAZGO	TRANSFORMACIONAL
29	ATRÉVETE	LIDERAZGO	EXISTENCIAL
33	COHESION EQUIPO	LIDERAZGO	TRANSFORMACIONAL
34	NAVY SEALS	LIDERAZGO	TRANSFORMACIONAL
35	DAFO MATRIZ	LIDERAZGO	VOLUNTAD
36	ERAC MATRIZ	LIDERAZGO	VOLUNTAD
37	LA AFIRMACIÓN	LIDERAZGO	EXISTENCIAL
38	SOLTAR LASTRE	LIDERAZGO	EXISTENCIAL
39	LISTA DE EXPERIENCIAS	LIDERAZGO	TRANSFORMACIONAL
40	CREENCIAS LIMITANTES	LIDERAZGO	EXISTENCIAL
41	QUIERO/TENGO/PUEDO/HAGO	LIDERAZGO	EXISTENCIAL
42	VERBOS CONJUGAR	LIDERAZGO	TRANSFORMACIONAL
45	NO MIRAR NO ADMIRAR	LIDERAZGO	EXISTENCIAL
46	LISTA DE PERDÓN	LIDERAZGO	TRANSFORMACIONAL
47	LISTA DE AGRADECIMIENTO	LIDERAZGO	TRANSFORMACIONAL
48	LA LLAMADA	LIDERAZGO	TRANSFORMACIONAL
49	LOS PRISIONEROS	LIDERAZGO	TRANSFORMACIONAL
49	LOS PRISIONEROS	LIDERAZGO	EXISTENCIAL
50	LA NASA	LIDERAZGO	TRANSFORMACIONAL
50	LA NASA	LIDERAZGO	EXISTENCIAL
51	CONFERENCIA	LIDERAZGO	EXISTENCIAL
51	CONFERENCIA	LIDERAZGO	TEMPORAL
52	SHACKLETON	LIDERAZGO	EXISTENCIAL
52	SHACKLETON	LIDERAZGO	TRANSFORMACIONAL
53	HUNDIR LAS NAVES CORTÉS	LIDERAZGO	EXISTENCIAL

Nº	HERRAMIENTA	FACTOR DE INTELIGENCIA EMOCIONAL	FUERZA DEL PODER PERSONAL
53	HUNDIR LAS NAVES CORTÉS	LIDERAZGO	TRANSFORMACIONAL
54	JEFE/LIDER	LIDERAZGO	EXISTENCIAL
55	APROBACIÓN	LIDERAZGO	TRANSFORMACIONAL
58	OVILLO	LIDERAZGO	TRANSFORMACIONAL
59	ENCHUFADO	LIDERAZGO	EXISTENCIAL
60	CÍRCULO EXCELENCIA	LIDERAZGO	EXISTENCIAL
60	CÍRCULO EXCELENCIA	LIDERAZGO	TRANSFORMACIONAL

8.3. LISTADO DE HERRAMIENTAS POR FUERZAS DEL PODER PERSONAL

FUERZA ESPIRITUAL

Nº	HERRAMIENTA	FACTOR DE INTELIGENCIA EMOCIONAL	FUERZA DEL PODER PERSONAL
1	VIAJE DEL HÉROE	AUTOCONOCIMIENTO	ESPIRITUAL
2	TIMÓN DE LA VIDA	AUTOCONOCIMIENTO	ESPIRITUAL
3	TU PÚBLICO	AUTOCONOCIMIENTO	ESPIRITUAL
6	MI ISLA DE COMPETENCIA	AUTOCONOCIMIENTO	ESPIRITUAL
7	IKIGAI	AUTOCONOCIMIENTO	ESPIRITUAL
9	CAMINO-DESTINO	AUTOCONOCIMIENTO	ESPIRITUAL
11	MOMENTOS	AUTOCONOCIMIENTO	ESPIRITUAL
12	TORMENTA DESIERTO	AUTOCONOCIMIENTO	ESPIRITUAL
13	MI VIDA IDEAL	AUTOCONOCIMIENTO	ESPIRITUAL
14	MI LIBRETA DE ÉXITO	AUTOCONOCIMIENTO	ESPIRITUAL
20	MI VUELTA AL MUNDO	AUTOCONOCIMIENTO	ESPIRITUAL
22	YO SOY	AUTOCONOCIMIENTO	ESPIRITUAL
24	CENTRAMIENTO	AUTOCONOCIMIENTO	ESPIRITUAL
25	MEDITACIÓN	AUTOCONOCIMIENTO	ESPIRITUAL
28	CATEDRAL	AUTOCONOCIMIENTO	ESPIRITUAL
30	LISTA HHSS	AUTOCONOCIMIENTO	ESPIRITUAL
35	DAFO MATRIZ	AUTOCONOCIMIENTO	ESPIRITUAL
36	ERAC MATRIZ	AUTOCONOCIMIENTO	ESPIRITUAL
39	LISTA DE EXPERIENCIAS	AUTOCONOCIMIENTO	ESPIRITUAL
42	VERBOS CONJUGAR	AUTOCONOCIMIENTO	ESPIRITUAL
43	LIMPIAR	AUTOCONOCIMIENTO	ESPIRITUAL
57	NAUFRAGO	AUTOCONOCIMIENTO	ESPIRITUAL

FUERZA EXISTENCIAL

Nº	HERRAMIENTA	FACTOR DE INTELIGENCIA EMOCIONAL	FUERZA DEL PODER PERSONAL
10	GAFAS MÁGICAS	LIDERAZGO	EXISTENCIAL
22	YO SOY	LIDERAZGO	EXISTENCIAL
23	FILTRO EMOCIONAL	LIDERAZGO	EXISTENCIAL
24	CENTRAMIENTO	LIDERAZGO	EXISTENCIAL
25	MEDITACIÓN	LIDERAZGO	EXISTENCIAL
26	SEMANA ASERTIVIDAD	LIDERAZGO	EXISTENCIAL
27	ANCLA	LIDERAZGO	EXISTENCIAL
27	ANCLA	AUTOMOTIVACIÓN	EXISTENCIAL
29	ATRÉVETE	LIDERAZGO	EXISTENCIAL
37	LA AFIRMACIÓN	LIDERAZGO	EXISTENCIAL
38	SOLTAR LASTRE	LIDERAZGO	EXISTENCIAL
40	CREENCIAS LIMITANTES	LIDERAZGO	EXISTENCIAL
41	QUIERO/TENGO/PUEDO/HAGO	LIDERAZGO	EXISTENCIAL
45	NO MIRAR NO ADMIRAR	LIDERAZGO	EXISTENCIAL
49	LOS PRISIONEROS	LIDERAZGO	EXISTENCIAL
50	LA NASA	LIDERAZGO	EXISTENCIAL
51	CONFERENCIA	LIDERAZGO	EXISTENCIAL
52	SHACKLETON	LIDERAZGO	EXISTENCIAL
53	HUNDIR LAS NAVES CORTÉS	LIDERAZGO	EXISTENCIAL
54	JEFE/LIDER	LIDERAZGO	EXISTENCIAL
55	APROBACIÓN	AUTOMOTIVACIÓN	EXISTENCIAL
59	ENCHUFADO	LIDERAZGO	EXISTENCIAL
59	ENCHUFADO	AUTOMOTIVACIÓN	EXISTENCIAL
60	CÍRCULO EXCELENCIA	LIDERAZGO	EXISTENCIAL
60	CÍRCULO EXCELENCIA	AUTOMOTIVACIÓN	EXISTENCIAL

FUERZA DEL QUERER

Nº	HERRAMIENTA	FACTOR DE INTELIGENCIA EMOCIONAL	FUERZA DEL PODER PERSONAL
4	LÁMPARA ALADINO	AUTOMOTIVACIÓN	QUERER
6	MI ISLA DE COMPETENCIA	AUTOMOTIVACIÓN	QUERER
7	IKIGAI	AUTOMOTIVACIÓN	QUERER
8	OBJETIVOS TEMPORADA	AUTOMOTIVACIÓN	QUERER
10	GAFAS MÁGICAS	AUTOMOTIVACIÓN	QUERER
11	MOMENTOS	AUTOMOTIVACIÓN	QUERER
11	MOMENTOS	AUTOMOTIVACIÓN	QUERER
12	TORMENTA DESIERTO	AUTOMOTIVACIÓN	QUERER
13	MI VIDA IDEAL	AUTOMOTIVACIÓN	QUERER

Nº	HERRAMIENTA	FACTOR DE INTELIGENCIA EMOCIONAL	FUERZA DEL PODER PERSONAL
15	OBJETIVOS 5-3-1	AUTOMOTIVACIÓN	QUERER
16	SMART	AUTOMOTIVACIÓN	QUERER
18	LISTA RETOS	AUTOMOTIVACIÓN	QUERER
19	LISTA DE BIENVENIDA	AUTOMOTIVACIÓN	QUERER
21	LISTA TAREAS	AUTOMOTIVACIÓN	QUERER
23	FILTRO EMOCIONAL	AUTOMOTIVACIÓN	QUERER
31	LA DEDICATORIA	EMPATÍA	QUERER
32	MI REGALO	EMPATÍA	QUERER
35	DAFO MATRIZ	AUTOMOTIVACIÓN	QUERER
36	ERAC MATRIZ	AUTOMOTIVACIÓN	QUERER
40	CREENCIAS LIMITANTES	AUTOMOTIVACIÓN	QUERER
41	QUIERO/TENGO/PUEDO/HAGO	AUTOMOTIVACIÓN	QUERER
44	VERMIRAD	EMPATÍA	QUERER

FUERZA TEMPORAL

Nº	HERRAMIENTA	FACTOR DE INTELIGENCIA EMOCIONAL	FUERZA DEL PODER PERSONAL
19	LISTA DE BIENVENIDA	EMPATÍA	TEMPORAL
22	YO SOY	EMPATÍA	TEMPORAL
24	CENTRAMIENTO	EMPATÍA	TEMPORAL
25	MEDITACIÓN	AUTOCONTROL	TEMPORAL
26	SEMANA ASERTIVIDAD	EMPATÍA	TEMPORAL
29	ATRÉVETE	AUTOMOTIVACIÓN	TEMPORAL
30	LISTA HHSS	AUTOCONOCIMIENTO	TEMPORAL
31	LA DEDICATORIA	EMPATÍA	TEMPORAL
32	MI REGALO	EMPATÍA	TEMPORAL
38	SOLTAR LASTRE	EMPATÍA	TEMPORAL
46	LISTA DE PERDÓN	EMPATÍA	TEMPORAL
47	LISTA DE AGRADECIMIENTO	EMPATÍA	TEMPORAL
48	LA LLAMADA	EMPATÍA	TEMPORAL
49	LOS PRISIONEROS	EMPATÍA	TEMPORAL
50	LA NASA	EMPATÍA	TEMPORAL
51	CONFERENCIA	LIDERAZGO	TEMPORAL
54	JEFE/LIDER	EMPATÍA	TEMPORAL
55	APROBACIÓN	EMPATÍA	TEMPORAL

FUERZA TRANSFORMACIONAL

Nº	HERRAMIENTA	FACTOR DE INTELIGENCIA EMOCIONAL	FUERZA DEL PODER PERSONAL
5	PROYECTO-DESEO	AUTOMOTIVACIÓN	TRANSFORMACIONAL
5	PROYECTO-DESEO	LIDERAZGO	TRANSFORMACIONAL
7	IKIGAI	LIDERAZGO	TRANSFORMACIONAL
8	OBJETIVOS TEMPORADA	LIDERAZGO	TRANSFORMACIONAL
11	MOMENTOS	LIDERAZGO	TRANSFORMACIONAL
18	LISTA RETOS	LIDERAZGO	TRANSFORMACIONAL
20	MI VUELTA AL MUNDO	LIDERAZGO	TRANSFORMACIONAL
21	LISTA TAREAS	LIDERAZGO	TRANSFORMACIONAL
23	FILTRO EMOCIONAL	LIDERAZGO	TRANSFORMACIONAL
28	CATEDRAL	LIDERAZGO	TRANSFORMACIONAL
31	LA DEDICATORIA	EMPATÍA	TRANSFORMACIONAL
32	MI REGALO	EMPATÍA	TRANSFORMACIONAL
33	COHESION EQUIPO	EMPATÍA	TRANSFORMACIONAL
33	COHESION EQUIPO	LIDERAZGO	TRANSFORMACIONAL
34	NAVY SEALS	EMPATÍA	TRANSFORMACIONAL
34	NAVY SEALS	LIDERAZGO	TRANSFORMACIONAL
39	LISTA DE EXPERIENCIAS	LIDERAZGO	TRANSFORMACIONAL
42	VERBOS CONJUGAR	LIDERAZGO	TRANSFORMACIONAL
44	VERMIRAD	EMPATÍA	TRANSFORMACIONAL
46	LISTA DE PERDÓN	LIDERAZGO	TRANSFORMACIONAL
47	LISTA DE AGRADECIMIENTO	LIDERAZGO	TRANSFORMACIONAL
48	LA LLAMADA	LIDERAZGO	TRANSFORMACIONAL
49	LOS PRISIONEROS	LIDERAZGO	TRANSFORMACIONAL
50	LA NASA	LIDERAZGO	TRANSFORMACIONAL
52	SHACKLETON	LIDERAZGO	TRANSFORMACIONAL
53	HUNDIR LAS NAVES CORTÉS	LIDERAZGO	TRANSFORMACIONAL
55	APROBACIÓN	LIDERAZGO	TRANSFORMACIONAL
58	OVILLO	LIDERAZGO	TRANSFORMACIONAL
60	CÍRCULO EXCELENCIA	LIDERAZGO	TRANSFORMACIONAL

FUERZA DE VOLUNTAD

Nº	HERRAMIENTA	FACTOR DE INTELIGENCIA EMOCIONAL	FUERZA DEL PODER PERSONAL
3	TU PÚBLICO	AUTOCONTROL	VOLUNTAD
4	LÁMPARA ALADINO	AUTOMOTIVACIÓN	VOLUNTAD
5	PROYECTO-DESEO	AUTOCONTROL	VOLUNTAD
8	OBJETIVOS TEMPORADA	AUTOCONTROL	VOLUNTAD
10	GAFAS MÁGICAS	AUTOCONTROL	VOLUNTAD

Nº	HERRAMIENTA	FACTOR DE INTELIGENCIA EMOCIONAL	FUERZA DEL PODER PERSONAL
11	MOMENTOS	AUTOCONTROL	VOLUNTAD
13	MI VIDA IDEAL	AUTOCONTROL	VOLUNTAD
15	OBJETIVOS 5-3-2	AUTOCONTROL	VOLUNTAD
16	SMART	AUTOCONTROL	VOLUNTAD
17	MEKONG	AUTOCONTROL	VOLUNTAD
18	LISTA RETOS	AUTOCONTROL	VOLUNTAD
21	LISTA TAREAS	AUTOCONTROL	VOLUNTAD
23	FILTRO EMOCIONAL	AUTOCONTROL	VOLUNTAD
26	SEMANA ASERTIVIDAD	AUTOCONTROL	VOLUNTAD
27	ANCLA	AUTOCONTROL	VOLUNTAD
29	ATRÉVETE	AUTOCONTROL	VOLUNTAD
35	DAFO MATRIZ	LIDERAZGO	VOLUNTAD
36	ERAC MATRIZ	LIDERAZGO	VOLUNTAD
37	LA AFIRMACIÓN	AUTOMOTIVACIÓN	VOLUNTAD
38	SOLTAR LASTRE	AUTOMOTIVACIÓN	VOLUNTAD
40	CREENCIAS LIMITANTES	AUTOCONTROL	VOLUNTAD
41	QUIERO/TENGO/PUEDO/HAGO	AUTOCONTROL	VOLUNTAD
43	LIMPIAR	AUTOMOTIVACIÓN	VOLUNTAD
45	NO MIRAR NO ADMIRAR	AUTOCONTROL	VOLUNTAD
48	LA LLAMADA	AUTOMOTIVACIÓN	VOLUNTAD
52	SHACKLETON	AUTOMOTIVACIÓN	VOLUNTAD
53	HUNDIR LAS NAVES CORTÉS	AUTOMOTIVACIÓN	VOLUNTAD
56	NO POSTERGACIÓN	AUTOCONTROL	VOLUNTAD
56	NO POSTERGACIÓN	AUTOMOTIVACIÓN	VOLUNTAD

8.4. DESCRIPCIÓN DE LAS HERRAMIENTAS DE COACHING

1. VIAJE DEL HÉROE

HERRAMIENTA 1	FACTOR DE INTELIGENCIA EMOCIONAL	FUERZA DEL PODER PERSONAL
VIAJE DEL HÉROE	AUTOCONOCIMIENTO	ESPIRITUAL

En esta dinámica se trata de recordar los hechos más significativos (positivos o negativos) de nuestra vida desde que hemos nacido hasta hoy mismo. Piensa en tu itinerario vital (formativo, de experiencias, etc.) y detecta las situaciones más significativas que te han marcado lo suficiente como para pensar que han sido provocadoras de un cambio importante en ese itinerario.

Es importante que lo pienses y lo escribas relacionando fechas, tiempo y con personas o contextos. Haz una reflexión de todo ello y en un párrafo plásmalo en un cuaderno. Incluso es muy interesante que lo contaras a alguien de mucha confianza para compartirlo y que sirva de proceso transformacional.

2. TIMÓN DE LA VIDA

HERRAMIENTA 2	FACTOR DE INTELIGENCIA EMOCIONAL	FUERZA DEL PODER PERSONAL
TIMÓN DE LA VIDA	AUTOCONOCIMIENTO	ESPIRITUAL

Se trata de realizar una valoración conceptual y de reflexión sobre las áreas más significativas de nuestra vida añadiendo una cuantificación que quedará más visualizada al realizar un gráfico radial sobre ello o comúnmente llamado gráfico de araña. De esta manera el mayor impacto visual provocará en nosotros una agitación emocional que nos lleve a tener mayor conciencia sobre cómo están nuestras áreas de vida y tender a generar un cambio sobre ellas.

Realizamos la puntuación y numeración alineadas con cada mango de la rueda de Timón y se numeran de 0 a 10, estando el 0 en el interior y el 10 en el exterior, y el resto de números gradualmente de interior a exterior de menor a mayor.

La rueda de timón, también llamada rueda de gobierno o rueda de comando direccional, es el método para ajustar el ángulo del timón respecto de la línea de entrada y así, cambiar el rumbo del barco.

Análogo a lo que tenemos que hacer nosotros en distintos momentos y etapas de nuestra vida.

Una vez realizada la puntuación y la unión de cada número nos aparece el gráfico radial sobre el que deberemos reflexionar y tomar decisiones de cambio.

La primera decisión es elegir un área que será el mango de palanca sobre el que realizaremos el mayor empuje para que las demás áreas se fortalezcan. Ese punto de apoyo debe tener la característica de ser un punto-área sobre el que aplicando cierta fuerza se mueva en positivo todas las demás áreas. Tiene la característica de capacidad más impacto. Capacidad nuestra e impacto sobre lo demás.

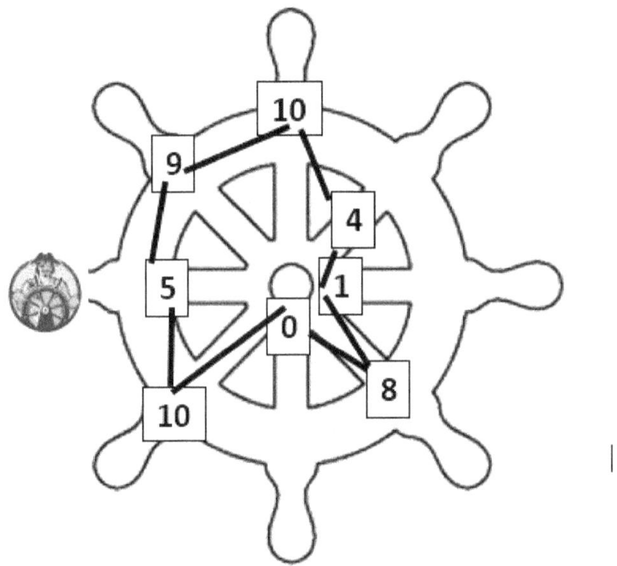

La elección del área-mango no es fácil y en algunos casos puede ser un área muy potente nuestro, con gran puntuación y en otros, bajo. En el ejemplo hemos elegido uno de puntuación intermedia. Lo que tiene que sumarse es que sea sobre el que tenemos cierta o bastante capacidad de acción, de aplicación, de poder hacer mucho en él, y a la vez que produzca cierto o mucho impacto en las demás áreas.

CAPACIDAD+IMPACTO

A partir de aquí, se puede hacer, incluso, una estimación de qué áreas se moverían en positivo aplicando fuerza ahí, subiendo la puntuación.

Como ejemplo quedaría así:

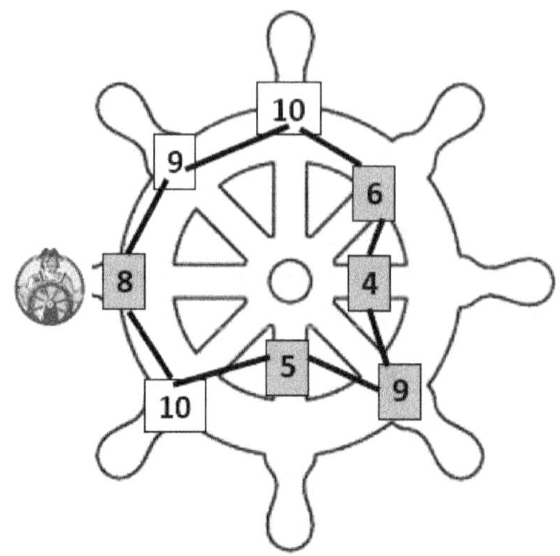

Para poder realizar el ejercicio os dejamos las dos imágenes:

3. TU PÚBLICO

HERRAMIENTA 3	FACTOR DE INTELIGENCIA EMOCIONAL	FUERZA DEL PODER PERSONAL
TU PÚBLICO	AUTOCONTROL	VOLUNTAD
TU PÚBLICO	AUTOCONOCIMIENTO	ESPIRITUAL

Primeramente, hay que ponerse en situación y contexto. Hay que pensar y sentir que tú eres el protagonista de una película, de tú película y tienes un público que te mira cada día, a cada momento y, según lo que hagas, como te comportes, la acción que realices, interacciona contigo con ovación, con aplausos, con silencios, o bien más negativamente con pito e incluso abandonando tu película. Algo que, por supuesto, no queremos que nos pase.

Tú público no es solamente la gente que está a tu alrededor e interacciona contigo, es todo el mundo "mundial". Así que piensa y siente qué harían respecto a la acción que has realizado en un momento determinado.

De las últimas semanas, recuerda algunas acciones en las que hayas sentido que tu público haya reaccionado de la siguiente manera, y descríbelas:

ACCIÓN	OVA-CIÓN	APLAU-SOS	SILEN-CIO	PITOS	ABANDONO
	X				
		X			
			X		
				X	
					X

Ahora recuerda en cada contexto alguna acción significativa e indica lo que crees que ha hecho tu público:

CONTEXTO-SITUACION	OVA-CIÓN	APLAU-SOS	SILEN-CIO	PITOS	ABAN-DONO
EN CASA					
EN EL TRABAJO /UNIVERSIDAD/INSTITUTO/ ESCUELA					
EN LA CALLE					
EN EL ENTRENAMIENTO					
EN LA COMPETICIÓN					

Ahora, identifica en la última semana o mes las emociones que tuviste y por qué las tuviste, o crees que las tuviste.

La última vez que me sentí así:

EMOCIÓN	ESTIMULO DESENCADENANTE
ALEGRÍA	
TRISTEZA	
IRA	
MIEDO	
SORPRESA	
ASCO	

4. LÁMPARA DE ALADINO

HERRAMIENTA 4	FACTOR DE INTELIGENCIA EMOCIONAL	FUERZA DEL PODER PERSONAL
LÁMPARA ALADINO	AUTOMOTIVACIÓN	VOLUNTAD
LÁMPARA ALADINO	AUTOMOTIVACIÓN	QUERER

En esta dinámica se trata de realizar una LISTA DE DESEOS sin tener en cuenta si se pueden conseguir o no. Dejando volar la imaginación. Pensamiento divergente totalmente para más tarde con otras herramientas tratar de que, con un pensamiento convergente, se puedan redefinir y vincular como proyecto para su consecución, o ser rechazados de momento, o totalmente.

La LISTA DE DESEOS debe ser tantos como la multiplicación de las cifras de tu edad.

5. PROYECTO DESEO

HERRAMIENTA 5	FACTOR DE INTELIGENCIA EMOCIONAL	FUERZA DEL PODER PERSONAL
PROYECTO-DESEO	AUTOMOTIVACIÓN	TRANSFORMACIONAL
PROYECTO-DESEO	AUTOCONTROL	VOLUNTAD
PROYECTO-DESEO	LIDERAZGO	TRANSFORMACIONAL

Primeramente, hay que diferenciar entre Deseo y Proyecto:

Deseo: es una pretensión futura, bastante desdibujada, poco objetiva, no relacionada con un proceso temporal ni de acciones.

Proyecto: es la preparación del futuro en el presente, trabajando en él con un enfoque en el proceso y acciones necesarias.

El nivel de compromiso alto requiere de focalizar la atención tanto en el objetivo deseado como en las tareas, acciones a realizar en un tiempo determinado. Con consciencia y determinación. Dedicando la energía necesaria hoy mismo. Centrando el objetivo a conseguir como proyecto en proceso de realización, aunque sea con una mínima acción primera.

Realiza un listado de objetivos a un año vista y relaciónalo con las áreas del Timón de vida, reflexiona sobre ello:

¿Qué quieres en los distintos mangos del Timón?

¿Te esforzarás en ello?

¿Enfocas el trabajo a un resultado final incluyendo todo el proceso?

Si has elaborado un plan de acción con tareas y tiempos vinculados y tienes conciencia del esfuerzo que supone y has realizado una primera acción para ello, se trata de un PROYECTO.

Si nos es así, continua y continuará siendo un DESEO.

6. MI ISLA DE COMPETENCIA

HERRAMIENTA 6	FACTOR DE INTELIGENCIA EMOCIONAL	FUERZA DEL PODER PERSONAL
MI ISLA DE COMPETENCIA	AUTOCONOCIMIENTO	ESPIRITUAL
MI ISLA DE COMPETENCIA	AUTOMOTIVACIÓN	QUERER

En esta dinámica se trata de identificar qué tareas o actividades se me dan bien. Cosas que creo se me dan bien e incluso que tengo evidencias de ello porque gente de mi alrededor me lo ha dicho y reconocido.

De ellas, piensa en la que más sobresales y argumento porque puede ser así, pensando y evaluando tu itinerario vital y formativo.

7 IKIGAI JAPONÉS

HERRAMIENTA 7	FACTOR DE INTELIGENCIA EMOCIONAL	FUERZA DEL PODER PERSONAL
IKIGAI	AUTOCONOCIMIENTO	ESPIRITUAL
IKIGAI	AUTOMOTIVACIÓN	QUERER
IKIGAI	LIDERAZGO	TRANSFORMACIONAL

En esta dinámica se trata de identificar qué tareas o actividades que cumplan las cuatro características del IKIGAI japonés. ME GUSTA-SE ME DA BIEN-ME PUEDEN PAGAR POR ELLO-HAY GENTE QUE LO NECESITA.

El objetivo es identificar aquello en lo que eres bueno, que te da placer realizarlo y que aporta algo al mundo. Además, que incluso te paguen por ello. Porque hace falta vivir y se profesional de algo. Cuando lo llevas a cabo, tienes más autoestima, porque sientes que tu presencia en el mundo está justificada. La felicidad sería la consecuencia. El IKIGAI es el PROPÓSITO de vida.

8. OBJETIVOS DE TEMPORADA

HERRAMIENTA 8	FACTOR DE INTELIGENCIA EMOCIONAL	FUERZA DEL PODER PERSONAL
OBJETIVOS TEMPORADA	AUTOMOTIVACIÓN	QUERER
OBJETIVOS TEMPORADA	LIDERAZGO	TRANSFORMACIONAL
OBJETIVOS TEMPORADA	AUTOCONTROL	VOLUNTAD

Primeramente, se identifican 2 objetivos de RESULTADO y 2 objetivos de EJECUCIÓN O REALIZACIÓN.

OBJETIVO DE RESULTADO: es objetivo de logro, de conseguir algo en producto, como conclusión de un proceso, pequeño o grande. Eso es, un campeonato, marcar un gol, clasificarse para una siguiente fase, quedar primeros, o no descender de categoría.

OBJETIVO DE REALIZACIÓN-EJECUCIÓN: tiene que ver con ejecución técnica, con realizar acciones, con vivencia, con camino y no tanto con destino. Con hacer bien las cosas.

Se establecen, entonces, los objetivos en la tabla siguiente y se estiman, de forma muy objetiva, atendiendo a recursos que se tienen y a recursos de contrincantes, en caso de competición con otro. Se valora como estamos, personalmente o/y equipo y se estima también, muy objetivamente la dificultad y la confianza en esos recursos con una valoración de 0 a 100.

La confianza no es las ganas que se tiene de ello. Ganas siempre serán 100 puntos, pero hay que ser objetivo, coherente y consecuente.

La cuestión es que en ningún momento baje la cifra del 50%, pues en ese caso habrá que tender a obviarlos, bien por fáciles o por difíciles. También hay que intentar que la diferencia entre ambos parámetros (confianza y dificultad) no haya una diferencia de más de tres enteros, pues en ese caso está mal establecido.

Hay que ponerse objetivos que dependan sobre todo de uno mismo.

Al terminar se realiza una reflexión sobre ello, para modificar o no algo en la descripción del objetivo, aumentándolo o disminuyéndole.

INDICA LOS OBJETIVOS DE TEMPORADA

1º ....

2º ....

3º ....

4º ....

NIVEL DE DIFICULTAD

1º	0	10	20	30	40	50	60	70	80	90	100 %
2º	0	10	20	30	40	50	60	70	80	90	100 %
3º	0	10	20	30	40	50	60	70	80	90	100 %
4º	0	10	20	30	40	50	60	70	80	90	100 %

GRADO DE CONFIANZA EN CONSEGUIR LOS OBJETIVOS

1º	0	10	20	30	40	50	60	70	80	90	100 %
2º	0	10	20	30	40	50	60	70	80	90	100 %
3º	0	10	20	30	40	50	60	70	80	90	100 %
4º	0	10	20	30	40	50	60	70	80	90	100 %

---

9. CAMINO DESTINO

HERRAMIENTA 9	FACTOR DE INTELIGENCIA EMOCIONAL	FUERZA DEL PODER PERSONAL
CAMINO DESTINO	AUTOCONOCIMIENTO	ESPIRITUAL

En esta dinámica se trata de identificar y vincular diversas vivencias de periodos de formación, de trabajo o de relación interpersonal, con los logros conseguidos en ellos o desde ellos. La cuestión es ver y determinar procesos emprendidos y resultados conseguidos.

No se trata de que todo proceso haya tenido un gran resultado. O que un gran resultado vengo de un gran proceso. Todo lo contrario, se trata de ver que algunos procesos de vida (caminos) han sido muy productivos por generar muchas vivencias sin, necesariamente, haber tenido con ellos un resultado (destino) importante.

No obstante, si ello sí ha ocurrido, pues fenomenal.

Puede haber entonces:

	CAMINO POSITIVO	CAMINO NEGATIVO
DESTINO POSITIVO		
DESTINO NEGATIVO		

Valora lo que sale del cuadrante, reflexiónalo y escríbelo o/y cuéntalo a alguien cercano.

10. GAFAS MÁGICAS

HERRAMIENTA 10	FACTOR DE INTELIGENCIA EMOCIONAL	FUERZA DEL PODER PERSONAL
GAFAS MÁGICAS	AUTOCONTROL	VOLUNTAD
GAFAS MÁGICAS	AUTOMOTIVACIÓN	QUERER
GAFAS MÁGICAS	LIDERAZGO	EXISTENCIAL

En esta dinámica se realiza un recorrido de forma mental, pensado. El recorrido se realizará a un paso acordado con el evaluador-cronometrador (andando a paso normal, por ejemplo). Se toma, primeramente, el tiempo que se realiza de forma mental en ritmo acordado (aproximado) y luego se realizará de forma evidente y real.

Se realiza una comparativa y se ven las diferencias de tiempo.

Se puede realizar con los ojos cerrados o no.

A mayor y mejor visualización espacio-temporal, mejor será la estimación de tiempo que se realice en forma mental.

Ver visualización de Fernando Alonso en:

https://www.youtube.com/watch?v=iydl7nbF4wM

11. MOMENTOS

HERRAMIENTA 11	FACTOR DE INTELIGENCIA EMOCIONAL	FUERZA DEL PODER PERSONAL
MOMENTOS	AUTOCONOCIMIENTO	ESPIRITUAL
MOMENTOS	AUTOMOTIVACIÓN	QUERER
MOMENTOS	AUTOMOTIVACIÓN	QUERER
MOMENTOS	AUTOCONTROL	VOLUNTAD
MOMENTOS	LIDERAZGO	TRANSFORMACIONAL

En esta dinámica se trata de realizar un LISTADO DE MOMENTOS especiales o significativos vividos en toda tu vida. Momentos significativos por ser vivencias y experiencias muy interesantes, importantes, propias, trascendentales, encantadoras, atractivas, etc.

Momentos tuyos en soledad o en compañía.

Haz una lista con un número mínimo como edad tengas.

Si tienes 25 años: 25 momentos

Si tienes 45 años: 45 momentos

12 TORMENTA DEL DESIERTO

HERRAMIENTA 12	FACTOR DE INTELIGENCIA EMOCIONAL	FUERZA DEL PODER PERSONAL
TORMENTA DESIERTO	AUTOCONOCIMIENTO	ESPIRITUAL
TORMENTA DESIERTO	AUTOMOTIVACIÓN	QUERER

En esta dinámica se trata de valorar los éxitos conseguidos vinculándolos con el camino recorrido, el proceso realizado para llegar a ellos.

Ver si el objetivo conseguido ha sido un éxito, no solo en función del logro, sino también en función de lo realizado.

Incluso ver y determinar que, tal vez, sin llegar a conseguir un logro o el principal logro-objetivo planteado, sí ha podido merecer la pena todo el proceso.

Hay que valorar tanto el camino, las vivencias que se incorporan a nuestra identidad y nos fortalecen, como los logros.

Éxito son las dos cosas, logros y vivencias. Y si se dan las dos, mejor aún.

ÉXITOS	VIVENCIA POSITIVA	VIVENCIA NEGATIVA
LOGRO POSITIVO		
LOGRO NEGATIVO		

13. MI VIDA IDEAL

HERRAMIENTA 13	FACTOR DE INTELIGENCIA EMOCIONAL	FUERZA DEL PODER PERSONAL
MI VIDA IDEAL	AUTOCONOCIMIENTO	ESPIRITUAL
MI VIDA IDEAL	AUTOMOTIVACIÓN	QUERER
MI VIDA IDEAL	AUTOCONTROL	VOLUNTAD

En esta dinámica se trata de realizar una descripción redactada de la vida que me gustaría tener en un futuro no muy lejano. Dejándonos fluir y mezclando objetivos y deseos.

Se describe la vida ideal desde un día o semana ideal. Qué harías, con quién estarías, como transcurriría ese día o semana.

Escribe aquí en varios párrafos tu vida imaginada e ideal:

MI VIDA IDEAL

14. MI LIBRETA DE ÉXITO

HERRAMIENTA 14	FACTOR DE INTELIGENCIA EMOCIONAL	FUERZA DEL PODER PERSONAL
MI LIBRETA DE ÉXITO	AUTOCONOCIMIENTO	ESPIRITUAL

En esta dinámica se trata de realizar una comparación de procesos para conseguir tal o cual éxito. Se trata de identificar procesos vividos como auténticas tormentas del desierto y procesos como la mayor arena fina con un recorrido placentero y agradable.

Identifica cada proceso realizado para diversos objetivos de logro, conseguidos o no:

TORMENTAS DEL DESIERTO	ARENA FINA DEL DESIERTO

15. OBJETIVOS 5 3 1

HERRAMIENTA 15	FACTOR DE INTELIGENCIA EMOCIONAL	FUERZA DEL PODER PERSONAL
OBJETIVOS 5-3-1	AUTOMOTIVACIÓN	QUERER
OBJETIVOS 5-3-1	AUTOCONTROL	VOLUNTAD

En esta dinámica se trata de realizar una estimación sobre los objetivos que queremos cumplir en 5 años y una vez establecido aportar los objetivos intermedios en 3 y 1 año vista. Los objetivos deben estar alineados y concordantes con lo que se ha propuesto. Vinculados en contenido y en acciones.

Objetivos a 5 años

Las diferentes áreas de tu vida son guías significativas para establecer lo que se quiere en 5 años vista. Se deben expresar en un lenguaje simple y siempre en **positivo. Son objetivos generales, amplios.**

Objetivos a 3 años

Teniendo en cuenta los objetivos a 5 años vista, se trata de tomar cada uno de ellos y establecer metas de proceso a cumplir dentro de 3 años. Son indicadores y evidencias de que se estará en el buen camino hacia el objetivo a largo plazo.

Objetivos a 1 año

Con la lista de objetivos a 3 años vista se marcan las metas de proceso que se tienen que cumplir dentro de 1 año.

Identifica cada proceso realizado para diversos objetivos de logro, conseguidos o no:

OBJETIVOS A 5 AÑOS	OBJETIVOS A 3 AÑOS	OBJETIVOS A 1 AÑO

16. SMART. ESTABLECIMIENTO DE OBJETIVOS INTELIGENTES

HERRAMIENTA 16	FACTOR DE INTELIGENCIA EMOCIONAL	FUERZA DEL PODER PERSONAL
SMART	AUTOMOTIVACIÓN	QUERER
SMART	AUTOCONTROL	VOLUNTAD

SMART es una palabra inglesa que significa INTELIGENTE.

A su vez es el acrónimo aportado desde la nemotecnia como asociación mental y mejor memorización de las palabras:

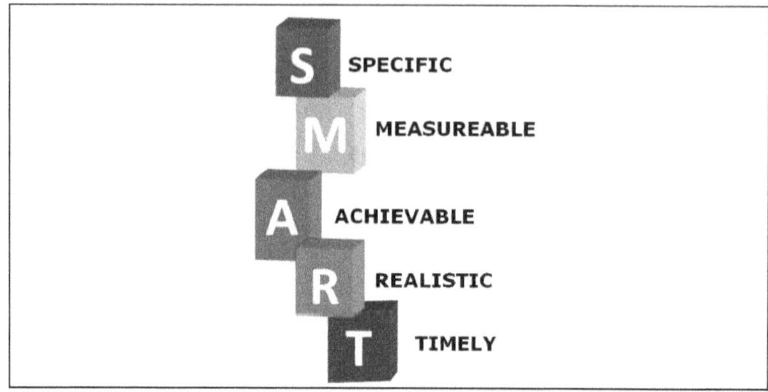

En español, Específico, Medible, Alcanzable, Realista y Temporizado.

Así debe establecerse todo objetivo para que su consecución tenga mayor posibilidad.

Cuando los objetivos son establecidos con esta rigurosidad, el proceso se sistematiza y genera una metodología de acción, así como una mayor responsabilidad e implicación con el proyecto.

De los objetivos establecidos en otros ejercicios. Escoge algunos de los más importantes y plantéalos con esta metodología de intervención:

		OBJETIVO 1	OBJETIVO 2	OBJETIVO 3
S	Específico		
M	Medible		
A	Alcanzable		
R	Realista		
T	Tiempo determinado		

17 MEKONG

HERRAMIENTA 17	FACTOR DE INTELIGENCIA EMOCIONAL	FUERZA DEL PODER PERSONAL
MEKONG	AUTOCONTROL	VOLUNTAD

El río Mekong es uno de los ríos más importantes y largos del mundo. Tiene, por ello, gran cantidad de afluentes que aportan sus aguas al gran río para hacerle grande entre los grandes.

En esta dinámica se trata de realizar una descripción de un objetivo concreto y aportar las acciones, tareas y métodos necesarios vinculados a una fechas o tiempo concretos en que esas tareas deben estar realizadas.

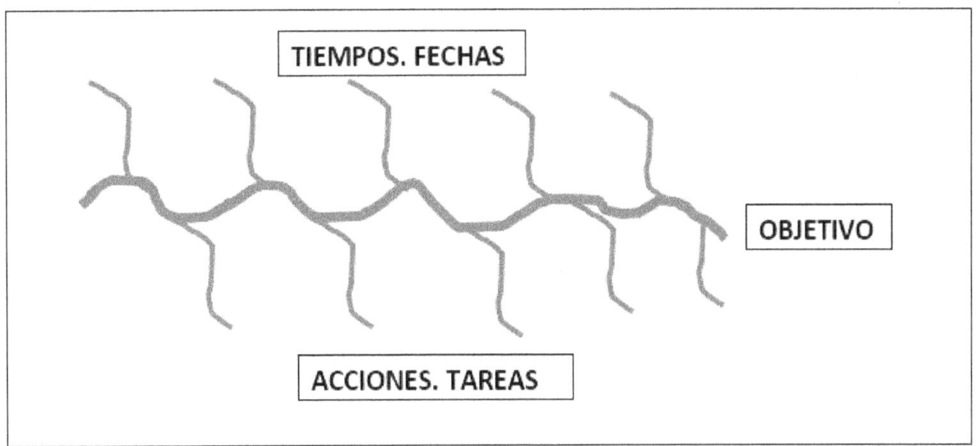

18. LISTA DE RETOS

HERRAMIENTA 18	FACTOR DE INTELIGENCIA EMOCIONAL	FUERZA DEL PODER PERSONAL
LISTA RETOS	AUTOMOTIVACIÓN	QUERER
LISTA RETOS	LIDERAZGO	TRANSFORMACIONAL
LISTA RETOS	AUTOCONTROL	VOLUNTAD

En esta dinámica se trata de realizar una aportación de diversos RETOS, tanto pequeños como grandes, que se quieren realizar de hoy al resto de mi vida.

RETOS PEQUEÑOS	RETOS GRANDES

19. LISTA DE BIENVENIDA

HERRAMIENTA 19	FACTOR DE INTELIGENCIA EMOCIONAL	FUERZA DEL PODER PERSONAL
LISTA DE BIENVENIDA	EMPATÍA	TEMPORAL
LISTA DE BIENVENIDA	AUTOMOTIVACIÓN	QUERER

En esta dinámica se trata de realizar una lista de personas concretas que te gustaría conocer, bien del ámbito laboral, del ámbito académico, vecinos, gente de televisión o radio, etc. Aporta lo nombres.

A su vez aporta una lista de tipos de personas que te gustaría conocer, sin pensar en un nombre concreto, sino el personaje, el arquetipo, la tipología de persona. Puede ser un aventurero, un escritor, un actor, un enfermero, un cajero del DIA, etc. Puede ser por características y valores de la persona: una persona humilde, una persona feliz, una persona ejemplar, etc.

PERSONAS	PERSONAJES

20. MI VUELTA AL MUNDO

HERRAMIENTA 20	FACTOR DE INTELIGENCIA EMOCIONAL	FUERZA DEL PODER PERSONAL
MI VUELTA AL MUNDO	AUTOCONOCIMIENTO	ESPIRITUAL
MI VUELTA AL MUNDO	LIDERAZGO	TRANSFORMACIONAL

En esta dinámica se trata de crear un panel de fotos en un MAPA DEL MUNDO. Fotos tuyas realizando diversas actividades o acciones. Fotos significativas desde que has nacido hasta hoy que te describan como eres y lo que has hecho hasta ahora.

Se pegan en un Mapa del Mundo, mínimo de tamaño DIN A3 y se pone en algún lugar que puedas verlo cada día.

Entre 5 y 20 fotos que digan "casi" todo de ti.

Une, finalmente, las fotos con un recorrido en orden cronológico.

21. LISTA DE TAREAS

HERRAMIENTA 21	FACTOR DE INTELIGENCIA EMOCIONAL	FUERZA DEL PODER PERSONAL
LISTA TAREAS	AUTOMOTIVACIÓN	QUERER
LISTA TAREAS	LIDERAZGO	TRANSFORMACIONAL
LISTA TAREAS	AUTOCONTROL	VOLUNTAD

En esta dinámica se trata de realizar una aportación de muchas TAREAS pequeñas. Tareas que llevamos postergando tiempo y no terminamos de empezar a realizarlas. Se apuntan en la lista y se añade color rojo, naranja o verde, según su importancia y urgencia.

TAREAS	ROJO	NARANJA	VERDE
Tarea 1	X		
Tarea 2		X	
Tarea 3		X	
Tarea 4			X
Tarea 5			X
Tarea 6			X
Tarea 7	X		

22. YO SOY

HERRAMIENTA 22	FACTOR DE INTELIGENCIA EMOCIONAL	FUERZA DEL PODER PERSONAL
YO SOY	AUTOCONOCIMIENTO	ESPIRITUAL
YO SOY	EMPATÍA	TEMPORAL
YO SOY	LIDERAZGO	EXISTENCIAL

En esta dinámica se trata de realizar una descripción corta en formato párrafo potenciando mis características personales. Un párrafo, corto y sencillo. Poderoso que recoja nuestra potencialidad máxima.

Párrafo poderoso:

YO SOY...

23. FILTRO EMOCIONAL

HERRAMIENTA 23	FACTOR DE INTELIGENCIA EMOCIONAL	FUERZA DEL PODER PERSONAL
FILTRO EMOCIONAL	AUTOCONTROL	VOLUNTAD
FILTRO EMOCIONAL	AUTOMOTIVACIÓN	QUERER
FILTRO EMOCIONAL	LIDERAZGO	TRANSFORMACIONAL
FILTRO EMOCIONAL	LIDERAZGO	EXISTENCIAL

En esta dinámica se trata de pensar en alguna creencia negativa mía, no muy grave, pero que me gustaría cambiar. Incluso puede ocurrir que es algo que me viene diciendo gente de mi alrededor. Yo ya pienso que soy así, pero me gustaría cambiarla.

Como ejemplo podrían ser palabras-conceptos como soy cabezota, vago, impulsivo, etc.

La cuestión de pasarlo por el FILTRO no es para cambiarlo del todo, no es posible ni fácil, la cuestión es que se cambia a algo similar, pero en positivo. Deberemos encontrar una palabra análoga, pero en positivo. Ponemos estas tres palabras-conceptos en el ejemplo en la tabla.

Se cambiará a esa otra palabra positiva e iremos creyendo en el concepto positivo que tiene para ir incorporándolo a nuestra identidad de mejor manera y quitarnos esa creencia negativa de lo que somos. Después de varias semanas lo tendremos incorporado a nuestra identidad en positivo.

FILTRO EMOCIONAL:

YO SOY...	YO SOY...EN POSITIVO
CABEZOTA **VAGO** **IMPULSIVO**	**PERSEVERANTE-PERSISTENTE** **TRANQUILO-COMEDIDO** **ACTIVO-DINÁMICO** ....

24. CENTRAMIENTO

HERRAMIENTA 24	FACTOR DE INTELIGENCIA EMOCIONAL	FUERZA DEL PODER PERSONAL
CENTRAMIENTO	AUTOCONOCIMIENTO	ESPIRITUAL
CENTRAMIENTO	EMPATÍA	TEMPORAL
CENTRAMIENTO	LIDERAZGO	EXISTENCIAL

En esta dinámica se trata de realizar una concienciación somática, cognitiva y de campo desde la posición corporal adecuada, la capacidad de mentalización en ello y la unión y conexión con el entorno en donde estoy.

Un primer paso es reconocer en nuestras vidas una conciencia plena. El segundo paso es evocarlos para traerlos a la realidad de ahora, del cuerpo y del momento. El tercer paso es la práctica constante. La práctica que al final incluyo nos ayuda a conectar con nuestro centro. Aportar nuestra esencia, la mejor versión de uno mismo. Lo importante es conectar con el día a día.

Lugar tranquilo, posición corporal adecuada junto con respiración y pensamiento concentrado en ello.

25. MEDITACIÓN

HERRAMIENTA 25	FACTOR DE INTELIGENCIA EMOCIONAL	FUERZA DEL PODER PERSONAL
MEDITACIÓN	AUTOCONOCIMIENTO	ESPIRITUAL
MEDITACIÓN	LIDERAZGO	EXISTENCIAL
MEDITACIÓN	AUTOCONTROL	TEMPORAL

A través de la meditación alcanzamos el momento presente y nos acoplamos a él. Tenemos que encontrar el estado de silencio interior, conciencia sin generar pensamientos. Se trata de ir espaciando en el tiempo esos posibles pensamientos y haciéndolos desaparecer. Nuestra conciencia se expande y eleva la mente provocando un estado de paz profunda y felicidad interior.

Se intenta realizar en lugar tranquilo, con posición corporal adecuada junto con respiración y pensamiento concentrado en ello.

26 SEMANA ASERTIVIDAD

HERRAMIENTA 26	FACTOR DE INTELIGENCIA EMOCIONAL	FUERZA DEL PODER PERSONAL
SEMANA ASERTIVIDAD	EMPATÍA	TEMPORAL
SEMANA ASERTIVIDAD	LIDERAZGO	EXISTENCIAL
SEMANA ASERTIVIDAD	AUTOCONTROL	VOLUNTAD

Asertividad es un concepto ligado a la inteligencia emocional, principalmente la inteligencia interpersonal pues está referido a la comunicación con los demás. Ser asertivo es comunicarse de forma efectiva, decir lo que queremos transmitir de forma firme y segura, pero, a la vez, de forma respetuosa y empática con los demás. Es la habilidad de comunicarnos de manera efectiva y afectiva que no hiere a los demás y a nosotros nos deja con el mejor estado de ánimo.

De esta manera hay que estar una semana entera, en todas las interacciones personales que tengamos y en todos los ámbitos en los que estemos. Pase lo que pase, deberemos forzarnos en estar en esa actitud, con compromiso y buena disposición relacional.

Se puede generar un anclaje que nos ayude a llevarnos a esa situación. Un anclaje visual, kinestésico o auditivo.

27 ANCLA

HERRAMIENTA 27	FACTOR DE INTELIGENCIA EMOCIONAL	FUERZA DEL PODER PERSONAL
ANCLA	LIDERAZGO	EXISTENCIAL
ANCLA	AUTOMOTIVACIÓN	EXISTENCIAL
ANCLA	AUTOCONTROL	VOLUNTAD

Un ancla es un marcador psicosomático que, asociado a un estado específico nos lleva a él. El anclaje es algo asimilado de forma natural o por aprendizaje más o menos sistematizado en el tiempo por metodología y procedimiento consciente.

Un anclaje puede ser visual, auditivo o kinestésico.

En este ejercicio se trata de identificar algunas anclas que tenemos y aportarlos aquí. Además, debemos generar nuevos anclajes que nos sirvan para introducirnos en un mejor estado mental y psicosocial que optimice nuestro día a día.

Ejemplo de ancla es ponernos algo en nuestro cuerpo que nos lleve a un estado positivo como una pulsera, una camiseta especial, etc.

Ejemplo de ancla es realizar un gesto especial al comienzo de una actividad. Como saludo, toque de mano a parte de cuerpo, apretar puño, etc.

Ejemplo de ancla es ver y mirar algo específico de nosotros o de nuestro entorno.

Ejemplo de ancla es la escucha de alguna música especial para nosotros que nos meta en un estado de gran ánimo.

GENERAR ANCLAS:

AUDITIVO	VISUAL	KINESTÉSICO
1	1	1
2	2	2
3	3	3

28 LA CATEDRAL

HERRAMIENTA 28	FACTOR DE INTELIGENCIA EMOCIONAL	FUERZA DEL PODER PERSONAL
CATEDRAL	AUTOCONOCIMIENTO	ESPIRITUAL
CATEDRAL	LIDERAZGO	TRANSFORMACIONAL

La herramienta de la CATEDRAL se realiza para tener la posibilidad de una visión más amplia y por tanto de proyecto en lo que hacemos cada día. El ejemplo en la Catedral tiene que ver con la pregunta que se hace a tres trabajadores que están realizando la misma tarea, pero cada uno contesta de una manera, en función de la posición, disposición y compromiso que se tiene.

El ejercicio consiste en que reflexiones sobre cómo es tu actitud frente a tu trabajo de cada día.

PICAR PIEDRA

Trabajador 1

- Pico la piedra
- Mi trabajo termina a las tres
- Tarea inmediata ejecución pura

Trabajador 2

- Hago columnas
- Mi trabajo termina cuando acabo la columna
- Tarea presente

Trabajador 3

- Hago una catedral
- Mi tarea acabará cuando esté hecha la catedral
- Inacabamiento, Trascendencia

Una situación análoga a la anterior en el ámbito del deporte, del fútbol, podría ser así:

REGATEAR

Jugador 1

- Regateo
- Hago regates
- Tarea inmediata ejecución pura

Jugador 2

- Hago una jugada de equipo
- Mi trabajo termina cuando termino la jugada
- Tarea presente

Jugador 3

- Juego un partido
- Mi tarea acabará cuando acaba el partido
- Inacabamiento, Trascendencia

29. ATRÉVETE

HERRAMIENTA 29	FACTOR DE INTELIGENCIA EMOCIONA	FUERZA DEL PODER PERSONAL
ATRÉVETE	LIDERAZGO	EXISTENCIAL
ATRÉVETE	AUTOMOTIVACIÓN	TEMPORAL
ATRÉVETE	AUTOCONTROL	VOLUNTAD

En esta herramienta se trata de que aportemos un reto diferente a lo que hemos hecho hasta ahora, más o menos grande, muy interesante, muy conseguible a corto plazo, que sorprenda a la gente de nuestro alrededor e incluso a nosotros mismos.

Pondremos fecha para realizarlo que no pase de un año.

Ejemplos de este tipo podrían ser: tirarse en paracaídas, montar en globo, ir el 1 de enero a Viena a ver el concierto de año nuevo, hacer teatro, montar a caballo, llamar a la radio, cambiar de equipo, pedir al entrenador que te cambie de posición, etc.

30. LISTA DE HABILIDADES SOCIALES

HERRAMIENTA 30	FACTOR DE INTELIGENCIA EMOCIONAL	FUERZA DEL PODER PERSONAL
LISTA HHSS	AUTOCONOCIMIENTO	ESPIRITUAL
LISTA HHSS	AUTOCONOCIMIENTO	TEMPORAL

En esta dinámica se trata de realizar una lista las Habilidades Sociales (HHSS) tanto que tengo o creo que tengo, como las que me faltarían para estar del todo contento y ser más competente en mis interacciones sociales en todos los ámbitos de la vida.

Habilidades Sociales como: escucha activa, asertividad, empatía, capacidad de negociación, respeto, credibilidad, positividad, paciencia, capacidad de comunicación, etc.

LISTA DE HHSS QUE TENGO	LISTA DE HHSS QUE ME FALTAN

31. LA DEDICATORIA

HERRAMIENTA 31	FACTOR DE INTELIGENCIA EMOCIONAL	FUERZA DEL PODER PERSONAL
LA DEDICATORIA	EMPATÍA	TEMPORAL
LA DEDICATORIA	EMPATÍA	TRANSFORMACIONAL
LA DEDICATORIA	EMPATÍA	QUERER

En esta dinámica se trata de realizar una DEDICATORIA corta y sencilla. Dedicatoria imaginando que dedicamos un libro que hemos escrito y se lo regalamos a alguien.

Así mismo haz una dedicatoria por la conclusión de alguna tarea interesante que has realizado y una dedicación previa por algo que estés haciendo o vayas a hacer.

En estos últimos casos dedicas tu esfuerzo y trabajo y no la conclusión de la tarea. No debes dedicar la conclusión de un gran proyecto y menos con mucho compromiso, tipo promesa o juramento, pues ello se puede volver en tu contra en caso de no poder cumplirlo. Te puedes sentir culpable de no haberlo realizado bajo esa promesa o jura.

DEDICATORIA DE LIBRO:

DEDICATORIA DE TAREA CONCLUIDA:

DEDICATORIA DE TAREA POR COMENZAR:

32. MI REGALO

HERRAMIENTA 32	FACTOR DE INTELIGENCIA EMOCIONAL	FUERZA DEL PODER PERSONAL
MI REGALO	EMPATÍA	QUERER
MI REGALO	EMPATÍA	TRANSFORMACIONAL
MI REGALO	EMPATÍA	TEMPORAL

En esta dinámica se trata de realizar un regalo de una MASCARILLA FFP2-3.

Incluso podemos ponernos en situación de que hay escasez de ellas. Pon tres ejemplos de a quien se la darías y arguméntalo.

PERSONA 1:
POR QUÉ:

PERSONA 2:
POR QUÉ:

PERSONA 3:
POR QUÉ:

33. COHESIÓN DE EQUIPO

HERRAMIENTA 33	FACTOR DE INTELIGENCIA EMOCIONAL	FUERZA DEL PODER PERSONAL
COHESION EQUIPO	EMPATÍA	TRANSFORMACIONAL
COHESION EQUIPO	LIDERAZGO	TRANSFORMACIONAL

En esta dinámica se trata de pasar un cuestionario de alguna de estas diferentes maneras para determinar la mayor o menor cohesión del equipo o grupo:

- Pásalo a todos los miembros del equipo
- Pásalo al cuerpo de entrenadores
- Realízalo a modo de observación sistemática

Y reflexiona sobre los niveles de cohesión y diferencias entre las diferentes valoraciones.

No seas invasivo en la toma de datos e intenta realizarlo con el máximo consenso y, por supuesto, de forma anónima.

EQUIPO: CATEGORÍA:					
Nombre del Técnico: 1 poco 5 mucho					
	1	2	3	4	5
1. Los deportistas tienen claro la importancia del equipo					
2. Los deportistas suelen evitar los conflictos internos					
3. Los deportistas dejan de lado las cuestiones personales por el bien del equipo					
4. La mayoría de los deportistas tiende a relacionarse entre sí					
5. Los deportistas suelen tener inquietudes por organizar actividades conjuntas fuera del vestuario					
6. El grupo de deportistas vigila y controla que las normas se cumplan					
7. Los deportistas se apoyan entre ellos					
8. Cuando han surgido dificultades, el grupo cierra filas, buscando apoyo mutuo					
9. Existen en el equipo líderes claros, apoyados por los compañeros que guían al grupo					
10. Los problemas se suelen tratar en el seno del grupo, sin trascender hacía afuera					
11. El equipo tiene ciertas señas de identidad claras					
12. En la competición, buscan los apoyos y tratan de hacer un juego colectivo					
Total parcial					
Total					
45-60 Buen funcionamiento de grupo 25-45 Hay que trabajar la dinámica interna del grupo 0-25 Serio problema de cohesión interna					

34. NAVY SEALS

HERRAMIENTA 34	FACTOR DE INTELIGENCIA EMOCIONAL	FUERZA DEL PODER PERSONAL
NAVY SEALS	EMPATÍA	TRANSFORMACIONAL
NAVY SEALS	LIDERAZGO	TRANSFORMACIONAL

En esta dinámica se trata de recordar y revivir un momento o periodo de trabajo de equipo eficiente, eficaz, agradable, donde la armonía y el buen ambiente fue la clave.

Es significativo saber que una de las cuestiones que más se valora en el alto rendimiento o en cualquier ámbito laboral y académico, es el BUEN ENTORNO de entrenamiento y trabajo.

Te recuerdo algunos puntos significativos sobre TRABAJO EN EQUIPO de los NAVY SEALS:

- Concordancia líder-equipo en objetivos, misión, tareas e instrucciones.
- No hay un mal equipo con un buen líder y el esfuerzo es de todos.
- El ego es un peligro.
- Trabajar unidos es la única vía del éxito.
- Descentraliza el mando.
- Liderar hacia abajo y hacia arriba.
- La disciplina genera libertad.

REDACCIÓN DE LA VIVENCIA DE MI TRABAJO DE EQUIPO:

35. DAFO MATRIZ

HERRAMIENTA 35	FACTOR DE INTELIGENCIA EMOCIONAL	FUERZA DEL PODER PERSONAL
DAFO MATRIZ	AUTOCONOCIMIENTO	ESPIRITUAL
DAFO MATRIZ	AUTOMOTIVACIÓN	QUERER
DAFO MATRIZ	LIDERAZGO	VOLUNTAD

El análisis DAFO (Debilidades-Amenazas-Fortalezas-Oportunidades) es una herramienta de estudio de la situación de una empresa, un proyecto o una persona. Analiza sus características internas (debilidades y fortalezas) y su situación externa (amenazas y oportunidades) en una matriz cuadrada. El análisis DAFO se divide en dos partes:

a) Análisis interno (Fortalezas y Debilidades). En esta fase se realiza una valoración de la situación considerando fortalezas y debilidades.

b) Análisis externo (Amenazas y Oportunidades). Ámbito y aspecto exterior que deben ser tenidas en cuenta bien para superarlas o bien para aprovechar las oportunidades que brinda el mercado exterior.

Nos ayuda a plantear las acciones que deberíamos poner en marcha para aprovechar las oportunidades detectadas y a prepararnos contra las amenazas teniendo en cuenta nuestras debilidades y fortalezas. Es una herramienta para conocer la situación real en que nos encontramos y planificar una estrategia de futuro.

El análisis DAFO se hace en etapas de planificación estratégica para poder contestar a las preguntas:

- ¿Cómo se puede destacar cada fortaleza?
- ¿Cómo se puede disfrutar cada oportunidad?
- ¿Cómo se puede defender cada debilidad?
- ¿Cómo se puede detener cada amenaza?

Las Fortalezas y Debilidades tienen que ver conmigo y dependen de mí.

Las Oportunidades y Amenazas son externas a mí.

FORTALEZAS	OPORTUNIDADES
DEBILIDADES	AMENAZAS

36. ERAC MATRIZ

HERRAMIENTA 36	FACTOR DE INTELIGENCIA EMOCIONAL	FUERZA DEL PODER PERSONAL
ERAC MATRIZ	AUTOCONOCIMIENTO	ESPIRITUAL
ERAC MATRIZ	AUTOMOTIVACIÓN	QUERER
ERAC MATRIZ	LIDERAZGO	VOLUNTAD

Se trata de realizar una matriz que nos ayuda a tomar decisiones para construir un valor diferencial sobre los demás. Fue planteada por W. Chan Kim y Renée Mauborgne y se utiliza como cuadro estratégico para el mejor emprendimiento de proyectos.

Intenta aportar tareas y acciones concretas para poder generar evidencias de su consecución.

ELIMINAR	REDUCIR
AUMENTAR	CREAR

37. LA AFIRMACIÓN

HERRAMIENTA 37	FACTOR DE INTELIGENCIA EMOCIONAL	FUERZA DEL PODER PERSONAL
LA AFIRMACIÓN	AUTOMOTIVACIÓN	VOLUNTAD
LA AFIRMACIÓN	LIDERAZGO	EXISTENCIAL

En esta dinámica se trata de realizar una FRASE corta y sencilla. Una afirmación potenciadora de mi persona. Una enunciación aseverando mi condición de persona potente y dinámica que consigue objetivos.

LA AFIRMACIÓN:

38. SOLTAR LASTRE

HERRAMIENTA 38	FACTOR DE INTELIGENCIA EMOCIONAL	FUERZA DEL PODER PERSONAL
SOLTAR LASTRE	EMPATÍA	TEMPORAL
SOLTAR LASTRE	LIDERAZGO	EXISTENCIAL
SOLTAR LASTRE	AUTOMOTIVACIÓN	VOLUNTAD

Soltar lastre significa que no debemos estar condicionados negativamente a algo o a alguien. Significa salir del apego dañino. Significa la aceptación de las situaciones sin reaccionar negativamente a ellas. Es aceptación, no resignación. Hay que ser capaces de desprendernos de lo que nos hace daño. Tanto cosas materiales como de personas. Por ello hay que saber soltar lastre y que no nos importe esa pérdida, porque no es perdida, es ganancia de felicidad y de paz interior.

El ejercicio, entonces, consiste en realizar un centramiento, y coger fuertemente con una mano y brazo estirado un objeto (bolsa de arena pequeña) para soltarlo después de una respiración y concentración adecuados desde abdomen a cabeza.

Repetir el ejercicio varias veces hasta sentir que lo que nos condicionaba, se ha liberado de nosotros y ya está fuera de nuestro ser.

39. LISTA DE EXPERIENCIAS

HERRAMIENTA 39	FACTOR DE INTELIGENCIA EMOCIONAL	FUERZA DEL PODER PERSONAL
LISTA DE EXPERIENCIAS	AUTOCONOCIMIENTO	ESPIRITUAL
LISTA DE EXPERIENCIAS	LIDERAZGO	TRANSFORMACIONAL

En esta dinámica se trata de realizar una aportación de varias experiencias significativas realizadas en nuestra vida. Hay que aportar tantas EXPERIENCIAS DE VIDA como suma de los dígitos de nuestra edad.

EXPERIENCIAS

40. CREENCIAS LIMITANTES

HERRAMIENTA 40	FACTOR DE INTELIGENCIA EMOCIONAL	FUERZA DEL PODER PERSONAL
CREENCIAS LIMITANTES	AUTOMOTIVACIÓN	QUERER
CREENCIAS LIMITANTES	AUTOCONTROL	VOLUNTAD
CREENCIAS LIMITANTES	LIDERAZGO	EXISTENCIAL

La CREENCIA LIMITANTE es un esquema mental rígido, un arquetipo distorsionado de nosotros, interiorizado con el tiempo por influencia de personas que han intervenido en nosotros a lo largo de nuestra vida. Son autoconceptos negativos que debemos romper porque nos generan baja autoestima y falta de confianza.

Para ello debemos identificar dichas creencias y desafiarlas con evidencias que neutralicen esas creencias y nos hagan ver y sentir que estamos y somos mejores e incluso que era una creencia falsa del todo.

CREENCIA LIMITANTE	EVIDENCIAS NEUTRALIZADORAS

CREENCIA LIMITANTE	EVIDENCIAS NEUTRALIZADORAS

41. QUIERO TENGO PUEDO HAGO

HERRAMIENTA 41	FACTOR DE INTELIGENCIA EMOCIONAL	FUERZA DEL PODER PERSONAL
QUIERO/TENGO/PUEDO/HAGO	AUTOMOTIVACIÓN	QUERER
QUIERO/TENGO/PUEDO/HAGO	AUTOCONTROL	VOLUNTAD
QUIERO/TENGO/PUEDO/HAGO	LIDERAZGO	EXISTENCIAL

QUIERO TENGO PUEDO HAGO, es la secuencia de una toma de decisión para conseguir una ejecución definitiva.

Realiza un par de ejercicios con la plantilla:

QUIERO...	Representación del fin pretendido
TENGO...	Aportación de recursos que se tienen
PUEDO...	Deliberación de pros y contras. Decisión
HAGO...	Ejecución

QUIERO...	
TENGO...	
PUEDO...	
HAGO...	

42. VERBOS A CONJUGAR

HERRAMIENTA 42	FACTOR DE INTELIGENCIA EMOCIONAL	FUERZA DEL PODER PERSONAL
VERBOS CONJUGAR	AUTOCONOCIMIENTO	ESPIRITUAL
VERBOS CONJUGAR	LIDERAZGO	TRANSFORMACIONAL

Se trata de identificar en nosotros cómo tenemos incorporado cada verbo. Contestar a las preguntas: ¿qué soy?, ¿de qué estoy?, ¿qué he creado?, ¿qué conozco?, ¿qué hago?, ¿qué tengo?

- SER: en cuanto de que trabajo, o que he llegado a ser como persona
- ESTAR: de qué estoy a nivel laboral o en la sociedad en general
- CREAR: en el sentido de creación de cosas, de hechos, de programas, de hijos, incluso.
- CONOCER: personas, situaciones, entornos, ciudades, etc.
- HACER: actividades, tareas, acciones, aficiones, etc.
- TENER: tiene que ver con lo material.

Ejemplo 1

SER	Entrenador
ESTAR	Ayudante entrenador
CREAR	Planificaciones
CONOCER	Gente del deporte, situaciones profesionales
HACER	Deporte, videos, maquetas
TENER	Un coche, una casa

Ejemplo 2

SER	Padre
ESTAR	Padre
CREAR	Hijos
CONOCER	Gente buena, ciudades, mundo en general
HACER	Actividades naturaleza
TENER	Un coche, una casa, una bicicleta

43. LIMPIAR

HERRAMIENTA 43	FACTOR DE INTELIGENCIA EMOCIONAL	FUERZA DEL PODER PERSONAL
LIMPIAR	AUTOCONOCIMIENTO	ESPIRITUAL
LIMPIAR	AUTOMOTIVACIÓN	VOLUNTAD

Se trata de identificar en nosotros algo que nos presiona y nos "mancha" y tenemos que limpiarlo de nuestra mente y de nuestra identidad. Realizarlo varias veces en la semana.

Pasos:

1. Observar lenguaje corporal. Cambiar el lenguaje corporal
2. Habla sobre el tema a alguien de confianza
3. Vaciar la mente durante un tiempo determinado, aunque sea pequeño
4. Cambiar el foco de nuestros pensamientos
5. Crear algo nuevo que nos aporte confianza y autoestima
6. Pasear y disfrutar del camino...y de nosotros mismos
7. Enumerar todo lo que ha valido la pena en nuestra vida

44. VERMIRAD

HERRAMIENTA 44	FACTOR DE INTELIGENCIA EMOCIONAL	FUERZA DEL PODER PERSONAL
VERMIRAD	EMPATÍA	QUERER
VERMIRAD	EMPATÍA	TRANSFORMACIONAL

VERMIRAD. Acrónimo de VER MIRAR ADMIRAR

Pasos:

1. Ver a alguien interesante, importante, que quieres
2. Mírale y piensa en cosas buenas y bonitas que puedes decirle
3. Admira su persona y explícítale tu admiración en palabras

Si no quieres o no puedes realizarlo en persona, escríbelo.

4.5 NO MIRAR NO ADMIRAR

HERRAMIENTA 45	FACTOR DE INTELIGENCIA EMOCIONAL	FUERZA DEL PODER PERSONAL
NO MIRAR NO ADMIRAR	LIDERAZGO	EXISTENCIAL
NO MIRAR NO ADMIRAR	AUTOCONTROL	VOLUNTAD

Esta dinámica hay que realizarla en interrelación social.

Por ejemplo, en competiciones deportivas.

1. Pasos:
2. Ver a tus contrincantes. Pero de manera muy difusa. Etérea.
3. NO mires y céntrate en tu conducta, antes, durante y después de la competición.
4. NO admirarás en ese contexto a nadie y no te influirá negativamente en tu actuación.

Practícalo todo lo que puedas en diversos entornos de intensidad emotiva alta.

46. LISTA DE PERDÓN

HERRAMIENTA 46	FACTOR DE INTELIGENCIA EMOCIONAL	FUERZA DEL PODER PERSONAL
LISTA DE PERDÓN	EMPATÍA	TEMPORAL
LISTA DE PERDÓN	LIDERAZGO	TRANSFORMACIONAL

En esta dinámica se trata de realizar una lista de personas a quienes quieres o/y debes pedir perdón.

Puedes aportar una graduación de la necesidad de ese perdón, en si debes (rojo) o quieres (verde), o el color naranja para casos intermedios. Puedes poner **X** en todas.

PERSONAS	ROJO	NARANJA	VERDE
Persona 1	X		
Persona 2		X	
Persona 3		X	
Persona 4	X	X	X
Persona 5			X
Persona 6			X
Persona 7	X		

47. LISTA DE AGRADECIMIENTO

HERRAMIENTA 47	FACTOR DE INTELIGENCIA EMOCIONAL	FUERZA DEL PODER PERSONAL
LISTA DE AGRADECIMIENTO	EMPATÍA	TEMPORAL
LISTA DE AGRADECIMIENTO	LIDERAZGO	TRANSFORMACIONAL

En esta dinámica se trata de realizar una lista de personas concretas a las que te gustaría dar tu agradecimiento. Aporta lo nombres.

A su vez aporta algo significativo de por qué agradeces.

PERSONAS	POR QUÉ

48. LA LLAMADA

HERRAMIENTA 48	FACTOR DE INTELIGENCIA EMOCIONAL	FUERZA DEL PODER PERSONAL
LA LLAMADA	EMPATÍA	TEMPORAL
LA LLAMADA	LIDERAZGO	TRANSFORMACIONAL
LA LLAMADA	AUTOMOTIVACIÓN	VOLUNTAD

En esta dinámica se trata de realizar una llamada de teléfono ya, ahora mismo, sin más postergación, a una persona significativa de tu vida pero que llevas meses e incluso años sin contactar con ella por la razón que sea.

Haz esa llamada. Te sentirás muy bien cuando termines.

Tiene que ver con avanzar el punto de apoyo de la palanca de Arquímedes de la Psicología Positiva. Ganas en generosidad, pierdes orgullo rígido.

49. LOS PRISIONEROS

HERRAMIENTA 49	FACTOR DE INTELIGENCIA EMOCIONAL	FUERZA DEL PODER PERSONAL
LOS PRISIONEROS	LIDERAZGO	TRANSFORMACIONAL
LOS PRISIONEROS	EMPATÍA	TEMPORAL
LOS PRISIONEROS	LIDERAZGO	EXISTENCIAL

Dinámica de grupos a realizar por dos equipos. Se trata de demostrar que los grupos pueden desarrollar estrategias **competitivas o cooperativas**, explorando la confianza, los efectos de la traición de confianza, los efectos de la competencia y el proceso de desarrollar la cooperación.

Se dividen los participantes 2 equipos. Se juega un equipo A contra un equipo B y se les prohíbe comunicarse con el otro equipo de cualquier forma, de manera verbal o no verbal, excepto cuando se les indique. Pueden hablar entre sí para escoger una estrategia Naranja o Verde. Se escriben las palabras Naranja y Verde en tarjetas separadas y cada equipo recibe una de cada una. Se dice a los equipos el número de puntos que obtendrán en cada una de las situaciones que se describen a continuación.

		GRUPO 2	
		No confiesa	Si confiesa
GRUPO 1	No confiesa	2 años / 2 años	0 años / 10 años
	Si confiesa	10 años / 0 años	6 años / 6 años

Se juegan 5 vueltas en la que cada equipo escoge una estrategia Naranja o una Verde, confesar o no confesar. El tiempo límite de cada vuelta son tres minutos. Cuando se acaba la vuelta, sostienen en alto la tarjeta apropiada para que todos vean la decisión del equipo. Puede haber negociaciones en cualquier momento entre los capitanes de ambos equipos.

Se van contabilizando las puntuaciones y gana quien más puntuación tiene.

50. LA NASA

HERRAMIENTA 50	FACTOR DE INTELIGENCIA EMOCIONAL	FUERZA DEL PODER PERSONAL
LA NASA	LIDERAZGO	TRANSFORMACIONAL
LA NASA	EMPATÍA	TEMPORAL
LA NASA	LIDERAZGO	EXISTENCIAL

Dinámica de grupo para realizar primeramente de forma individual, luego por parejas, luego por grupos y finalmente en un gran grupo donde estén todos los componentes del equipo.

Las condiciones que se ponen son:

"Las probabilidades de sobrevivir dependen de que acertéis a elegir los aparatos y equipos adecuados para una expedición lunar. Cada uno de vosotros formáis parte de la tripulación de una nave espacial que va a reunirse con la nave nodriza en la superficie iluminada de la luna. A causa de unas dificultades mecánicas que surgen, vuestra nave espacial ha de alunizar en un lugar que dista unos 350km del sitio donde tenía que encontrarse con la otra nave. Durante el alunizaje, gran parte del equipo que llevabais, quedó inutilizable; y puesto que la supervivencia depende de que podáis llegar a la nave nodriza, habéis de seleccionar el material más importante para llevarlo, dejando lo menos importante. A continuación, se indican los objetos y aparatos que quedaron ilesos después del alunizaje forzado. El trabajo a realizar consiste en ordenarlos de acuerdo con su importancia y utilidad para poder llegar al punto de encuentro con la nave nodriza".

Aquí se aporta la puntuación final real de la NASA.

GRUPO	objetos	1			2			3			4			GRUPO	NASA	DIF
		OR	NA	DIF	OR	NA	DIF	OR	NA	DIF	OR	NA	DIF			
1	cerillas														15	
2	alimentos concentrados														4	
3	25 metros de soga de nylon														6	
4	tela de paracaidas														8	
5	calentador de alimentos														13	
6	dos pistolas del 45														11	
7	una caja de leche en polvo														12	
8	dos tanques de oxigeno														1	
9	un mapa lunar														3	
10	un bote salvavidas														9	
11	una brújula														14	
12	25 litros de agua														2	
13	luces de bengala														10	
14	botiquin de urgencias														5	
15	receptor-emisor de ultracorta, alimentado con energia solar														7	
	TOTAL															

51. CONFERENCIA

HERRAMIENTA 51	FACTOR DE INTELIGENCIA EMOCIONAL	FUERZA DEL PODER PERSONAL
CONFERENCIA	LIDERAZGO	EXISTENCIAL
CONFERENCIA	LIDERAZGO	TEMPORAL

Ejercicio para potenciar nuestra capacidad de observación y aprendizaje en habilidades comunicativas. En una charla, clase o conferencia que asistas o veas por internet, puntúa de 0 a 5 al ponente en los criterios siguientes y realiza algún comentario significativo:

CRITERIOS	VALORACIÓN	COMENTARIOS
Introducción	0 1 2 3 4 5	
Contenido, tratamiento del tema	0 1 2 3 4 5	
Estructura	0 1 2 3 4 5	
Argumentación	0 1 2 3 4 5	
Interés suscitado	0 1 2 3 4 5	
Originalidad	0 1 2 3 4 5	
Expresión, dicción	0 1 2 3 4 5	
Lenguaje, vocabulario	0 1 2 3 4 5	
Comunicación No Verbal (CNV)	0 1 2 3 4 5	
Voz, entonación, volumen	0 1 2 3 4 5	
Velocidad, ritmo	0 1 2 3 4 5	
Control nervios, autocontrol	0 1 2 3 4 5	

CRITERIOS	VALORACIÓN	COMENTARIOS
Utilización de recursos retóricos	0 1 2 3 4 5	
Humor, anécdotas, ejemplos	0 1 2 3 4 5	
Utilización de Medios audio	0 1 2 3 4 5	
Participación de la audiencia	0 1 2 3 4 5	
Manejo de las preguntas	0 1 2 3 4 5	
Conclusión	0 1 2 3 4 5	
Control del tiempo	0 1 2 3 4 5	
Logro del objetivo	0 1 2 3 4 5	
Valoración global	0 1 2 3 4 5	

52. SHACKLETON

HERRAMIENTA 52	FACTOR DE INTELIGENCIA EMOCIONAL	FUERZA DEL PODER PERSONAL
SHACKLETON	LIDERAZGO	EXISTENCIAL
SHACKLETON	LIDERAZGO	TRANSFORMACIONAL
SHACKLETON	AUTOMOTIVACIÓN	VOLUNTAD

Liderazgo, ilusión y perseverancia.

Ernest Henry Shackleton fue un explorador anglo irlandés que se quedó aislado en los hielos de la Antártida durante dos años con los 27 hombres integrantes de su tripulación. Al otro lado del mundo, los seres humanos se afanaban en una Guerra Mundial que impidió cualquier atisbo de rescate. Lo que empezó siendo un reto expedicionario se transformó en un ejercicio de supervivencia jamás pensando.

En unos momentos como los que estamos viviendo es esencial, además de tener imaginación y creatividad, echar un vistazo al pasado y, si fuera necesario, aprender de él. Shackleton se convirtió, ya hace décadas, en uno de los principales casos de estudio sobre liderazgo en todas las universidades del mundo. Hoy puede resultar más útil que nunca. Cuando lanzó el Endurance a las aguas irlandesas tenía un claro objetivo: atravesar a pie el continente helado. Posteriormente, la realidad se les hizo presente entre enormes bloques de hielo que aprisionaban su barco hasta estrangularlo, por lo que tuvo que armarse de la suficiente flexibilidad para virar su principal objetivo hacia uno nuevo: sacar a toda su tripulación de allí con vida. Y lo consiguió.

El ejercicio consiste en aportar un liderazgo significativo que conozcas análogo a éste en ILUSIÓN Y PERSEVERANCIA.

> **LIDERAZGO, ILUSIÓN Y PERSEVERANCIA DE:**

53. HUNDIR LAS NAVES CORTÉS

HERRAMIENTA 53	FACTOR DE INTELIGENCIA EMOCIONAL	FUERZA DEL PODER PERSONAL
HUNDIR LAS NAVES CORTÉS	LIDERAZGO	EXISTENCIAL
HUNDIR LAS NAVES CORTÉS	LIDERAZGO	TRANSFORMACIONAL
HUNDIR LAS NAVES CORTÉS	AUTOMOTIVACIÓN	VOLUNTAD

Cortés encontró la imagen y sensación más impactante: hundir las naves en las que habían llegado, no dando opción al regreso. Dejando solamente la opción de ir hacia adelante al objetivo. Una decisión que es usada como ejemplo en infinidad de cursos de liderazgo y coaching alrededor del mundo y forma parte del gran bagaje de la historia mundial de los grandes líderes.

Hundir las naves. La decisión que cambio la historia. En una empresa tan fuerte no hay que dejar opción de retirada. Los soldados, cuando vieron sus naves hundidas detrás de ellos, marcharon hacia el interior del territorio con mayor confianza y determinación.

De esa manera tan poderosa, Hernán Cortés les hizo entender que se trataba de ganar o morir, no había posibilidad de retirada ni rendición y, si querían volver a casa, habría que ganar.

"Hundir las naves" para que no quede otra salida que seguir adelante sin otro camino posible hace que el miedo que antes nos aplacaba, ahora nos impulse a conseguir lo que queremos.

Cortés, que gran entrenador, que gran Coach, que gran líder.

> **DESCRIBIR RETO POR EL QUE SEGUIR SÍ O SÍ**

54. JEFE LÍDER

HERRAMIENTA 54	FACTOR DE INTELIGENCIA EMOCIONAL	FUERZA DEL PODER PERSONAL
JEFE/LIDER	EMPATÍA	TEMPORAL
JEFE/LIDER	LIDERAZGO	EXISTENCIAL

En este ejercicio debes identificar de ambos apartados qué características tienes más en tu función de manejo de grupos y equipos.

Observa finalmente si eres más JEFE o más LÍDER

JEFE	LIDER
1.Su trabajo es dirigir a las personas	1.Su trabajo es potenciar personas.
2.Dirigirles y sentar cátedra	2.Hablan con sus colaboradores
3.Controlan a los demás	3.Facilitan decisiones
4.Piensan que saben las respuestas	4.Buscan las respuestas
5.Generan miedo para ordenar	5.Inspiran compromiso y creatividad
6.Su trabajo es corregir los errores	6.Reconocen y valoran el aprendizaje
7.Delegan responsabilidades	7.Predican con el ejemplo
8.Crean procedimientos para acatar	8.Crean una visión y valores
9.Creen que hacen correctamente	9.Creen en su vulnerabilidad.
10.Resultados únicamente	10.Se cuestionan a ellos mismos.
11.Tratan de motivar a la gente	11.Se centran en el proceso
12.Obtienen el poder del cargo	12.Crean condiciones motivantes
13.Premisa, la gente trabaja para ellos	16.Trabajan para la gente de su equipo

55 APROBACIÓN

HERRAMIENTA 55	FACTOR DE INTELIGENCIA EMOCIONAL	FUERZA DEL PODER PERSONAL
APROBACIÓN	LIDERAZGO	TRANSFORMACIONAL
APROBACIÓN	EMPATÍA	TEMPORAL
APROBACIÓN	AUTOMOTIVACIÓN	EXISTENCIAL

La necesidad de aprobación es la predisposición de perseguir la aceptación de los demás para sentirse bien psicológicamente, para su toma de decisiones y en general ser feliz. La necesidad de aprobación es tener dependencia de los demás y una de las cosas que más pueden perjudicar la vida, en resultados y en bienestar.

Que te aprueben conductas, está bien. Que lo necesites imperiosamente, no.

Por ello debes identificar en las columnas dos listas, una de personas que te reconocen y aprueban el trabajo y la conducta sin pretender control y que tu aceptas bien y no necesitarías para realizar las tareas. En otra columna nombres de personas de las que necesitas o crees que necesitas de su aprobación para funcionar mejor.

ME DAN APROBACIÓN Y ME GUSTA	ME DAN APROBACIÓN Y LO NECESITO

56 NO POSTERGACIÓN

HERRAMIENTA 56	FACTOR DE INTELIGENCIA EMOCIONAL	FUERZA DEL PODER PERSONAL
NO POSTERGACIÓN	AUTOCONTROL	VOLUNTAD
NO POSTERGACIÓN	AUTOMOTIVACIÓN	VOLUNTAD

Postergar es dejar una cosa para hacerla después de otra que se tenía previsto realizar. La postergación es, en muchas personas, una acción continuada en el tiempo que hace no avanzar por realizar aplazamientos y suspensiones de sus tareas y proyectos.

Para vencer ese estado hace falta mucho autocontrol y fuerza de voluntad.

El ejercicio pretende, por tanto, adquirir fuerza de voluntad y autocontrol. Para ello debes aportar, sobre un proyecto o actividad que estás postergando, una acción primera que escribas aquí y realices hoy mismo. Puede ser una llamada de teléfono, un párrafo en una hoja en blanco, mover una silla en casa, etc.

PROYECTO O ACTIVIDAD	1ª ACCIÓN QUE VOY A HACER HOY

57. NÁUFRAGO

HERRAMIENTA 57	FACTOR DE INTELIGENCIA EMOCIONAL	FUERZA DEL PODER PERSONAL
NAUFRAGO	AUTOCONOCIMIENTO	ESPIRITUAL

El ejercicio consiste en decidir una lista entre 5 y 10 cosas que te llevarías a una isla desierta en la que vas a estar de náufrago varios años.

LISTA DE NÁUFRAGO

58. OVILLO

HERRAMIENTA 58	FACTOR DE INTELIGENCIA EMOCIONA	FUERZA DEL PODER PERSONAL
OVILLO	LIDERAZGO	TRANSFORMACIONAL

El ejercicio de Ovillo trata de rehacer hechos del pasado por significación, entendimiento y asimilación por construcción personal.

OVILLO HISTORIA. MIRADA AL PASADO

- Activa constructiva compartida
- Elaborada
- Conceptualizada
- Dándole significado
- No es remover el pasado
- Es resolver lo no resuelto y dejarlo del todo
- La biografía es necesaria

Ejercicio Ovillo

- Ovillo anudado soltar, desanudar, no romper
- Soltar deshaciendo el nudo
- Si se rompe queda ahí en la muñeca todavía parte negativa

- Deshacer
- No deshacerme
- Hacer (actitud activa)
- Hacerme (actitud consciente de lo que hago y quiero, hago por que quiero.)
- Rehacerme (redescubrimiento de recursos propios, formarme)

Se ata a la muñeca la punta del ovillo y se anda por donde se esté. El ovillo representa un pasado no terminado de asimilar o peor aún, que nos sigue haciendo daño.

Podemos hacer, entonces, dos cosas, cortar por la muñeca ese pasado o desatarlo. Si lo cortamos, en nuestra muñeca continuará para siempre una parte de ello a modo de anclaje negativo. En cambio, si lo desatamos, deshaciendo el nudo por comprensión, aceptación y con significación conceptualizada con parámetros de hoy, con mayor capacidad y entendimiento, podremos sobrepasar esa historia negativa y avanzar con un estado mejor de ánimo, autoconcepto y autoestima.

Hazlo en grupo o por parejas y compartir la práctica.

59 ENCHUFADO

HERRAMIENTA 59	FACTOR DE INTELIGENCIA EMOCIONAL	FUERZA DEL PODER PERSONAL
ENCHUFADO	LIDERAZGO	EXISTENCIAL
ENCHUFADO	AUTOMOTIVACIÓN	EXISTENCIAL

El ejercicio consiste en aportar algunos momentos en los que has estado en estado de fluidez, enchufado con la tarea y en donde el tiempo se te ha pasado volando.

MOMENTOS DE ESTADO DE FLUJO. DE ESTAR ENCHUFADO

60. CÍRCULO DE LA EXCELENCIA

HERRAMIENTA 60	FACTOR DE INTELIGENCIA EMOCIONAL	FUERZA DEL PODER PERSONAL
CÍRCULO EXCELENCIA	LIDERAZGO	EXISTENCIAL
CÍRCULO EXCELENCIA	AUTOMOTIVACIÓN	EXISTENCIAL
CÍRCULO EXCELENCIA	LIDERAZGO	TRANSFORMACIONAL

El círculo de excelencia nos permite descubrir los patrones cognitivos y físicos asociados con estados personales de actuación óptima. Incluso nuestros comportamientos más sutiles pueden marcar una gran diferencia de rendimiento. Descubrir esos indicios más sutiles nos ayudará a volver a acceder a ese estado de forma más consciente e intencional. Cuanto más sepamos sobre los aspectos cognitivos y fisiológicos asociados con nuestros rendimientos cumbre, más posibilidades tendremos de acceder a ellos a voluntad.

Círculo de Excelencia consiste en:

– Descubrir algo acerca de tus indicios internos y externos de un estado eficaz.

– Establecer un ancla interna que te permita acceder más fácilmente a ese estado.

– Aprender a observar y a leer más eficazmente esos mismos indicios en los demás.

Pasos de la técnica.

1º Elige un estado interno que quisieras experimentar más a menudo (creatividad, seguridad en ti mismo, tranquilidad, etc.)

2º Identifica alguna ocasión en que hayas experimentado ese estado plenamente.

3º Imagina un círculo en el suelo frente a ti, o selecciona un color, un símbolo, o cualquier otro indicio visual o sonoro, que puedas asociar con ese estado.

4º Cuando esté preparado, entra en el círculo (o en el símbolo elegido). Revive la experiencia asociándote plenamente a ese estado. Ve con tus propios ojos, escucha con tus propios oídos, siente con tu propio cuerpo, y experimenta todas las sensaciones, los patrones de respiración, posición de tu cuerpo, etc.

5º Toma nota de los patrones cognitivos y de comportamiento, tanto evidentes como pequeños detalles, asociados con ese estado. Centra la atención a tu interior y observa cualquier representación interna, imágenes, cualquier característica de las sensaciones, patrones de la respiración, tensión muscular, todo lo que seas capaz de darte cuenta en esa experiencia.

6º Expande tu experiencia de ese estado amplificando cualquier cualidad sensorial (color, movimiento, brillo, etc.) asociada con él, incluyendo todas las modalidades de representación, es decir (vista, oído, sensaciones, movimiento, olfato y gusto).

7º Sal del Circulo y sacúdete para desprenderte de ese estado.

8º Comprueba tu círculo de Excelencia particular entrando en él y observando con qué facilidad y con qué rapidez puedes volver a acceder a ese estado.

9º Repite los pasos del 1 al 7 hasta conseguir un acceso fácil y limpio al estado deseado.

10º Identifica alguna de las situaciones en que quisieras tener ese estado. Imagínate por un momento que puedes llevar tu círculo de excelencia a cada una de ellas y realiza una estimación en el futuro de la experiencia.

9. BIBLIOGRAFÍA

Adair, J. (2003). No jefes sino líderes. Madrid: FC Editorial.

Álvaro, J. L. (Ed.). (2003). *Fundamentos sociales del comportamiento humano*. Barcelona: UOC.

Añó, V. (1997). *Planificación y organización del entrenamiento juvenil*. Madrid: Gymnos.

Arruza, J. A. (Ed.). (2002). *Nuevas perspectivas acerca del deporte educativo*. Bilbao: Editorial de la Universidad del País Vasco.

Arruza, J. A., Balagué, G., y Arrieta, M. (1998). Rendimiento deportivo e influencia del estado de ánimo, de la dificultad estimada, y de la autoeficacia en la alta competición. *Revista de Psicología del Deporte, 7*(2), 194-204.

Arruza, J. A., y Ruiz, L. M. (2002). Determinantes perceptivo-cognitivos y psicológicos de la excelencia en el deporte, *Doctorado en Rendimiento Deportivo*. Toledo: Facultad de Ciencias del Deporte. Universidad de Castilla-La Mancha.

Balagué, N. y Torrents, C. (2011). Complejidad y deporte. Barcelona: Inde.

Bandura, A. (2001). Social cognitive theory: An agentic perspective. Annual Review of Psychology, 52, 1–26.

Beltrán, J., García-Alcañíz, E., Moraleda, M., Calleja, F. G., y Santiuste, V. (1987). *Psicología de la educación*. Madrid: Eudema.

Benzi, M. (2004a). La personalidad y el caracter del campeón. En Tamorri, S. (Ed.), *Neurociencias y deporte. Psicología deportiva. Procesos mentales del atleta*. Barcelona: Paidotribo.

Benzi, M. (2004b). Motivación. En Tamorri, S. (Ed.), *Neurociencias y deporte. Psicología deportiva. Procesos mentales del atleta*. Barcelona: Paidotribo.

Benzi, M., De Marco, P., y Omiso, C. (2004). La comunicación en el deporte: el individuo, el equipo y el entorno. En Tamorri, S. (Ed.), *Neurociencias y deporte. Psicología deportiva. Procesos mentales del atleta*. Barcelona: Paidotribo.

Bronfenbrenner, U. (1987). *La ecología del desarrollo humano*. Buenos Aires: Paidos.

Brown, J. (2001). *Sports talent. How to identify and develop outstanding athletes*. Champaing: Human Kinetics.

Buceta, J. M. (1998). *Psicología del entrenamiento deportivo*. Madrid: Dykinson.

Buceta, J. M. (2004). *Estrategias psicológicas para entrenadores de deportistas jóvenes*. Madrid: Dykinson.

Carrascosa, J. (2003a). *¿Dirigir o liderar? Claves para la cohesión del grupo*. Madrid: Gymnos.

Carrascosa, J. (2003b). *Motivación. Claves para dar lo mejor de uno mismo*. Madrid: Gymnos.

Carrascosa, J. (2011). *Trabajar y competir en equipo*. Coruña: Netbiblo.

Cervelló, E. M. (2002). *La motivación deportiva: aspectos sociales, contextuales y situacionales relacionados con la motivación en el deporte*. Ponencia presentada en el II Congreso de Ciencias de la Actividad Física y el Deporte. Asociación Española de Ciencias del Deporte, Madrid.

Coca, S. (2004). *Los entrenadores de fútbol*. Madrid: Real Federación Española de Fútbol. CEDIF.

Contreras, O. R., y Sánchez, L. J. (1998). *La detección temprana de talentos deportivos*. Cuenca: Universidad de Castilla-La Mancha.

Cubeiro, J. C. (2007). *Leonardo da vinci y su códice para el liderazgo. Cómo el entorno, propicia la genialidad*. Madrid: Pearson educacion.

Cubeiro, J. C. (2011). *Por qué necesitas un Coach*. Barcelona: Alienta.

Chelladurai, P., & Saleh, S. D. (1978). Preferred leadership in sports. Canadian Journal of Applied Sport Sciences, 3, 85–92.

Csikszentmihalyi, M. (1990). Fluir. Barcelona: Kairós.

Davies, D. (1991). *Factores psicológicos en el deporte competitivo*. Barcelona: Ancora.

De Saint Exupéry, A. (2016). El principito. Barcelona: Salamandra.

Dilts, R. (2003). Coaching. Herramientas para el cambio. Barcelona: Urano.

Dhiravamsa, V.R. (2010). La vía del no apego. Barcelona: La liebre de marzo.

Dosil, J. (2004). *Psicología de la actividad física y del deporte*. Madrid: McGraw Hill.

Dosil, J., y Sánchez, A. (2002). Evaluación en Psicología del Deporte: la construcción de cuestionarios (el GEQ). En Dosil, J. (Ed.), *Psicología y rendimiento deportivo*. Ourense: Gersam.

Duda, J. (1995). Motivación en los escenarios deportivos: un planteamiento de la perspectiva de meta. En Roberst, G. C. (Ed.), *Motivación en el deporte y el ejercicio*. Bilbao: Desclèe.

Dunning, E. (2003). *El fenómeno deportivo. Estudios sociológicos en torno al deporte, la violencia y la civilización*. Barcelona: Paidotribo.

Dürckheim, K. (1996). *El rendimiento deportivo y la madurez humana*. Bilbao: Mensajero.

Dyer, W. (1995). Tus zonas erróneas. Barcelona: Grijalbo.

Ericsson, K.A.; Krampe, R.T.; Tesch-Römer. (1993). The Role of Deliberate Practice in the Acquisition of Expert Performance. Psychological Review, 100(3), 363-406.

Escartí, A., y Brustad, R. (2002). Estudio de la motivación deportiva desde la perspectiva de la teoría de metas. En Dosil, J. (Ed.), *Psicología y rendimiento deportivo*. Ourense: Gersam.

Gambau, V. (2006). El valor de la gestión en los clubes deportivos gallegos. En Pujadas, X., Fraile, A., Gambau, V., Medina, F. X. y Bantulá, J. (Eds.), *Culturas deportivas y valores sociales. VII Congreso de la AEISAD. Investigación social y deporte* (Vol. 7). Madrid: Esteban Sanz.

Gano-Overway, L. A. (2001). Creating positive experiences for youths: what parents can do to help *Institute for the Study of Youth Sports* 25(3), 1-3.

García-Ferrando, M., Ibáñez, J., y Alvira, F. (2003). *El análisis de la realidad social. Métodos y técnicas de investigación*. Madrid: Alianza editorial.

García-Ferrando, M., Puig, N., y Lagardera, F. (1998). *Sociología del deporte*. Madrid: Alianza Editorial.

García-Mas, A. (2001). Análisis psicológico del equipo deportivo. Las bases del entrenamiento psicológico. En Cruz, J. (Ed.), *Psicología del Deporte*. Madrid: Síntesis.

García, J. M., Campos, J., Lizaur, P., y Pablo, C. (2003). *El talento deportivo. Formación de élites deportivas*. Madrid: Gymnos.

Garfield, C. A. (1987). *Rendimiento máximo*. Barcelona: Martínez Roca.

Garratt, T. (2004). *Excelencia deportiva. Optimizar la actuación en los deportes utilizando PNL*. Barcelona: Paidotribo.

Gil, J. (1991). *Entrenamiento mental para deportistas y entrenadores de élite*. Valencia: Invesco.

Gilligan, S. y Dilts, R. (2009). El viaje del héroe. Un camino de autodescubrimiento. Barcelona: Ridgent.

Goleman, D. (1996). Inteligencia emocional. Barcelona: Kairós.

Goleman, D. (1998). La práctica de la inteligencia emocional. Barcelona: Kairós.

Goleman, D. (2013). Focus. Desarrollar la atención para alcanzar la excelencia. Barcelona: Kairós.

Green, M., y Oakley, B. (2001). Elite sport development systems and playing to win: uniformity and diversity in international approaches. *Leisure Studies, 20*(4), 247-267.

Greenberg, L.S., Rice, L. y Elliott, R. (1996). Facilitando el cambio emocional: el proceso terapéutico punto a punto. Barcelona: Paidós.

Guzman, J. F., y García-Ferriol, A. (2002). Orientación de meta de los entrenadores y metodología de entrenamiento: implicaciones motivacionales. *Revista motricidad. European journal of human movement, 9*, 65-82.

Hernández, R. (1999). *Talentos deportivos*. Madrid: Centro de medicina deportiva. Consejería de educación y cultura. Comunidad de Madrid.

Hernández Mendo, A., Guerrero Manzano, S., y Arjona Arcas, J. F. (2000). Inteligencia emocional vs. inteligencia social: datos para un estudio con deportistas. Universidad de Málaga. Retrieved 02/12/2004, 2004, from the World Wide Web: www.efdeportes.com/efd23a/iemoc.htm

Jericó, P. (2012). La nueva gestión del talento. Madrid: Pearson Educación.

Jiménez, J. A., y Fierro-Hernández, C. (2002). Factores que influyen en el éxito deportivo: un estudio en jugadores de golf. En Dosil, J. (Ed.), *Psicología y rendimiento deportivo*. Ourense: Gersam.

Kay, T. (2000). Sporting excellence: a family affair. *European Physical Review, 2*, 151-169.

Kellerhals, J., Montandon, C., Ritschard, G., y Sardi, M. (1992). Le style educatif des parents et l'estime de soi des adolescents. *Revue Française de Sociologie, 33*(3), 313-333.

Lapalma, F. H. (2005). Las inteligencias múltiples y el desarrollo de talentos. *Revista Iberoamericana de Educación., 37*(2).

Lapuente, I. (2005). *Análisis de la relación de características de liderazgo del entrenador y capacidades psicológicas de los deportistas.* Trabajo no publicado para el Diploma de Estudios Avanzados, Facultad de Ciencias de la Actividad Física y el Deporte. UCLM, Toledo.

Lapuente, I. (2020). Creación de contextos sociodeportivos excelentes. Sevilla: *Wanceulen.*

Lapuente, I. (2007). *El padre entrenador. Las buenas y malas influencias.* Ponencia presentada en el I Foro José María Cagigal, Alcobendas.

Le Sccauff, C., y Bertsch, J. (1999). *Estrés y rendimiento*. Barcelona: Inde.

Leyva, R. (2003). La selección de talentos deportivos. Criterios para asegurar su eficacia. Revista digital. Buenos Aires. Año 9. Nº 61.

Lipton, B. (2007). La biología de la creencia: la liberación del poder de la conciencia, la materia y los milagros. Madrid: Palmyra.

Locke, E. A., y Lathat, G. P. (1991). Establecimiento de objetivos en el deporte. En Riera, J. y Cruz, J. (Eds.), *Psicología del Deporte*. Barcelona: Martinez roca.

Lorenzo, A. (2000). *Búsqueda de nuevas variables en la detección de talentos en los deportes colectivos: aplicación al baloncesto.* Tesis doctoral, Universidad Politécnica de Madrid, Madrid.

Lorenzo, A. (2001). La planificación a largo plazo del deportista dentro del proceso de detección y selección de talentos. Revista Digital - Buenos Aires - Año 7 - N° 38.

Lorenzo, A. (2003). Estudio del pensamiento de los entrenadores sobre el proceso de detección de talentos en baloncesto. *Revista motricidad. European journal of human movement, 10, 23-51.*

Lorenzo, R. (2005). Predictores de talento. *Intangible Capital, 1*(7).

Marco, J. C. (2003). *Psicosociología. Influencias en el rendimiento deportivo.* Madrid: Gymnos.

Marí, P. (2011). Aprender de los campeones. Barcelona: Plataforma Editorial.

Marín, M., Grau, R., y Yubero, S. (2002). *Procesos psicosociales en los contextos educativos.* Madrid: Pirámide.

Marina, J. A. (1993). *Teoría de la inteligencia creadora*. Barcelona: Anagrama.

Marina, J. A. (2004a). *Aprender a vivir*. Barcelona: Ariel.

Marina, J. A. (2004b). *La inteligencia fracasada. Teoría y práctica de la estupidez.* Barcelona: Editorial anagrama.

Marina, J. A. (2007). Administración inteligente. En Díaz Méndez, A. y Cuéllar Martín, E. (Eds.), *Administración inteligente*. Madrid.

Marina, J.A. (2010). La educación del talento. Barcelona: Biblioteca UP.

Martens, R. (2002). *El entrenador de éxito*. Barcelona: Paidotribo.

Martín-Albo, J. (1998). La motivación en los deportes de equipo: análisis de las motivaciones de inicio, mantenimiento, cambio y abandono. Un programa piloto de intervención. 2000.

Martin, D., Nicolaus, J., Ostrowski, C., y Rost, K. (2004). *Metodología general de entrenamiento infantil y juvenil*. Barcelona: Paidotribo.

Martín, O. (2002). *Organización deportiva*. Madrid: Gymnos.

Martindale, R., Collins, D., y Daubney, J. (2005). Talent Development: A Guide for Practice and Research Within Sport. *National Association for Kinesiology and Physical Education in Higher Education.* (57), 353-375.

Masnou, M., y Puig, N. (1999). El acceso al deporte. Los itinerarios deportivos. En Blazquez Sánchez, D. (Ed.), *La iniciación deportiva y el deporte escolar*. Barcelona: Inde.

Moreno, F. (2004). *Balonmano: detección, selección y rendimiento de talentos.* Madrid: Gymnos.

Moreno, M. P., y Del Villar, F. (2004). *El entrenador deportivo. Manual práctico para sus desarrollo y formación.* Barcelona: Inde.

Nicholls, J.G. (1989). The Competitive Ethos and Democratic Education. Cambridge, MA: Harvard University Press.

Oña, A., Martinez, M., Moreno, F., y Ruiz, L. M. (1999). *Control y aprendizaje motor*. Madrid: Síntesis.

Orlick, T. (2004). *Entrenamiento mental. Como vencer en el deporte y en la vida gracias al entrenamiento mental.* Barcelona: Paidotribo.

Pallarés, J. (1998). Los agentes psicosociales como moduladores de la motivación en deportistas jóvenes orientados al rendimiento: un modelo causal. *Revista de Psicología del Deporte, 7*(2), 275-281.

Peiró, J. M. (1990). *Organizaciones: nuevas perspectivas psicosociológicas*. Barcelona: PPU.

Peiró, J. M. (1995). *Psicología de la organización*. Madrid: UNED.

Pérez, J. A., y Suarez, C. (2005). *La competición deportiva con jóvenes*. Sevilla: Wanceulen.

Pérez, M. C. (2004). *Entrenadores deportivos: la clave del éxito*. Sevilla: Wanceulen.

Personne, J. (2005). *El deporte para el niño. Sin records ni medallas*. Barcelona: Inde.

Ponseti, F. C., Gili, M., Palou, P., y Borrás, P. A. (1998). Intereses, motivos y actitudes hacia el deporte en adolescentes: diferencias en función de nivel de práctica. *Revista de Psicología del Deporte, 7*(2), 259-274.

Puig, N. (1992). *Jóvenes y deporte: influencia de los procesos de socialización en los itinerarios deportivos juveniles*. Tesis doctoral no publicada, Universidad de Barcelona.

Punset, E. (2015). El mundo en tus manos. Barcelona: Destino.

Richards, R. (1999). *Talent identification and development*. Ponencia presentada en el ASCTA Convention, Western Australian Institute of Sport.

Riera, J. (1985). Introducción a la psicología del deporte. Barcelona: Inde.

Rius, J. (1995). *Formación de jóvenes deportistas*. Madrid: Ediciones pedagógicas.

Rogoff, B., y Wertsh, J. V. (Eds.). (1984). *Children's learning in the zone of proximal development*. San Francisco: Jossey Bass.

Robinson, K. (2009). El elemento. Descubrir tu pasión lo cambia todo. Barcelona: Conecta.

Rogers, C. (2011). El proceso de convertirse en persona. Barcelona: Paidós.

Romero, S. (2001). *Formación deportiva: nuevos retos en educación*. Sevilla: Universidad de Sevilla.

Romo, M. (2007). Psicología de la ciencia y la creatividad. *Revista creatividad y sociedad., 10*, 7-31.

Ruiz, L. M. (1998). Valoración de los elementos motores del joven deportista: mitos y realidades. En Contreras, O. R. y Sánchez, L. J. (Eds.), *La detección temprana de talentos deportivos*. Cuenca: UCLM.

Ruiz, L. M. (1999). Rendimiento deportivo, optimización y excelencia en el deporte. *Revista de Psicología del Deporte, 8*(2), 235-248.

Ruiz, L. M., Gutierrez, M., Graupera, J. L., Linaza, J. L., y Navarro, F. (2001). *Desarrollo, comportamiento motor y deporte*. Madrid: Síntesis.

Ruiz, L. M., Rodríguez, P., Martinek, T., Schilling, T., Durán, L. J., y Jiménez, P. (2006). El Proyecto Esfuerzo: un modelo para el desarrollo de la responsabilidad personal y social a través del deporte. *Revista de Educación, 341*, 933-958.

Ruiz, L. M., y Sánchez, F. (1997). *Rendimiento deportivo. Claves para la optimización de los aprendizajes*. Madrid: Gymnos.

Sáenz-López, P. (Ed.). (2006). *La formación del jugador de baloncesto de alta competición*. Sevilla: Wanceulen.

Sáenz-López, P., Jiménez, F. J., Sierra, A., Ibañez, S., Sánchez, M., y Pérez, R. (2005). Factores que determinan el proceso de formación del jugador de baloncesto. Lecturas: educación física y deportes. Revista digital.

Sánchez, F. (1992). *Bases para una didáctica de la educación física y el deporte*. Madrid: Gymnos.

Sánchez, F. (2005). *Conceptos y sistemas de desarrollo del alto rendimiento deportivo*. Universidad Autónoma de Madrid: Máster en Alto rendimiento deportivo.COE.

Sánchez, M. (2002). *El proceso de llegar a ser experto en baloncesto: un enfoque psicosocial*. Tesis Doctoral no publicada, Universidad de Granada, Granada.

Sanz, D., Fuentes, J. P., Moreno, M. P., Iglesias, D., y Del Villar, F. (2004). Influencia de un programa de supervisión reflexiva sobre la conducta verbal del entrenador de tenis en silla de ruedas de alta competición. *Revista motricidad. European journal of human movement, 12*, 115-135.

Smith, R., Smoll, F., y Curtis, B. (1991). Adiestramiento eficaz del entrenador: una aproximación cognitivo-conductual para mejorar sus interacciones sociales con deportistas jóvenes. En Riera, J. y Cruz, J. (Eds.), *Psicología del deporte. Aplicaciones y perspectivas*. Barcelona: Martínez roca.

Smoll, F. L. (1991). Relaciones padres-entrenador: mejorar la calidad de la experiencia deportiva. En Williams, J. M. (Ed.), *Psicología aplicada al deporte*. Madrid: Biblioteca Nueva.

Soufi, S. (2011). Éxito competitivo. Madrid: Pirámide.

Tamorri, S. (2004). *Neurociencias y deporte. Psicología deportiva. Procesos mentales del atleta*. Barcelona: Paidotribo.

Taylor, S. (2017). Pensar como los mejores guerreros: El método de los Navy SEAL's para liderar y vencer. Barcelona: Conecta.

Thiess, G., Tschiene, p., y Nickel, H. (2004). *Teoría y metodología de la competición deportiva*. Barcelona: Paidotribo.

Torregrosa, M., y Mimbrero, J. (1998). Perfiles profesionales de deportistas olímpicos. En Fundación_Barcelona_Olímpica (Ed.), *Estudios de investigación becados por la Fundación Barcelona Olímpica 1998*. Barcelona.

Tudge, J., Shanahan, M. J., y Valsiner, J. (Eds.). (1996). *Comparisons in human development: Understanding time and context*. New York: Cambridge University Press.

Valdano, J., y Mateo, J. (1999). Liderazgo. Madrid: Aguilar.

Valdano, J., y Mateo, J. (2018). Los 11 poderes del líder. Madrid: Conecta.

Viadé, A. (2003). *Psicología del rendimiento deportivo*. Barcelona: UOC.

Villamarín, F., Maurí, C., y Sanz, A. (1998). Competencia percibida y motivación durante la iniciación en la práctica del tenis. *Revista de Psicología del Deporte, 13*, 41-56.

Weinberg, R.S. y Gould, D. (1996). Fundamentos de psicología del deporte y el ejercicio físico. (pp. 230-250). Barcelona: Ariel.

Wolfenden, L. E., y Holt, N. L. (2005). Talent development in elite junior tennis: perceptions of players, parents, and coaches. *Journal of Applied sport psychology, 17*, 108-126.

Zelichenok, V. (1999). Pruebas de control en diferentes especialidades en preparación a largo plazo de jóvenes atletas. En *Cuaderno de atletismo nº44: atletismo juvenil y junio. Alto rendimiento*. Madrid: Gymnos.